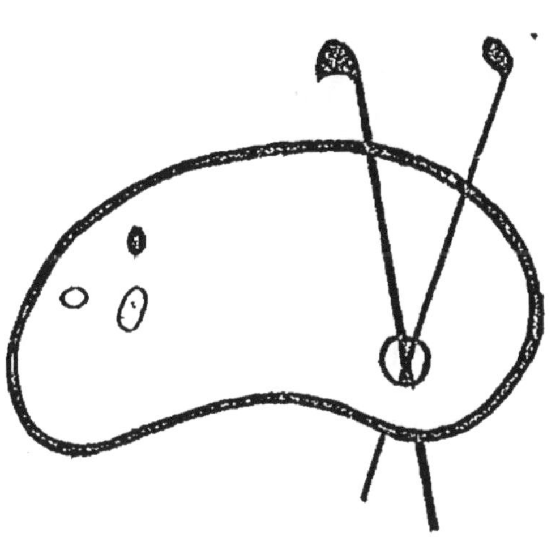

COUVERTURE SUPERIEURE ET INFERIEURE
EN COULEUR

UNE DOUZAINE

DE

PHYSIOLOGIES

PAR

LOUIS DE COMBETTES-LABOURELIE

OFFICIER D'ACADÉMIE

GAILLAC, IMPRIMERIE P. DUGOURC

RUE MALAKOFF

Ouvrages du même auteur :

Légendes albigeoises.

[illegible] *par la voie ferrée* de Toulouse à Albi et de Teyssonieres à Lexos.

Légendes de nos jours.

Souvenirs d'un Etudiant.

Cent fables.

Velléda, tragédie en cinq actes.

Pensées, Maximes, Sentences, Boutades.

Roman et Patois.

Contes gascons.

UNE DOUZAINE

DE

PHYSIOLOGIES

PAR

LOUIS DE COMBETTES-LABOURELIE

OFFICIER D'ACADÉMIE

GAILLAC, IMPRIMERIE P. DUGOURC
RUE MALAKOFF

LA SŒUR DE CHARITÉ.

Quel est ce mouvement empressé et respectueux que je vois se produire dans cette rue fréquentée?... L'enfant sourit, la pauvre mère, avant d'escalader le long escalier de sa mansarde, s'arrête sur le seuil et jette un regard de reconnaissance; l'ouvrier, le militaire se découvrent; l'homme du monde suspend sa marche et salue; le mécréant lui-même, saisi d'un sentiment involontaire, porte la main à son chapeau: tous les regards, tous les cœurs sont tournés vers une humble femme qui chemine les yeux baissés, qui rougit devant cette sympathique manifestation et qui, d'un pas rapide, semble vouloir s'y dérober... Quelle est donc cette femme modeste devant laquelle tous les fronts se baissent et tous les cœurs battent?... Vous l'avez deviné. C'est la fille de saint Vincent de Paul, l'héroïque sœur de charité.

Et jamais manifestation de respect et de reconnaissance ne fut mieux méritée, car jamais l'abnégation, le dévouement, l'amour du prochain, le sacrifice, ne furent portés à un degré aussi sublime que par ces généreuses filles chrétiennes dont tous les instants du jour et de la nuit sont consacrés au soulagement et au salut de leurs semblables.

Ai-je besoin de rappeler ici les admirables exemples de charité qu'elles donnent? Ne sont-ils pas connus de tous?

Les champs de bataille, les plaines inondées, les foyers d'incendie, les siéges mortels des épidémies, les hôpitaux, les greniers des malheureux, les lambris dorés de l'opulence eux-mêmes, ne sont-ils pas là pour proclamer bien haut leurs vertus et leur courage? Qui de nous n'a vu ces frêles et saintes créatures, nées souvent dans des palais, s'élancer au plus petit appel, accourir avec ardeur, disputer à la mort l'ouvrier blessé, le malade sans espoir, panser les plaies les plus dégoûtantes, subir de longues veilles, s'abaisser aux soins les plus impurs, quelquefois au milieu des injures et des outrages, relever les courages défaillants, consoler les âmes éplorées, ramener les cœurs rebelles, ouvrir les portes du ciel au pécheur repentant, fermer les yeux des mourants, ensevelir les morts, et, après ces actes héroïques, revenir humblement reprendre leur poste d'attente dans la cellule de leur couvent?

Tous ces actes sublimes se renouvellent chaque jour dans la vie d'une sœur de charité; ils sont l'essence de son existence, la sainte occupation de tous ses instants, le désir unique de son cœur, et, quelque répugnants, quelque effrayants qu'ils soient, elle les accomplit avec cette ardente charité, cette douce résignation, cette attitude modeste que la religion chrétienne peut seule donner.

Quelquefois, cependant, leur théâtre s'élargit, la guerre éclate, et le même clairon qui appelle le soldat au combat, à la gloire, à la mort peut-être, fait battre en même temps le cœur chrétien de la sœur de charité; elle s'élance, elle aussi, mais ses armes sont la compassion et la douceur, et, bravant les mêmes dangers, elle arrête le sang que la fureur des combats fait couler. Que de pages je pourrais écrire sur les exemples sublimes de vaillance, de générosité et de dévouement que ces saintes filles ont donnés au milieu des désastres et des victoires de nos armées! Que de traits j'aurais à citer de cette ardeur chrétienne qui leur faisait affronter les dangers, la mort même, pour aller, sous le feu meurtrier, porter une goutte d'eau, une consolation dernière aux malheureux blessés! Combien furent sauvés par leurs soins et par leur dévouement, et combien d'autres quittèrent la vie, soutenus par leur bras, consolés par leur bouche et réconciliés avec le Ciel par leur pieuse assistance!

Oui, tu es respectée et bénie, noble fille de saint Vincent de Paul, toi qui es la plus pure expression du courage, du sacrifice et de la charité chrétienne, tu es respectée et bénie dans cette France où, hélas! tant de bons sentiments sombrent et disparaissent, mais où surnagent le respect pour les grands dévouements et la reconnaissance pour les généreux bienfaits! Que ce vertueux échange d'abnégation et de charité, de gratitude et de vénération touche le Ciel, et qu'il sauve cette patrie où l'on sait encore se sacrifier et être reconnaissant!

Je voulais écrire la physiologie de la sœur de charité; je viens de le faire en quelques mots.... Que pourrai-je ajouter? N'ai-je pas dit qu'elle est un ange sur la terre? Chercherai-je à recueillir les traits innombrables de sa vertu? Tous, chrétiens et mécréants les connaissent et les louent; je devrais donc terminer ici mon étude. Je veux cependant raconter l'histoire d'une de ces saintes sœurs, dont la vie fut héroïque, la mort sublime, et dont la mémoire est restée sainte et vénérée parmi ceux qui eurent le bonheur de la connaître.

Louise de X..... était une de ces créatures qui semblent avoir été données à la terre pour prouver tout ce qu'une femme peut réunir de bon, d'aimable, de saint et de parfait. Unique rejeton d'une de ces anciennes familles dans lesquelles le respect des vieilles traditions, l'honneur, la religion ont conservé toute leur puissance, elle s'était nourrie, dès ses premiers jours, de ces hauts sentiments qui poussent à l'honnêteté, à la fleur de la délicatesse, à la tendresse, au sacrifice, à tous les dévouements. Par l'élévation de son cœur, l'énergie de son âme et le respect enthousiaste qu'elle avait pour l'histoire légendaire de sa famille, Louise de X..... semblait vouloir consoler ses parents de la privation d'un héritier de leur nom; par sa douceur caressante, le charme de son esprit, la grâce de ses manières, elle embaumait leur vie de bonheur et d'amour. À toutes ces perfections elle joignait une figure charmante, une tournure ravissante et le prestige d'une de ces beautés que produit plutôt l'expression angélique que la régularité plastique des traits : grande, blonde, élancée, d'une distinction suprême, elle éclipsait les plus belles, et chacun la proclamait la jeune personne la plus accomplie de la contrée. Une grande fortune jointe à tous ces avantages et à toutes ces vertus en faisait le meilleur parti de bien loin à la ronde, et pourtant elle répondait toujours par un refus à toutes les nombreuses demandes qui lui étaient faites de sa main.

L'âge était déjà venu pour Louise de X..... de songer à faire un choix. Sérieusement interrogée par ses parents sur ses intentions, elle leur répondit aussitôt avec une noble et franche simplicité : — « Si vous voulez me marier, mon choix est fait; je n'épouserai que Robert de Z.... Je sais que sa fortune n'est pas égale à la mienne, mais c'est la seule et bien peu importante différence qui puisse exister entre nous. Il appartient à une famille aussi honorable que la nôtre. Je le sais bon, généreux, distingué. C'est mon camarade d'enfance. Je connais son cœur, je l'ai longtemps étudié et je l'ai toujours trouvé le même. Je dois probablement l'aimer puisque je veux l'épouser. Je suis convaincue qu'il est digne de moi et que je suis digne de lui. Si mon choix vous déplaît, je me soumettrai et je ne vous donnerai pas le chagrin d'une résistance boudeuse et ingrate, mais je ne me marierai jamais à un autre.... Le cœur, selon moi, ne se donne qu'une fois, et j'ai donné à Robert, sans qu'il le sache, tout ce que j'ai pu donner du mien. Il se peut que Robert me refuse. J'agirai alors comme si vous-même refusiez ma demande; je ne me marierai pas et je consacrerai ma vie à vous aimer et à vous prodiguer les soins les plus dévoués. »

Les parents de Louise de X..... n'hésitèrent pas un seul instant; ils connaissaient Robert de Z..... et approuvaient en tout point le choix et la conduite de leur fille. Ils firent tout simplement savoir à l'heureux jeune homme qu'il pouvait aspirer à la main de Louise de X.....

Robert de Z....., lieutenant de frégate, était fort à propos revenu d'une expédition lointaine, quand il reçut dans le port de Brest, où il attendait une nouvelle destination, la lettre qui lui annonçait le bonheur inespéré que la Providence lui envoyait; tout marin qu'il était, il manqua défaillir en apprenant le choix qu'avait fait de lui Mlle Louise de X.....—Ah! c'est que lui aussi aimait Louise de toutes les forces de son âme, depuis longtemps, depuis toujours; mais par honneur et par fierté, se sentant inférieur à elle, il ne lui avait jamais laissé deviner son secret, et cependant ce secret brûlait son cœur, assombrissait son existence, et il restait insensible à toute idée d'ambition ou d'avancement. Marin par goût, par tradition de famille, il remplissait d'une manière irréprochable et distinguée tous ses devoirs, mais il manquait à sa vie cette sève essentielle qu'on nomme l'espérance. Quand il eut lu et relu cent fois cette bienheureuse lettre, et qu'il se fut bien convaincu qu'il n'était pas le jouet d'une illusion, Robert sentit tout-à-coup son être s'agrandir; des sentiments nouveaux l'envahirent et semblaient vouloir égaler en ardeur et en ampleur sa nouvelle félicité et le rendre digne de Louise. Il partit le cœur palpitant, la tête en feu, et ce ne fut qu'aux pieds de celle qu'il aimait, au milieu des caresses de ses parents, qu'il put enfin croire à toute l'étendue de son bonheur.

Louise se montra vis-à-vis de Robert aussi franche et aussi simple qu'elle l'avait été avec sa famille; elle lui avoua, avec une innocente naïveté, que depuis bien des années elle l'aimait, et qu'en lui elle avait mis toute son espérance de bonheur. Elle ajoutait avec une grâce enchanteresse qu'elle emploierait son existence entière à le rendre heureux.

Les accords de cette union si bien assortie ne pouvaient être que rapidement terminés : la loyauté et la générosité y présidaient. Parents, amis s'empressèrent, de tous côtés, d'apporter à la belle fiancée leurs félicitations et leurs présents, et cet événement était une fête pour le pays, car tous, grands et petits, y applaudissaient avec la même sincérité et le même enthousiasme. Il ne manquait plus qu'à fixer l'heureux jour, quand tout à coup, comme un coup de foudre, Robert reçut l'ordre de partir immédiatement pour une mission lointaine, mission aussi scientifique que militaire, et dont il était nommé l'un des principaux chefs. Cette expédition devait être dangereuse; il ne pouvait, dès lors, refuser d'en faire partie. Son cœur fut brisé, mais il n'hésita pas un seul instant : l'honneur dans cette âme d'élite passait avant l'amour, quelque pur, quelque ardent qu'il fût. Louise elle-même, quoique atterée, n'eut aucune faiblesse, et c'est elle qui, prévenue la première, voulut se charger d'annoncer à son fiancé la terrible nouvelle. Ces deux grands cœurs se comprenaient, et, devant la voix du devoir, ils surent maîtriser leur affection et leur douleur.

Les adieux furent déchirants, mais sans défaillance. — « Robert, dit Louise à son fiancé, vous savez que je « vous aime; vous devez donc croire que tous les ins- « tants de votre absence seront employés par moi à « penser à vous, à prier pour vous. De votre côté, ne « détachez pas votre pensée de mon souvenir. Cette « assurance adoucira ma peine; mais je veux que vous « soyez encore plus intimément avec moi : prenez ce « médaillon, il contient mon portrait, très-ressemblant, « dit-on. Regardez-le souvent, parlez-lui; il me sem- « blera alors vous voir et vous entendre.... et mainte- « nant adieu.... adieu.... embrassez votre fiancée, et que

« cette dernière marque de tendresse soit pour nous le « gage d'une union éternelle. » — Robert, la poitrine gonflée de sanglots, cherchait en vain à dominer sa poignante douleur; il put enfin prononcer ces mots : — « Adieu, vous que j'aimerai toujours, vous la seule « femme que j'ai jamais aimée, vous dont la pensée « emplira tous les instants de mon existence.... adieu.... « adieu.... et que le Ciel nous réunisse bientôt.... » — Prolonger cette scène déchirante eût été s'exposer à faiblir peut-être; ces deux grandes âmes le comprirent et se firent avec une noble fermeté leurs derniers adieux.

La mission de Robert ne devait durer que six mois; mais elle allait être entourée de nombreux dangers. Exécutée à l'époque de l'année où les tempêtes se déchaînent, elle avait à parcourir des parages redoutés, à longer des écueils renommés par de nombreux naufrages, à aborder des îles lointaines et désertes et à étudier, pour les combattre, tout en les bravant, les difficultés de la navigation dans les grandes mers du sud. Ses premiers travaux réussirent admirablement. Les plus heureuses nouvelles arrivèrent en France sur ses succès. Les journaux étaient remplis des détails glorieux sur la conduite et sur les découvertes de nos marins, et Robert était toujours cité comme un des plus intrépides et des plus heureux. De grandes récompenses l'attendaient assurément à son retour en France, mais les travaux de l'expédition ne l'occupaient pas seuls. La pensée, le souvenir de Louise étaient toujours présents à son cœur, et il écrivait souvent à sa fiancée des lettres brûlantes, dans lesquelles il lui répétait mille fois tout ce qu'il n'avait osé lui dire avant son départ. Il lui jurait une tendresse sans fin, et il lui disait que dans tous les moments qu'il pouvait dérober à ses durs travaux, il s'agenouillait devant son portrait, et lui exprimait tout ce qui lui était inspiré par le délire de son cœur. Il ajoutait que ce portrait chéri reposait toujours sur sa poitrine, et qu'il ne l'abandonnerait qu'avec l'existence. Louise elle-même, plus hardie dans la solitude, se laissait aller avec une tendre mélancolie à toutes les émotions de son chaste amour.

Cependant le terme de la durée de l'expédition approchait; on s'attendait à recevoir tous les jours la nouvelle de l'arrivée de *La Rapide*, et les marins du port de Brest se proposaient à faire un accueil sympathique et honorable à leurs braves camarades. Louise comptait les heures, les minutes qui la séparaient de l'heureux moment où elle pourrait revoir son bien-aimé Robert, quand, tout à coup, une nouvelle sinistre traverse la France.... un cyclone horrible avait bouleversé les mers du sud, englouti des îles, détruit des cités. *La Rapide*, entraînée dans ses affreux tourbillons, avait péri corps et biens; il ne restait rien, plus personne de ce beau navire, l'honneur de la flotte française.

En apprenant par hasard et sans préparation cette affreuse nouvelle, Louise resta en apparence forte et résignée; elle ne versa pas une larme, jeta un regard sublime vers le ciel, et puis, se couvrant de longs voiles de deuil, elle s'enferma dans son oratoire pendant plusieurs heures. Elle en sortit transformée; une pâleur mortelle, qui ne la quitta plus depuis ce moment, avait envahi son visage; ses yeux avaient pris l'expression d'une céleste résignation; elle semblait occupée, absorbée par une pensée unique, et quand par hasard, par inadvertance, le nom de Robert était prononcé devant elle, elle jetait vers le ciel un regard d'ineffable espérance. De cette belle Louise, si gracieuse, si caressante, si douce pour tous, si éblouissante de charmes et de distinction, il ne restait plus qu'une femme silencieuse et recueillie, toujours bonne, toujours charitable, mais paraissant presque insensible aux choses de ce bas monde.

Au bout d'un an de deuil rigoureux, d'une retraite austère et d'une tristesse toujours la même, Louise alla trouver ses parents, et, d'un air plus grave et plus désolé encore qu'à l'ordinaire, elle leur parla ainsi : — « Quoi-
« que séparée par le trépas de mon bien-aimé Robert,
« je ne me crois pas dégagée envers lui des devoirs
« d'une bonne épouse. Vivant, son cœur m'eût appar-
« tenu; mort, son âme est à moi, et c'est au rachat,
« au salut de cette âme chérie que je veux consacrer
« tous les actes de mon existence. Ne vous opposez pas
« à ma résolution, c'est devant Dieu que je l'ai prise.
« Rien ne pourrait m'y faire renoncer que votre ordre
« formel; vous ne le prononcerez pas, et vous respec-
« terez le motif sacré qui me l'a fait prendre. Si je
« n'avais consulté que le désespoir de mon cœur, j'au-
« rais été m'ensevelir à tout jamais dans la solitude
« d'un cloître, mais j'ai aussi des devoirs à remplir
« envers vous. Je ne puis, je ne dois pas vous priver du
« bonheur de me voir quelquefois; moi-même, je n'ai
« pas assez de courage pour renoncer à vos caresses.
« C'est donc parmi les filles de saint Vincent de Paul,
« retenues au milieu du monde par leurs saintes œuvres,

« que j'irai abriter ma douleur et vivre en priant pour « l'âme de Robert. Ne pleurez pas, n'arrêtez pas mon « départ, et consolez-vous en pensant que, morte pour « toujours au monde, j'accomplis mon devoir en allant « à Dieu. »

Monsieur et Madame de X..... quelque désolés qu'ils fussent, avaient des sentiments trop élevés et trop chrétiens pour combattre une résolution aussi noble et aussi pure; ils donnèrent en pleurant leur consentement, et Louise devint novice parmi ces saintes sœurs de charité. Sa piété angélique, son zèle, son ardeur au sacrifice la firent bientôt remarquer de ses supérieurs, et un an s'était à peine écoulé, qu'elle était admise à prononcer ses vœux. Toute sa famille en pleurs assista à cette solennelle cérémonie, et Louise vit avec joie se fermer la porte qui restait ouverte entre le monde et elle; désormais elle allait être toute à Dieu et à la mémoire de son bien-aimé Robert.

Quelques jours après que Louise eut prononcé ses vœux, une scène dramatique se passait au château de Y.... Des cris d'effroi retentissaient de tous côtés, des gémissements éclataient, des pleurs suffoquaient toutes les poitrines. Monsieur et Madame de X..... pâles, effarés, sans voix, presque privés de sentiment, étaient debout et tremblants au milieu de leur salon : devant eux, un fantôme aux traits amaigris et défaits, aux vêtements en désordre, et qui, aussi tremblant et aussi pâle qu'eux, cherchait en vain à prononcer une parole. Quelques minutes affreuses se passèrent ainsi, et le fantôme faisant enfin un effort suprême prononça avec un accent anxieux et fébrile le nom de Louise.... A cette voix,

Monsieur et Madame de X.... tressaillirent d'un nouvel effroi; mais, rappelés à la réalité par cet appel déchirant, et fixant avec une ardeur inquiète les traits bouleversés du fantôme, ils reconnurent, en frémissant, Robert de Z....; mais, tremblant d'émotion et d'épouvante devant cette apparition étrange, ils ne savaient encore s'ils étaient en face de Robert lui-même ou en présence de son ombre sortant du fond des mers. Robert se remit le premier de cet affreux émoi. — « Louise répéta-t-il encore d'une voix anxieuse...., où est Louise? » Monsieur et Madame de X.... restaient toujours effarés et silencieux.... — « Oh! si elle est morte, reprit le fan-
« tôme, dites-le moi, sans hésiter; j'irai la rejoindre....
« La mort voudra de moi cette fois, puisque ce sera
« pour me réunir à ma bien-aimée. »

Un peu de calme se fit enfin parmi les acteurs de cette scène déchirante. Monsieur de X.... ouvrit ses bras; Robert s'y précipita en pleurant; Madame de X..., revenue de sa frayeur, mêla ses larmes aux leurs, et bientôt le père et la mère apprirent au marin la résolution de leur fille. A cette nouvelle Robert parut revenir à la vie. Louise n'était pas morte; il lui semblait qu'elle ne pouvait dès-lors être perdue pour lui, et ses traits s'illuminèrent de joie et d'espérance. Après quelques instants de repos, il raconta à Monsieur et à Madame de X.... par quel miracle il était seul revenu du fond des abîmes de la mer, et par quel prodige, jeté d'épave en épave, il s'était trouvé sur un rocher presque désert, sur lequel, brisé, mourant, il avait été recueilli par des sauvages compatissants, au milieu desquels il avait passé près de deux années sans apercevoir à l'horizon un seul vaisseau des pays civilisés. Enfin, après ce long espace de temps, il avait pu être recueilli par un petit navire de commerce qui l'avait pris à son bord en qualité de matelot, et il avait quitté cette île lointaine en n'emportant que quelques haillons et le portrait de sa bien-aimée Louise. Du petit port où s'était arrêté le bâtiment, il avait volé à Y.... sans avoir fait constater son identité et son retour.... Que lui importait le reste? Il voulait voir Louise.

Monsieur et Madame X.... crurent qu'il n'était pas convenable et prudent que Robert se rendît aussitôt dans la ville où se trouvait leur fille; la sainteté d'un couvent ne pouvait convenir aux émotions ardentes d'une pareille entrevue. Il fut donc convenu que Robert écrirait à Louise, qui serait préparée à cette terrible émotion. Voici les termes touchants de cette lettre :

— « Louise, ma bien-aimée, un miracle me rend « à vous. Mort depuis longtemps pour tous, je vis « cependant..... La main miséricordieuse de Dieu m'a « retiré des abîmes de la mer, pour me conserver cette « existence que je vous avais consacrée et que je veux « vous donner tout entière. Votre portrait chéri, tou- « jours attaché sur mon cœur, a été sans doute le « talisman céleste qui m'a sauvé de cette mort horrible, « de laquelle j'ai vu périr tous mes infortunés com- « pagnons. Oui, je vis, Louise adorée, et pendant ces « deux années éternelles que j'ai passées sur un rocher « presque désert, en proie à tous les maux, à toutes les « angoisses, à toutes les souffrances, c'est vers vous que « mon cœur s'élançait toujours. C'est pour vous, pour « vous seule que je me rattachais à cette vie si misé- « rable, mais que j'espère voir reprendre, dans l'avenir,

« la douce réalité du passé.... Oui, je vis, Louise, tou-
« jours le même, toujours tout entier à vous, et n'ayant
« oublié aucun de mes serments et des vôtres.

« A peine échappé à cette mer si cruelle, je voulais
« voler à vous; on m'arrête en disant que je dois ména-
« ger votre position et votre sensibilité.... Oh! répondez
« bien vite; dites que vous allez revenir à moi, car vous
« m'appartenez, c'est de vous-même que je vous tiens,
« et si je vous avais méritée par l'ardeur et par la
« pureté de mon amour, ne vous ai-je pas une seconde
« fois conquise par les souffrances que j'ai subies loin
« de vous et en pensant toujours à vous? Oh! Louise,
« ne soyez pas plus cruelle que la mer.... revenez....
« revenez oublier toutes vos douleurs sur le cœur de
« votre Robert; venez réaliser avec moi le doux rêve
« de bonheur que nous avons fait ensemble.... venez
« reprendre au milieu des vôtres et près de votre tendre
« époux le rôle d'ange bien-aimé et consolateur que
« vous aviez si bien commencé à remplir.... Je vais
« compter les minutes, les secondes.... Revenez.... reve-
« nez....

« Votre fidèle ROBERT. »

Huit longues journées s'écoulèrent sans qu'aucune réponse arrivât à la lettre de Robert. Le malheureux jeune homme, en proie à toutes les angoisses, passait des heures entières à pleurer, à attendre avec une fiévreuse impatience l'arrivée tant désirée des courriers, et quand ils n'apportaient rien, il tombait dans une sombre atonie, et prononçait des mots incohérents qui faisaient presque craindre pour sa raison; enfin, cette lettre si longtemps attendue lui fut remise. Tremblant d'émotion, Robert osait à peine en rompre le cachet.... Il prit cependant un peu d'empire sur lui-même, et la poitrine oppressée, les yeux voilés de pleurs, il put lire la lettre de Louise. Tel était son touchant contenu :

— « Robert, mon bien-aimé Robert, je puis encore « vous appeler de ce nom, puisque c'est devant Dieu « que je vous avais donné mon cœur.... Robert, unique « objet de mes affections terrestres, ne m'en veuillez « pas si j'ai tant tardé à répondre à votre lettre et à « remercier avec vous le Ciel de vous avoir rendu à « l'existence.... Ah! je puis vous l'avouer.... c'est que « j'ai cruellement lutté pour prendre une résolution « nécessaire, et ce n'est qu'aujourd'hui, après huit « jours de prières et d'épreuves, que je me sens assez « forte pour vous parler sans crainte de faiblesse.... « Robert, appelez à vous toute la foi de votre âme, toute « la générosité de votre cœur. Ecoutez sans passion et « sans désespoir celle que vous avez aimée, celle que « vous aimerez toujours, je le crois, j'ai besoin de le « croire, et ne maudissez pas la pauvre Louise si elle « vient vous dire : Robert, je ne puis revenir à vous.... « je l'ai écrit ce mot cruel et si navrant pour mon cœur.... « je le répète en tremblant.... non, Robert, je ne puis « revenir à vous.... Ah! ce n'est pas sans des larmes « amères, sans des déchirements affreux que j'ai pris « cette terrible résolution; mais plus elle m'a coûté, « plus elle est irrévocable.... c'est au pied de la croix, « en présence de Dieu, qui nous réunira un jour, pour « ne plus nous séparer, que j'ai fait ce poignant sacri- « fice.... et je devais le faire.

« Quand j'appris mon malheur, et que vous n'étiez

« plus de ce monde, il me sembla que je mourais aussi,
« et de toutes mes affections terrestres il ne me resta
« plus que votre souvenir. Un moment, le désespoir
« envahit mon âme; mais bientôt la pensée de Dieu,
« sans consoler ma douleur, l'adoucit cependant, et je
« compris alors qu'il n'y aurait désormais plus de place
« dans mon cœur que pour le Ciel et pour votre
« mémoire..... Je consacrai au salut de votre chère
« âme toutes mes actions, tous mes sacrifices, je me
« donnai entièrement à Dieu. On ne peut rompre des
« engagements aussi sacrés, et je ne puis vous donner
« ce qui ne m'appartient plus.... ce serait un sacrilège....
« mais, quoique vouée au Seigneur, je suis à vous dans
« son cœur, et votre pensée toujours chère, toujours
« unique sera sans cesse mêlée à mes actions et à mes
« prières.

« Robert, les années que nous avons à passer sur la
« terre sont peut-être bien courtes. Dieu, dans peu de
« jours, j'en ai l'espoir, nous réunira dans son éternel
« amour. Méritons ce bonheur, qui sera sans fin,
« par la douleur de notre sacrifice. Résignez-vous,
« comme moi, et ne demandez à votre pauvre Louise
« que son souvenir et son cœur..... ils sont tout à vous.

« Encore un mot...., un dernier mot...., encore une
« prière...., encore un sacrifice.... Je vous le demande,
« mon ami, par cet amour même que vous avez pour
« moi...., et par pitié.... ne cherchez jamais à me revoir...,
« vous n'ébranleriez pas ma résolution, et vous me ren-
« driez malheureuse.

« Adieu donc, Robert bien-aimé, adieu jusqu'au jour
« où Dieu nous réunira dans son sein.... Continuez,

« comme vous l'avez fait, à servir noblement la patrie,
« pensez souvent à moi, j'ai besoin de cette assurance,
« et n'oubliez pas que votre Louise passera sa vie en-
« tière à bénir votre nom et à prier pour vous.

« LOUISE. »

A la lecture de cette lettre navrante, Robert, comme frappé par la foudre, tomba inanimé sur le sol. A un évanouissement profond succéda une longue maladie, pendant laquelle, privé de sa raison, au milieu d'atroces souffrances, il répétait sans cesse le nom de Louise, et appelait sa fiancée avec des accents déchirants. Pendant quelque temps, on crut qu'il ne pourrait survivre à ces terribles accès. Sa forte nature, sa jeunesse l'emportèrent. Robert revint à la santé, mais qu'il était changé, hélas! son caractère gai et expansif avait disparu pour faire place à une sombre taciturnité. A sa grâce habituelle s'était substituée une attitude silencieuse; froid, réfléchi, absorbé, il semblait être dominé par une idée fixe, par un souvenir unique, et cependant il ne prononçait jamais le nom de Louise et ne faisait aucune allusion à son malheur. Ce n'était plus le brillant Robert, mais un jeune vieillard mort à jamais aux joies du monde.

Une seule de ses ardeurs était restée au cœur de Robert : il était passionné pour son état. Louise lui avait d'ailleurs recommandé de continuer à servir la patrie. Il se livra dès lors tout entier aux études et aux travaux de la marine et sollicita les postes les plus dangereux, et pendant vingt ans il passa à peine quelques mois dans la mère-patrie.

Bien des années s'étaient écoulées depuis la sépararation de Robert et de Louise. La France en deuil avait subi l'outrage d'une invasion ennemie, et ni la valeur de ses soldats, ni le patriotisme de tous ses enfants n'avaient pu conjurer ses défaites. De suprêmes combats se livraient tous les jours sur la Loire, et parmi les guerriers français, nos braves marins se distinguèrent par un courage héroïque. De nombreuses batteries débarquées de sur nos vaisseaux tinrent souvent l'ennemi en échec et lui firent subir des pertes sérieuses. Robert, devenu officier supérieur, commandait l'une d'elles, et plus d'une fois il fit reculer le Prussien et vengea ses outrages; mais dans un dernier combat, écrasé par le nombre, vaincu par la fatalité, il dut fléchir, et ses troupes se débandèrent en désordre. Placé à l'extrême arrière-garde, exposé à tout le feu de l'ennemi, Robert protégeait généreusement la retraite des siens, quand une balle vint le frapper en pleine poitrine et l'étendit sur le sol. Le tourbillon de la défaite passa rapidement au-dessus de lui, et bientôt il se trouva seul, abandonné, mourant sur le champ de bataille.... Mais Dieu veillait sur Robert.... Une héroïque sœur de Saint-Vincent avait vu tomber un soldat français.... Elle s'élança vers lui. Frappé presque au cœur, suffoqué par son sang, Robert étouffait pressé dans son uniforme. Avec une ardeur chrétienne, la faible sœur cherchait à le dégager; elle put enfin entr'ouvrir sa tunique, donner de l'air à sa poitrine oppressée, mais au même instant un petit médaillon, rongé par le temps, s'en détacha et vint tomber dans sa main tremblante. A cette vue, Louise, car c'était elle, jeta un cri terrible, et le nom de Robert s'échappa ardemment de sa bouche..... Ce cri devait être bien déchirant, car le mourant revint un instant à l'existence, ses yeux se ranimèrent, un suprême sourire agita ses lèvres, et, pressant d'une étreinte dernière la main de sa fiancée, il murmura doucement le nom de Louise. Dans ce moment solennel, une balle ennemie vint frapper au cœur la sœur de Saint-Vincent, qui s'inclina vers le soldat mourant, et l'âme de Robert et celle de Louise s'envolèrent ensemble vers le séjour de l'éternel amour !

LE PÊCHEUR A LA LIGNE

La patience, a dit un sage, est peut-être la plus haute expression de la force ; or, comme le pêcheur à la ligne pousse la patience jusqu'aux dernières limites possibles, donc le pêcheur à la ligne est l'homme fort par excellence.... Tu ne t'attendais pas à cet argument serré, critique injuste et malin qui osas dire un jour : *La ligne est un instrument à deux bouts, dont chacun est terminé par une bête.* Voilà donc le pêcheur à la ligne réhabilité. Je ferai plus encore pour lui, et je prouverai que, dans l'exercice de sa quasi-profession, le pêcheur à la ligne, à l'envers de bien d'autres qui le tournent en ridicule, occupe en même temps d'une manière utile et agréable son physique et son moral. Je sais qu'on a dit qu'il ne pensait pas. Moi j'affirme qu'il rêve. Or, rêver est bien plus fort que penser, puisque le rêve est le frère de la poésie. Je monterais bien haut ainsi de gradation en gradation, d'argument en argument. Que ne prouverais-je pas ? Mais je m'arrête, parce que si le pêcheur à la ligne est fort et poétique, il est aussi modeste, et je ne veux pas effaroucher cette modestie qui sied si bien au vrai mérite.

Qui de vous n'a vu sur les parapets des quais, aux bords des canaux, au pied des berges des rivières, le long de la plage des étangs, de longues files d'hommes graves, attentifs et silencieux, armés de cet instrument si sagement emblématique, que l'on nomme *ligne*. Ils ont tous, les yeux ardemment fixés sur un point unique, et au moindre mouvement, à la plus petite oscillation de ce point nommé *bouchon*, ils frémissent d'émotion, palpitent d'espérance.... Le bouchon plonge-t-il? l'émotion est à son comble.... L'heureux pêcheur retire habilement son instrument.... : un goujon le suit...., quel triomphe!... D'une main fébrile, il décroche avec adresse son imprudente victime et, jetant un regard victorieux sur ses voisins, il la plonge frétillante dans sa gibecière, réamorce sa ligne, la lance avec assurance en la faisant siffler, et reprend aussitôt son attitude fière et calme. Cette émotion qu'il a ressentie, elle s'est répercutée, comme un choc électrique, sur toute la rangée de ses voisins; un frisson de plaisir et d'envie les a tous parcourus, mais aucun n'a quitté sa pose majestueuse, et les bouchons alignés sont restés dans leur file presque régulière. Quand, au lieu d'un vulgaire goujon, le sort permet que ce soit une tanche, un barbeau, une carpe peut-être qui se laisse enlever, oh! alors l'émotion se change en délire, mais ce délire se maintient toujours dans les bornes de la sagesse, et, si les cœurs palpitent, si les têtes s'exaltent, si les imaginations s'échauffent, si les désirs s'allument, si les espérances miroitent, la main reste calme, le corps ne bouge pas, et ce n'est que dans l'œil enflammé du pêcheur qu'on peut lire les sentiments brûlants de son âme.

Et ces hommes si sensibles, si ardents, si passionnés, si maîtres, cependant, d'eux-mêmes, seraient ce que vous dites: être attachés au bout d'une ligne?.... Critique venimeux !!! Allons.... allons, réfléchissez, faites amende honorable. Je vous l'ai dit..., vous le voyez...., je le prouve... le pêcheur à la ligne, bien loin d'être ce que vous affirmez, est fort et même poétique; sa patience, son ardeur et sa sensibilité en sont la preuve.

Mais, renforçons mon argument.... Ecoutons une conversation à voix basse formée le plus souvent de monosyllabes expressifs et pittoresques. La scène se passe sur les deux bords d'un canal étroit et bourbeux pas très éloigné de la mer :

— Le n° 4 au n° 5 (tous deux rive gauche), bouchon 7 bouge. — N° 5, peu. — N° 4, bouge, vous dis-je. — N° 5, erreur.—N° 4, plonge, retire barbeau.—N° 5, barbillon. — N° 4, un hecto. — N° 5, 500 grammes. — N° 4, chançard. — N° 5, a femme coquette. — N° 4, compensation.

Pendant ce temps-là, le n° 8, d'une voix mélancolique, disait à son voisin le n° 9 (tous deux rive gauche), rêvé prenait carpe. — N° 9, viendra peut-être. — N° 8, voyez n° 11 (rive gauche), pris tanche.—N° 9, maigre. — N° 8, comme lui. — N° 9, n° 17 (rive gauche), dort. — N° 8, indigne du métier. —N° 9, n° 13 (rive gauche), a déjà friture.— N° 8, combien?—N° 9, six goujons.—N° 8, votre bouchon plonge, n° 8, rêvé vrai.... carpe.... trois hecto. —N° 9, un à peine, plaisir vous trouble imagination, mais aussitôt le n° 20 (rive droite), d'une voix basse et caverneuse qui s'étendit sur l'eau, prononça lentement le mot *silence*, et chaque pêcheur se tut en se recueillant. La conversation reprenait cependant bientôt à voix basse, mystérieuse, sans gestes, sans mouvements. — N° 19 à n° 20 (rive droite), journaux ? — N° 20, rien. — N° 19,

Chambre stupide. — N° 20, Constitution? — N° 20, jamais ne feront. — N° 20, Thiers malade. — N° 19, vaudrait mieux mort. — N° 20, pêche fluviale? — N° 19, bientôt interdite. — N° 20, absurde. Fassent Constitution. — N° 19, jamais. — *Silence!* regrommela le n° 20 (rive droite) et tout rentra dans l'ordre. — N° 17 au n° 18 (tous deux rive gauche), beau temps demain. — N° 18, ablette piquera. — N° 17, pourquoi? — N° 18, coucou chante. — N° 17, préjugé. — N° 18, toujours s'est vu. — N° 17, vous a porté bonheur aujourd'hui. — N° 18, expliquez-vous. — N° 17, avez déjà pris six goujons? — N° 18, oh! oh! — Silence, hurlota le n° 20 (rive droite). Oh! oh! s'écria d'une voix étouffée le n° 18.... Oh! oh! secourez-moi, ma ligne m'entraîne. Lâchez prudemment et peu à peu, lui dit son voisin le n° 17. — Silence! martela le n° 20 (rive droite).... Mais l'attention de tous les pêcheurs était déjà fixée sur les efforts du n° 18, qui luttait énergiquement avec sa ligne; tantôt il la tirait avec fermeté, tantôt il la lâchait adroitement. Il devenait le point de mire de tous; les conversations s'animaient; elles étaient presque bruyantes, malgré les nombreux *silence* du n° 20 (rive droite). La surface de l'eau bouillonnait; le n° 18 s'arcboutait, mais la ligne tirait toujours; enfin, dans une dernière lutte, pendant que le n° 18 se penchait, la ligne donna une forte saccade, et l'infortuné pêcheur piqua la plus belle des têtes, mais n'abandonna pas son engin qui fuyait sans cesse. Le n° 18 fut bientôt relevé, et, quoique couvert de vase et dans l'eau jusqu'au cou, il suivait ardemment les évolutions de sa ligne, qui prenait une direction tantôt courbe, tantôt rétrograde, tantôt en avant, mais toujours vive et puissante, s'embrouillant, s'enchevêtrant dans tous les engins voisins de la rive droite et de la rive gauche. Des deux bords partaient des cris de malédiction que ne pouvaient dominer les appels désespérés au silence du n° 20 (rive droite). Le n° 18 filait toujours; enfin, il put se raccrocher à la rive et gagner le franc bord. Alors, par une habile manœuvre, il éleva doucement sa ligne qu'il n'avait jamais lâchée pendant tout ce tumulte et amena à la surface de l'eau un énorme...., crabe..... Un rire général, mais modéré, suivit aussitôt tous les rangs des pêcheurs, et, pendant que chacun cherchait à regagner sa place et à rajuster ses instruments, on entendait sur les deux rives sortir de toutes les bouches à l'adresse du malheureux, des quolibets moqueurs et d'amers sarcasmes. — Crabe lui-même. — C'était une femelle, — non un mâle comme lui. N'avez-vous pas vu ses cornes? — Demain faudra le placer seul quartier des crabes — mâles. — Silence!.... silence! s'écria d'une voix désespérée le n° 20 (rive droite). Nous avons manqué notre journée.

Le calme habituel revient enfin, et le n° 18, ramassant son panier et ses lignes, enfonça, non sans être mordu, son crabe monumental dans sa gibecière, et comme il tenait déjà une friture de six goujons, il regagna, mouillé jusqu'aux os, son domicile conjugal, où il n'était pas encore attendu. En arrivant au logis, et du plus loin qu'il aperçut sa fringante épouse, il s'écria triomphalement : J'apporte friture.... Mais quand il eut ouvert son panier, il n'y trouva plus que son terrible crabe qui pendant la route avait mangé les six goujons.... Désappointement complet de l'époux et de l'épouse....

Celle-ci raille le mari; le mari s'emporte autant que peut s'emporter un pêcheur à la ligne, et, poussé à bout, exaspéré, il va se coucher sans souper.

Emporté par l'originalité de mon sujet, je m'aperçois que je n'ai encore rien dit des classifications du pêcheur à la ligne, de son physique, de son type enfin et des caractères particuliers auxquels on peut le reconnaître, en dehors de l'exercice de ses fonctions; bien des signes spéciaux le distinguent cependant, mais il faut un œil exercé pour les saisir et les comprendre.

Au physique, un pêcheur à la ligne n'est ni plus ni moins laid qu'un autre homme; il ressemble assez à un grave épicier, à un huissier sérieux, à un donneur d'eau bénite morose ou à tout autre type gravitant du débitant de tabac jusqu'au notaire. Il est tantôt maigre, tantôt gras, souvent petit, plus rarement d'une taille élevée, blond, brun, châtain, mais très fréquemment gris ou blanc, la passion de la pêche à la ligne se déterminant ordinairement à l'heure de la retraite. Son costume varie à l'infini, mais c'est surtout une blouse ou une veste courte qu'il préfère, surtout quand il est obligé d'entrer dans l'eau pour mieux atteindre sa proie; son pantalon est large, pour pouvoir être facilement relevé jusqu'aux genoux, et ses chaussures, sabots, pantoufles ou sandales sont amples et peuvent être facilement retirées. Un grand nombre porte des lunettes vertes à cause du miroitement de l'eau; quelques-uns, les plus graves, abritent leurs yeux sous une longue visière en carton, pareille à celle de certains employés de bureau; mais le costume officiel, l'uniforme enfin du pêcheur à la ligne, c'est l'immense chapeau de paille à bords rabattus. Je sais que certains vieux amateurs de l'ancienne école portent encore la casquette à soufflet ou à chapitre en toile ou en peau de loutre, mais leur nombre diminue tous les jours et va se perdant. A ces divers détails de costume se joignent le petit panier du déjeuner, la gibecière en toile, en filet ou en osier, les boîtes diverses contenant les mouches vraies ou artificielles, les vers, les larves, les asticots. Quelques-uns, ce sont les aristocrates, ont un siège pliant en fer ou en rotin; mais ils ne possèdent pas l'estime de leurs collègues et des pêcheurs consommés, qui affirment que la pêche à la ligne doit être faite debout, le bras étant ainsi plus souple et l'attention plus soutenue. Quant aux engins, ils varient à l'infini, et, depuis le vulgaire roseau jusqu'à la canne à ligne, il existe peut-être cent variétés de ce perfide instrument.

Tel est le pêcheur à la ligne exerçant son attachant métier. Comment est-il en dehors de cette occupation chérie? Certes, il est facile à reconnaître.

Voyez-vous dans son ménage un homme inquiet et agité, ouvrant souvent sa fenêtre, consultant le ciel et les astres, avançant souvent le bras, comme par un mouvement instinctif, tombant dans un état de réflexion atone, et réveillé comme en sursaut par une secousse imaginaire?.... C'est un pêcheur à la ligne.... Avez-vous remarqué un magistrat grave, mais frémissant, pressant les avocats, brusquant les témoins, jetant un regard suppliant au ministère public, résumant au plus tôt les débats et condamnant à la hâte?.... C'est un pêcheur à la ligne.... Connaissez-vous cet ouvrier honnête, mais passionné, attendant avec une impatience fébrile la fin de son travail ou l'arrivée trop lente du dimanche?... C'est un pêcheur à la ligne.... Etes-vous tombé, hélas! sous la main tremblante d'un garçon coiffeur, ne tenant pas en place, qui vous rase en poste, vous accommode à la vapeur et vous renvoie au plus tôt, écorché, saignant, ébouriffé?.... C'est un pêcheur à la ligne.... Avez-vous un ami qui reçoit votre visite avec un visage consterné, qui vous bourre, vous rebiffe et vous met promptement à la porte?.... C'est un pêcheur à la ligne.... Rencontrez-vous dans la rue une connaissance pressée qui a l'air de ne pas vous reconnaître malgré le salut amical que vous lui faites?... C'est un pêcheur à la ligne.... Ah! c'est que tous, mari, magistrat, ouvrier, coiffeur, ami, connaissance, ont hâte d'être libres et d'aller prendre, la ligne à la main, leur place habituelle au bord du canal, de l'étang ou de la rivière.

Comment classer les pêcheurs à la ligne?.... C'est tellement facile que c'est presque impossible, et le mieux serait, en parlant de tous en général, de dire simplement : Ils sont pêcheurs à la ligne. Tout serait dit, car ils se ressemblent tous. Les chasseurs ont de grandes variétés, et depuis le preneur de lulus au lacet de crin, jusqu'au grand seigneur battant ses forêts à grand renfort de piqueurs et de chiens, que de types on pourrait décrire! Mais, pour les pêcheurs à la ligne, à part quelques légères nuances, ils sont tous les mêmes; leurs procédés, leur pose, leur patience, leurs succès se ressemblent. Les péripéties de leurs chances ne changent presque jamais, et la monotonie de leurs plaisirs se soutient le lendemain comme elle était la veille. Attente, mystère, petit résultat, tel est leur programme habituel, et si quelquefois des événements imprévus, des prises inattendues, des accidents subits, des émotions extraordinaires viennent troubler ou augmenter ces plaisirs, c'est si rare, si rare que c'est l'exception qui confirme tout le reste.

Les classes des pêcheurs à la ligne peuvent, ce me semble, se réduire rigoureusement à trois.

Le pêcheur solitaire, c'est-à-dire celui qui, faisant métier de ce savoureux plaisir, fuit la société de ceux qui pourraient lui nuire ou le déranger; ce type sauvage et rapace se trouve au bord des torrents des montagnes, sous les ponts isolés, sur les rochers surplombant les gouffres renommés, à l'extrémité des grands étangs, et il prend autant de précautions pour n'être pas vu qu'il met d'ardeur à dépeupler les viviers et les biefs des rivières.

Le pêcheur en compagnie est celui dont nous avons déjà parlé, et qui va prendre sa place au milieu de cette longue file de collègues, qui ressemblent plutôt à des cormorans qu'à des hommes.

Le pêcheur amateur, c'est celui qui pêche pour l'art, qui raisonne et étudie, qui est au courant de toutes les inventions modernes, qui possède la ligne à grelot, la ligne à bascule, la ligne à ressort, la ligne volante, la ligne de fond, toutes les lignes connues, et qui ne prend cependant pas plus de poisson que les autres. Ce pêcheur raffiné se mêle rarement au vulgaire, et n'exerce son talent, ne prend son plaisir qu'au milieu des grandes rivières, sur les bords des étangs réservés, dans les immenses lacs des montagnes La différence entre ce pêcheur et les autres est absolument la même que celle qui existe entre les rapins d'un atelier et l'artiste en loge, ou bien entre les braillards des chœurs et le ténor d'un théâtre. Aucune comparaison ne peut être établie entre eux. Il y aurait sans doute dans cette dernière classe bien des genres différents à noter, mais nous irions trop loin; contentons-nous de les comprendre tous sous la dénomination générale de *Pêcheurs à la ligne amateurs.*

Une physiologie statistique est bien froide, et si elle satisfait l'esprit de l'observateur, elle parle bien peu au cœur. J'ai l'habitude, dans mes diverses études physiologiques, de dramatiser un peu mon sujet, et d'apporter, à l'appui de mes assertions et de mes découvertes, un roman, une histoire, une légende qui complètent mon travail et lui donnent l'attrait et l'intérêt qu'une froide dissection ne saurait lui apporter. Je me garderai bien de manquer à cette habitude, surtout en parlant du pêcheur à la ligne, dont les émotions et les sentiments, pour être contenus, n'en sont pas moins vifs, et qui, malgré le calme apparent de ses exercices et la modération de ses expansions et de ses démonstrations, n'en ressent pas moins toute l'ardeur des passions les plus brûlantes. Ecoutez mon récit; il comprendra les trois genres. Je commence par le premier.

Un gars de vingt ans, grand et fort comme un montagnard, beau de corps et de visage, assez délié d'esprit, habitait une modeste chaumière voisine d'un torrent étroit et profond qui séparait deux montagnes des Pyrénées célèbres par leurs eaux thermales et par l'affluence des étrangers aux beaux jours. Stéphan, tel était son nom, avait un champ, un verger, une prairie, le tout formant un riant enclos. Stéphan négligeait de cultiver cet héritage de ses pères, tant il était absorbé par une passion unique, la terrible passion de la pêche à la ligne. Sa passion, il est vrai, le nourrissait et lui fournissait de quoi se vêtir et payer l'impôt; mais elle l'accaparait, l'hébêtait au point qu'il ne pensait qu'aux roseaux et aux truites. Il y rêvait le jour, il y rêvait la nuit, il devançait l'aube, ne se retirait qu'après le crépuscule, et restait, pendant toutes ces longues heures, penché sur le torrent, n'ayant qu'une idée, qu'un désir, qu'une espérance : voir piquer et enlever. Les jours de fête, les jeux de son âge, la société des camarades, il ne connaissait rien de tout cela. Ses fêtes, ses jeux, sa société, il ne les trouvait qu'en compagnie de ses hameçons et de ses lignes; l'amour, il en avait entendu parler comme d'une chose qui dérangeait de tout, surtout de la pêche à la ligne, et il n'avait dès lors jamais pensé à l'amour; et cependant il était un assez bon parti dans le pays; mais se marier l'eût forcé de renoncer, pendant quelques jours au moins, à sa passion favorite. Il repoussa donc énergiquement la pensée du mariage.

Stéphan allait souvent se poster pour sa pêche sur un roc à pic au-dessus du torrent. Ce lieu était solitaire et pittoresque. Au delà de l'eau, le chemin serpentant à travers la montagne, à mi-côte l'église, de beaux arbres accrochés aux roches, des lambeaux de prairie étendant leurs vertes pelouses jusqu'aux flots écumeux.... Mais *Stéphan* n'avait nullement remarqué la poésie du site; le gouffre était bon, inépuisable, cela lui suffisait.

Or, un jour que Stéphan, absorbé par son occupation chérie, ne quittait pas de l'œil son bouchon souvent attaqué, il entendit de l'autre côté du torrent une petite toux coquette, qui ressemblait beaucoup plus à un tendre appel qu'au hoquet redoublé d'un rhume. Il releva un instant les yeux, et aperçut, assise sur le bord opposé, la plus jolie petite bergère qu'il eût certes jamais vue. Quinze ans, blonde comme les blés, et des yeux plus bleus que le ciel; ses pieds nus plongeaient dans le torrent, aux dépens de ses jambes qui se laissaient voir plus haut que ne le permet la mode, sans toutefois blesser la pudeur. Un petit chapeau de paille négligemment noué par un ruban encadrait ses jolis traits. D'une main elle agitait une branche d'aubépine en fleur, de l'autre elle caressait un mouton favori, pendant que le reste du troupeau escaladait en bondissant les rochers voisins.

— « Eh ! monsieur le pêcheur, dit-elle en gazouillant, la pêche est-elle bonne?

— « Pardon... pardon... Mademoiselle, répondit Stéphan avec un geste suppliant, taisez-vous, taisez-vous de grâce..., ça pique..., ça pique.

— « Tiens, tiens, tiens, et quand ça pique vous ne pouvez penser à autre chose?

— « Ah! Mademoiselle, vous m'avez fait manquer une superbe truite.

— « Et vous ne pourrez pas vous en consoler?

— « L'occasion ne se présente pas tous les jours.

— « On peut en trouver de meilleures.

— « Ah! taisez-vous..., ça repique..., ça repique. »

Pour cette fois le pêcheur réussit; la truite fut enlevée, et, pendant le moment de répit qu'il prit pour amorcer son engin, il jeta un regard plus attentif sur son gentil vis-à-vis. Tout pêcheur à la ligne qu'il était, il tressaillit comme si une saccade de ligne lui eût arraché le cœur avec un hameçon.

— « Comment vous nomme-t-on, petite bergère? dit-il tout en rajustant son roseau, mais sans trop se presser.

— « Estelle, pour vous servir. Je suis née sur la haute montagne, au hameau des Aiglons. Et vous, l'ami?

— « Moi, je suis Stéphan, le propriétaire de cette chaumière et de ce petit enclos.

— « Il est bien frais votre enclos, et bien mignonne est votre chaumière. Et vous êtes là tout seul?

— « Oui....; mais chut.... chut... voyez.... oh! comme ça pique aujourd'hui.

— « Et vous passez comme ça tous vos jours à la pêche?

— « Oh! oui, du matin au soir, mais chut.... chut.... ça pique.... ça pique....

— « Vous ne parlez pas ainsi de toute la journée?

— « Le moins possible. Oh! que ça pique!

— « Adieu, aimable et heureux pêcheur, que Dieu vous assiste.

— « Vous ne reviendrez pas demain, Estelle?

— « Peut-être...; mais si ça pique?

— « C'est égal, revenez.... revenez.... Oh! ça pique..., ça pique joliment. »

La bergère était déjà loin dans les rochers, mais quelque absorbé que fût Stéphan, il avait relevé les yeux, et il suivait avec une émotion qui lui était encore inconnue sa marche gracieuse et légère; il se sentit piqué à son tour, et il resta pendant un instant rêveur; mais son bouchon plongea, il sortit de son rêve et retomba dans sa chère réalité.

Estelle revint le lendemain et bien souvent encore, mais la truite piquait toujours, et jamais Stéphan, quelque amoureux qu'il fût, n'eut la force d'abandonner une seule minute son poste et sa ligne, pour venir dire à la fillette, qui s'y attendait toujours, qu'il l'aimait et qu'il voulait la prendre pour femme.

Des mois s'écoulèrent. Estelle se confondit en avances. Stéphan n'avait pas l'air de s'en apercevoir; la truite piquait de plus en plus. On se lasse de tout, et bien plus encore d'un amour méconnu, et malgré la bonne envie qu'avait la bergère d'épouser Stéphan et de devenir la maîtresse de la jolie chaumière et du petit enclos, elle se fatigua de voir toujours la truite piquer et le pêcheur se taire. Peu à peu ses visites au rivage devinrent plus rares; enfin elles cessèrent tout à fait.... Et un jour que Stéphan, aux prises avec un poisson monstrueux, se débattait agité et triomphant, il entendit au-dessus de sa tête les sons allègres d'une cornemuse, des coups de feu précipités et des chants joyeux que répétait l'écho de la montagne. Une noce nombreuse et bruyante montait en serpentant le sentier escarpé et se dirigeait vers la petite église. Estelle, couronnée de fleurs blanches, vêtue de neuf, plus belle que jamais, s'appuyait en rougissant sur le bras d'un beau montagnard, son voisin aux Aiglons, et se dirigeait à pas précipités vers le temple modeste dont la cloche argentine sonnait à toute volée. En passant devant le pêcheur, elle lui jeta un regard mêlé de regret et de malice... Stéphan pâlit, tressaillit, son cœur se brisa et défaillit un instant; mais il reprit bientôt toute son énergie; son bouchon plongea, et il retira du torrent un modeste goujon.... Le maladroit !... il avait eu un bien plus joli poisson au bout de sa ligne !

La seconde aventure que j'ai à raconter a pour héros un jeune et fringant coiffeur, possédé, lui aussi, de cette terrible passion de la pêche à la ligne, à laquelle il sacrifiait tous les instants que pouvaient lui laisser les têtes de ses clients, rendues de jour en jour plus rares par ses fréquentes absences. Appartenant à la seconde classe des pêcheurs à la ligne, il allait se confondre dans les rangs silencieux de ses collègues, sur les quais ou au bord des canaux, et là, sourd à la voix de sa conscience et de ses intérêts, il perdait ses journées et ses pratiques, mais rapportait quelquefois au logis un triste goujon ou une maigre ablette.

Phœbus, tel était le nom ronflant du coiffeur-pêcheur, était encore garçon, mais tout lui disait qu'il fallait au plus tôt trouver femme, payer son fonds et s'installer solidement dans le magasin parfaitement placé qu'il avait en location. Il le voyait, il le comprenait, il en convenait, et cependant il ne pouvait prendre une résolution ferme et définitive. Sa ligne, sa chère ligne l'emportait loin de ses intérêts et de son devoir.

Des amis s'interposèrent, et un jour, pendant le temps que la pêche était interdite, on ménagea à Phœbus une entrevue avec Mlle Lise, femme de chambre d'une riche comtesse, qui avait de grosses économies, un teint de roses, de beaux cheveux, un nez retroussé, des yeux en coulisse, et une expérience !.... enfin une vraie femme de coiffeur,... L'affaire était superbe..., Mlle Lise tenait à se marier au plus vite ; aussi ne fit-elle pas la bégueule, et, après avoir examiné son futur sous les quatre points cardinaux, l'avoir fait marcher, saluer, parler, elle se déclara satisfaite, demanda que l'on fixât le jour de la noce, et ajouta que le plus tôt serait le mieux. Ce jour fut donc arrêté par la famille et les amis au 1er de mars, qui tombait dans deux semaines; mais les malheureux n'avaient pas calculé que ce jour même était celui de l'ouverture de la pêche fluviale!.... Phœbus, lui, l'avait bien remarqué, et il s'efforça en vain de faire avancer ou reculer le moment heureux de son mariage. Il ne put y parvenir. Des considérations sérieuses avaient déterminé ce choix; il se résigna donc et prit de bonne foi la résolution de ne pas pêcher ce jour-là.

Tous les préparatifs de la noce étaient faits, et comme on avait fixé le jour, on fixa aussi l'heure de la cérémonie. Celle de dix heures du matin fut choisie. On était à la veille de ce terrible 1er de mars.

Pendant la nuit qui précéda ce jour deux fois solennel, Phœbus fut torturé par deux idées fixes et rivales, sa fiancée et l'ouverture de la pêche. Son cœur, sa raison plaidaient pour l'une, mais sa passion l'entraînait ardemment vers l'autre; il ne fut pas assez fort pour résister entièrement et crut pouvoir faire sa part à chacun de ses tyrans. — « Voyons, se dit-il, je me marie à dix heures...
« En me levant à cinq heures du matin, je puis encore
« pêcher pendant trois heures... J'arrive à huit heures
« chez moi, j'ai tout préparé la veille, je n'ai qu'à me
« débarbouiller, à endosser mon habit, je suis prêt à neuf,
« je donne cette heure à ma fiancée... tout s'arrange...
« ah! je pourrai faire l'ouverture de la pêche! »

Si son Excellence le Ministre du Commerce eût voulu

choisir un jour plus propice pour cette heureuse ouverture, il ne l'eût pu certainement. Temps bas et sombre, électricité dans l'air, lourde atmosphère, calme à la surface de l'eau, tout était réuni pour un jour de pêche exceptionnel. Les pêcheurs l'avaient bien compris, et Phœbus n'était pas encore arrivé qu'ils étaient déjà rangés en grand nombre, déployant leurs engins les plus perfectionnés.

Oh! ils ne s'étaient pas trompés... le poisson oublieux, agité ou mourant de faim, venait bâiller à la surface de l'eau, et se jetait étourdiment sur tous les appâts qu'on lui jetait à chaque instant. Les lignes s'abaissaient et se relevaient, et le nombre des poissons acharnés à se faire prendre ne diminuait pas; tous les pêcheurs, même les plus maladroits, remplissaient leur gibecière. Phœbus, heureux ce jour-là comme un fiancé, ne pouvait jeter sa ligne sans la retirer garnie comme une grappe : tanches, goujons, carpes, barbeaux, remplissaient déjà son panier, et il pêchait, pêchait toujours avec une ardeur et une activité infatigables.

Cependant huit heures avaient déjà sonné depuis longtemps; neuf heures se firent entendre. — « Une « minute de plus, une minute de plus, murmurait « l'heureux pêcheur... je me presserai pour ma toilette, « je serai prêt au moment voulu, l'horloge d'ailleurs « avance... » Neuf heures et demie tintèrent. Phœbus fut saisi d'effroi... mais il était dans ce moment occupé à surveiller une grosse carpe qui, depuis un quart d'heure, rôdait autour de sa ligne... Dix heures frappèrent leurs coups lents et solennels... la carpe rôdait toujours... — « Ah! si on est en peine, se dit Phœbus, on viendra me

« chercher; il est facile de deviner où je suis... On a « peut-être retardé la cérémonie. Ma petite femme « d'ailleurs ne pourra que me pardonner, j'apporterai « un si beau plat pour le repas de noce... » Dix heures et demie... la carpe tournait encore... Onze heures... la carpe avala l'hameçon, se débattit, cassa la ligne et s'enfuit au fond de l'eau. — « Elle reviendra... elle ne « peut que revenir... oh! je l'aurai... je l'aurai... » Midi... la carpe n'est pas encore revenue... Une heure... — « Je l'aperçois enfin, sanglante, fatiguée, mais toujours affamée. » Deux heures... — « Oh! je la tiens... je la « tiens... c'est la plus belle prise du jour; tous les pê- « cheurs frémissent de jalousie... ma gibecière n'est pas « assez grande pour la contenir... Oh! la belle mate- « lotte!!! »

Phœbus triomphant part enfin, chargé de son précieux butin; il arrive chez lui, mourant de faim, sa toilette en désordre, trouve quelques parents encore assemblés, et demande en tremblant où est sa fiancée. On lui rit au nez, et on lui apprend que, dès midi, Mlle Lise, sachant parfaitement à quoi la préférait son mari, avait déclaré rompre le mariage, et s'était retirée en compagnie d'un jeune et beau coiffeur qui ne l'avait pas quittée de toute la matinée, et qui avait déjà parlé de s'établir en face du magasin de l'infortuné Phœbus.

Les femmes de chambre imitent leurs maîtresses; elles ne se laissent pas facilement manquer, et quand elles sont blessées, elles ne pardonnent pas; c'est donc en vain qu'on chercha à faire revenir Mlle Lise sur sa résolution. Elle répondit en faisant semblant de pleurer, à ceux qui cherchaient à l'attendrir, qu'un homme qui abandonnait une jolie femme pour une carpe, quelque grosse qu'elle fût, était un insensible, ou tout au moins un imbécile, et qu'elle ne voulait pas un mari de ce calibre. Phœbus dut se résigner; il avait heureusement la pêche à la ligne pour se consoler.

Arrivons à l'histoire de ma troisième classe; elle sera, je l'espère, aussi instructive que les autres.

Benjamin de Z... était le plus joli bébé de vingt ans qu'une nourrice pût se glorifier d'avoir nourri. Rose, potelé, mignon, les cheveux blonds et bouclés, il avait une tête d'ange; son teint était pur, frais, velouteux; pas un poil ne déshonorait son menton ou ses lèvres. Il était timide et réservé dans ses manières; un seul mot brusque ou douteux le faisait rougir, et il ressemblait à une jeune fille timide, comme il y en a encore de nos jours.

Ah! c'est que Benjamin avait été élevé dans des conditions bien différentes de celles de son sexe! Dernier enfant sauvé d'une nombreuse famille, il fut pour ainsi dire couvé, et jamais, au grand jamais, il n'avait osé mettre les pieds hors du nid maternel. Son éducation avait été confiée aux soins d'un bon abbé, presque sexagénaire, que son zèle avait rendu vieux avant l'âge, et qui, de curé de la paroisse, était devenu le précepteur du jeune Benjamin. Il l'avait vu naître, l'avait baptisé et l'aimait comme un enfant. L'abbé avait le caractère doux; son élève l'avait plus doux encore. Ces deux natures se comprirent, s'aimèrent et s'adoucirent de plus en plus au contact l'une de l'autre. Le précepteur n'était pas savant; l'enfant ne le devint pas dès lors avec lui, mais qu'importait, il avait été ordonné par les médecins de ne pas trop tourmenter sa jeune intelligence, dans la crainte de développer en lui le germe de la maladie qui avait enlevé ses nombreux frères et sœurs. Benjamin, donc, étudia fort peu sur les livres, mais il s'occupa beaucoup de petites distractions, de frivoles amusements. Les travaux de femmes, les collections des timbres-poste et d'images le rendaient heureux; il devint même un peu musicien, et, à treize ans, prodige dont on parla beaucoup dans tout le pays, il tenait déjà l'harmonium dans l'église du village. Mais il était un plaisir que Benjamin préférait à tous les autres, c'était celui de voir regarder nager les poissons rouges dans les nombreux bocaux qu'on ne manquait pas de lui offrir les jours de sa naissance, de sa fête et du premier de l'an. Benjamin passait des journées entières à regarder s'agiter ces intéressants animaux. Il tombait dans de longues rêveries et, pendant ces moments d'extase, évidemment se développait en lui une grande passion aux fortes racines. A douze ans, cette passion s'accentua, et un beau jour, après le déjeuner de famille, Benjamin dit timidement à sa mère : — « Maman, je voudrais bien pêcher à la ligne. » Ébahissement général au sein des hôtes du château de R.... Le bon abbé tressaillit, la mère trembla. Le papa, qui y voyait de loin, s'écria douloureusement : « Ah! mon Dieu, cet « enfant voudra être marin! » Un grand conseil se tint, et, après avoir entendu l'avis de chacun, il fut décidé qu'il serait permis à l'enfant de pêcher à la ligne quand il aurait atteint sa quinzième année. Le délai était long, mais Benjamin était doux et obéissant; il se soumit sans murmurer et commença à compter les jours.

Il faut que j'ajoute, pour compléter le portrait de Bébé,

car c'est ainsi qu'on le nommait en famille, qu'il était destiné à avoir une très grosse fortune et qu'étant le seul héritier d'un grand nom, on le gardait soigneusement pour graine.

Dans le parc du château de R.... où résidait habituellement la famille de Z...., se trouvait un bel étang profond et poissonneux. C'était l'Eden rêvé par Benjamin; mais rarement il lui avait été permis, accompagné bien entendu, d'aller se promener sur ces bords, tant d'accidents pouvaient arriver!!! Dans ces rares occasions, l'enfant s'arrêtait sur la berge, tombait dans de longues rêveries, semblait vouloir sonder la profondeur de l'eau, étendait le bras et donnait tous les signes d'une vocation vraie et irrévocable.

Enfin les quinze ans si impatiemment attendus sonnèrent... Dès l'aurore Benjamin était debout. Il réveilla un peu brusquement peut-être le bon abbé, qui ne voulut pas partir pour une aussi longue expédition sans dire sa messe. Bébé la lui servit, mais avec combien de distractions, grand Dieu ! Enfin le bienheureux *ite missa est* fut dit. Quelle ne fut pas alors la joie de Benjamin quand un valet de chambre lui offrit respectueusement de la part de madame la Comtesse, sa mère, tout un attirail de pêche à la ligne aussi luxueux que varié : roseaux, canne à ligne, gibecière, panier, boîte à asticots, rien n'avait été oublié. On se mit en marche. Le valet en avant portant les engins, Bébé et son précepteur derrière. Le pacifique abbé ne pouvait modérer l'ardeur de son élève. Jamais il ne l'avait vu ainsi, et il se demandait avec anxiété si un volcan ne bouillonnait pas sous cette enveloppe placide. On arrive. Le valet de chambre, qui avait été marin, amorça la ligne, la présenta à son maître, lui donna avec respect quelques conseils sur la manière de s'en servir, et la séance commença; elle dura longtemps... Mais que d'émotions éprouva l'innocent Benjamin! A chaque fluctuation du bouchon, qu'une ride de l'eau où le souffle de l'air agitait, c'étaient des cris de joie, des trépignements qui dérangeaient fortement l'abbé dans la récitation de son bréviaire et le domestique dans son sommeil... Enfin, au bout de deux heures d'attente, soit par hasard, soit par adresse naissante, l'enfant enleva triomphalement sa ligne... Oh! bonheur, oh! prodige, un goujon y était accroché... Il serait impossible de décrire la folle joie de Bébé; elle se traduisait en cris confus, en bonds sur l'herbe, et le bon abbé, craignant un transport au cerveau, donna le signal de la retraite... A cinquante pas du château, l'enfant, qui n'avait pas voulu se dessaisir de sa proie, se détacha du groupe et, courant à perdre haleine, il tomba dans les bras de son père et de sa mère en criant comme un fou : — « J'ai pris un goujon! j'ai pris un goujon! »

Le soir même, le bienheureux goujon fut servi triomphalement au dîner, dans un plat d'argent. Chacun en mangea une miette, et Benjamin voulut qu'il en restât aussi une miette pour chaque domestique... C'était généreusement débuter.

Benjamin avait trouvé sa voie; il n'en dévia pas. Tous les jours sa passion grandit, et tous les jours aussi, avançant en âge et ne connaissant pas d'autres plaisirs, il s'y livra sans réserve, et ses heureux parents se félicitaient de lui voir passer ainsi d'une manière aussi calme et aussi vertueuse les brûlantes années de la jeunesse.

Cependant les vingt ans de Bébé sonnèrent, et ses parents, autant par prudence que par le désir d'avoir des héritiers de leur nom, songèrent à le marier. On lui parla de ce projet, mais il le repoussa avec douceur. — « Ne suis-je pas bien ainsi avec vous? répondit-il à ses « parents. Nous sommes si heureux! Je pêche tout le « jour à la ligne; le soir nous nous trouvons tous réunis. « M. l'abbé fait la lecture, papa dort, maman brode, « moi je pense à mes prises de la journée. Que nous « faut-il de plus? » On lui parla sérieusement; on lui vanta les agréments du mariage; enfin, moitié par complaisance, moitié par raison, peut-être aussi un peu par curiosité, il se laissa convaincre... On lui proposa alors une entrevue avec Valentine de L..... une de ses cousines éloignées, et il y consentit.

Mlle Valentine de L.... était une jolie petite brune de dix-huit ans, alerte, vive, pétulante, ne tenant pas en place, aimant la danse, les jeux, les exercices violents, et surtout les chevaux, pour lesquels elle avait une passion véritable. Très peu riche, elle avait été élevée à la campagne, où elle s'était trémoussée depuis sa naissance, au milieu des bourrées et des réjouissances des paysans, et des chevaux de ferme de son père, qu'elle montait comme le plus habile écuyer. Mlle Valentine n'était pas pour cela mal élevée, grossière ou sotte, loin de là, elle avait reçu une fort bonne éducation au foyer paternel,  avait des manières distinguées, un bon ton naturel, enfin tout ce que donne le privilège de la naissance; elle avait même lu, à la dérobée, certains romans assez anodins, mais qui n'avaient pas moins troublé sa petite imagination. Du monde, elle en savait bien peu, mais ce qu'elle avait pu entrevoir de temps en temps de ses horizons lui plaisait à l'extrême, et elle rêvait volontiers de beaux jeunes hommes, de toilettes, de plaisirs, mais surtout de chevaux et de courses. Quant à son cousin Benjamin, elle en avait entendu parler comme d'un bon petit garçon, aimant bien son papa et sa maman, mais n'ayant jamais enfourché un cheval, et ne s'étant jamais cassé ni bras ni jambe à la chasse ou en franchissant un obstacle sur le turf. A elle aussi on parla de ce projet de mariage, et, en faisant miroiter à ses yeux des toilettes, des diamants, des cachemires et surtout de beaux équipages, on la décida à tenter une entrevue.

Le jour et le lieu furent choisis. Le lieu était le château même de R.... où les de L.... devaient venir en visite, un dimanche, jour que Benjamin fêtait doublement, d'abord en assistant à tous les offices, puis en se privant de son plaisir favori. Un grand repas devait être offert aux parents, aux voisins, aux amis, afin que, dans la confusion de l'assemblée, les jeunes gens pussent être plus libres et se dérober plus facilement aux regards scrutateurs des curieux. On les plaça à table à côté l'un de l'autre, et une leçon habile leur fut faite.

Benjamin avait beaucoup rougi ; il avait tremblé, balbutié en offrant son bras à sa fringante cousine. Cette émotion était bien naturelle dans un pareil moment; il hésita longtemps avant d'oser adresser la parole à sa voisine; il se hasarda enfin, et d'une voix tremblante il lui dit : « Pêchez-vous quelquefois à la ligne, ma cou-« sine? » Valentine regarda fixement son cousin pendant quelques secondes; elle semblait chercher à deviner s'il la raillait ou s'il parlait sérieusement... Le pauvre entant était de la meilleure foi du monde; elle le comprit et lui répondit brièvement. — « Non, mon cousin, « jamais. » — « Jamais! et que faites-vous donc pour « vous distraire? » — « Moi, mon cousin, je chasse, je « monte à cheval, je danse, je me promène et, quand il « fait mauvais temps, je couds ou je brode, à moins que « je ne préfère m'ennuyer en attendant le retour du « soleil. » — « Comment, ma cousine, et jamais vous « ne pêchez? » — « Oh! jamais, Dieu m'en préserve! » — « Vous avez cependant, dans votre voisinage, une « rivière bien poissonneuse, dit-on. » — « Ah! la « Dormeuse, mon cousin, jolie rivière, en effet, claire « comme le cristal, calme comme un lac et ombragée par « de beaux arbres, à l'abri desquels se déroulent des allées « sombres, des promenades mystérieuses où il est si « doux de s'égarer en rêvant, et puis pas trop large. Je « l'ai un jour franchie dans un steeple-chase. » — « Et savez-vous quelle espèce de poissons elle pro« duit? » — « Oh! oui, je le sais, parce que j'en mange « très souvent; elle est peuplée de brochets et de « tanches. » — « Des brochets et des tanches! Heureux « pays... et jamais... jamais vous ne... » — « Oh! ja« mais, jamais mon cousin; j'aimerais mieux travailler « aux champs par un soleil brûlant que de m'attacher « pendant des heures entières à cet instrument niais « qu'on appelle la ligne, et qui me fait toujours l'effet « d'être le nez colossal de l'imbécile qui la tient... Et « vous, mon cousin, vous aimez ce stupide exercice? » — « Oh! je l'adore, ma cousine; c'est le bonheur de ma « vie... Et, à propos, vous savez qu'on veut nous marier... « Ah! quand cela sera fait, je tâcherai de vous convertir.

« Quelle félicité suprême de pêcher tous les deux, pen-
« dant toute la journée, assis côte à côte sur l'herbe. Ici « des carpes, chez vous des brochets... Il me semble que « j'y suis! » — « Oh! là, là! mon cousin, n'allons pas si « vite. Avant de se marier, il faut bien se connaître; je « crois vous avoir deviné, mais vous ne savez pas encore « ce que je suis... Emportée, colère, violente, je ne sais « pas me retenir, et je ne répondrais pas de ne pas « mettre un jour en pièces toutes vos lignes, si l'envie « m'en prenait. » — « Oh! ma cousine!!! »

Le coup était porté; il avait touché de chaque part. La cousine se souciait fort peu d'unir sa destinée à un pêcheur aussi renforcé, et Benjamin avait tremblé à la menace du danger que pourraient courir ses engins chéris. Le projet de mariage fut donc abandonné, et Valentine de L.... épousa, quelques mois après, le vicomte de M...., grand éleveur de chevaux, féroce amateur de courses, qui prenait un double plaisir à soigner ses bêtes et à voir sa femme se prélasser et triompher sur le turf.

Il y avait déjà quelques années que ces trois aventures s'étaient passées, quand, par un jeu bizarre du hasard, trois pêcheurs à la ligne se trouvaient réunis sur les bords du gouffre voisin de la cabane de Stéphan. C'était Stéphan lui-même, toujours fidèle à son poste; Phœbus, qui ayant perdu ses clients de la ville, était venu dans une station thermale, pour tâcher de gagner quelques sous, et qui n'avait pu renoncer à sa passion favorite; enfin, Benjamin, perclus de rhumatismes prématurés, gagnés pendant ses longues séances au bord des eaux, qu'il cherchait à guérir aux sources sulfureuses, mais qui faisait en même temps une guerre acharnée aux truites des torrents. Les trois pêcheurs ne s'étaient pas dit un mot, ne s'étaient pas regardés peut-être; ça piquait, et ils étaient complétement absorbés dans leur fiévreuse attente quand, tout à coup, des voix fraîches et joyeuses se firent entendre de l'autre côté du torrent. Les pêcheurs, arrachés à leur stupide contemplation, levèrent les yeux et aperçurent un gracieux cacolet couvert de glands et de grelots, qui s'était arrêté tout juste vis-à-vis d'eux avant de gravir le sentier de la montagne. Dans l'un de ses paniers était assise une femme du monde, jolie, vive, enjouée; dans l'autre, une soubrette alerte à l'air intelligent et fin. Sur la croupe du cheval, s'était accrochée une gentille cacolètière, coiffée d'un grand chapeau de paille et portant coquettement le pittoresque costume des montagnes. Ce groupe était ravissant, et les trois pêcheurs, quelque absorbés qu'ils fussent, ne purent s'empêcher de l'admirer un instant. Mais, aussitôt, trois francs et frais éclats de rire partirent à la fois du trio féminin, et la vicomtesse de L...., Lise, sa femme de chambre, et Estelle, devenue cacolètière pour la saison des bains, se livrèrent aux accès de la plus folle gaîté. Chaque pêcheur, confus en reconnaissant sa fiancée, avait rougi, tressailli peut-être, mais chacun aussitôt avait baissé la tête. Ça piquait... ça piquait!

Les trois jolies promeneuses durent se faire de joyeuses confidences en gravissant la montagne, car l'écho répéta, pendant bien longtemps, leurs frais éclats de rire.

Stéphan, Phœbus et Benjamin restèrent toujours garçons et.... pêcheurs à la ligne.

LA COQUETTE.

De tous les types divers de la femme, il n'en est pas de plus commun et d'aussi dangereux que celui de la coquette. Il est quelquefois possible de résister à la femme volontaire, nerveuse, entêtée, capricieuse. On peut fuir la femme perverse, se méfier de la perfide, abandonner l'ingrate et l'infidèle, rire de la prétentieuse, se venger de la cruelle, mais contre la coquette on reste sans armes, car rien n'est plus difficile à saisir et à convaincre qu'une coquette; elle se cache, avec une égale habileté, sous la robe de satin de la grande dame et sous la bure de la bachelette, dans les plis habiles de la mantille bourgeoise et derrière le voile discret de la veuve; elle est sournoisement répandue en haut, en bas, partout, et ses armes, ses embuches perfides sont tellement habiles et variées, que l'homme est aussi excusable que malheureux de se laisser prendre par elle.

Qu'est-ce donc qu'une coquette?... Ici la définition s'embrouille, s'arrête parfois, et ne trouve pas de termes pour peindre à son gré ce type difficile, qui revêt tant de formes tout en restant cependant le même. Là où tant d'autres ont échoué, j'échouerai sans doute, mais je veux du moins essayer. J'ai peut-être peu d'expérience; en compensation, j'ai l'esprit d'observation. Je réfléchis souvent en ayant l'air de sourire; je parle pour ne pas dire grand'chose; j'écoute tout en faisant semblant d'être distrait; je regarde à droite pour voir à gauche; je parais attacher peu d'importance à ce qui m'intéresse; en un mot, je ris de tout ce qui passe devant moi, tout en y apportant une grande attention. Ces moyens sont les meilleurs pour étudier le monde, grand problème qu'on ne peut comprendre et résoudre, si je puis m'exprimer ainsi, qu'en riant sérieusement.

La coquette, selon moi, est une femme presque toujours matériellement sage, ordinairement peu sensible, mais dévorée d'une envie démesurée de plaire, et de plaire à tous les hommes, de l'emporter sur toutes les femmes, n'ayant qu'un but dans tous les combats habiles qu'elle livre au milieu du monde, la satisfaction platonique d'avoir été trouvée la plus belle, la plus aimable, la mieux mise, la plus séduisante.

Et ce n'est pas seulement dans les fêtes brillantes, au milieu du tourbillon et des enivrements du monde, au spectacle, aux courses, aux régates, au bal, aux eaux, en voyage. C'est partout : chez elle, dans la rue, à l'église que la coquette déploie ses filets, tend ses embuches et exécute ses dangereuses manœuvres.

Des soupirs qu'elle fait pousser, de l'amour qu'elle inspire, des tourments qu'elle inflige, des malheurs, des désespoirs dont elle est la triste cause, la coquette ne s'inquiète guère. Son cœur est froid, son âme reste insensible; elle considère l'amour comme un ennemi, dont les émotions gâteraient son teint, dont les soupirs altéreraient ses traits, dont les larmes terniraient l'éclat de ses yeux. Son seul bonheur est de plaire, son seul désir est d'être remarquée, son unique but est d'être et surtout de paraître adorée, et tout ce qu'elle demande à ses adorateurs est de la proclamer la plus belle. Son cœur n'est jamais engagé; elle reste, elle le croit du moins, pure, sage, honnête; elle se persuade donc que sa conscience est irréprochable, et n'a pas l'air de se douter des gros péchés, des troubles, des scandales et des malheurs dont elle est cependant la cause.

Raconter l'histoire d'une coquette ne serait pas les dépeindre toutes, car chacune a son genre, sa nuance, sa spécialité, et change d'ailleurs de tactique et de manière de faire, suivant le théâtre où elle se trouve, et reste coquette où qu'elle soit. Prenons un salon du grand monde, non pas au moment furieux du bal (ce n'est pas au milieu du tumulte, de la bataille qu'on remarque le mieux les actions d'éclat), mais dans une de ces soirées intimes, qui suivent un dîner d'amis. Le café est pris; on se prépare soit à sauter en petit comité, soit à tenter la fortune d'un perfide baccarat, soit à jouer à ces jeux qu'on s'obstine à appeler innocents. La société qui va poser devant nous se décompose ainsi: Mme de Saint-Seurin est la maîtresse de la maison. C'est une femme de quarante ans, brune, blanche et belle et conservée à souhait; son œil est langoureux et tendre et s'accorde à merveille avec un son de voix caressant et mélancolique qu'accompagne une pose rêveuse et distraite; sa mise, du meilleur goût, tient le milieu difficile entre le décolleté effronté et le collet-monté ridicule. Ce qu'elle montre est beau, mais promet encore bien davantage. Le monde et Dieu doivent être satisfaits; mais qui l'est encore bien plus, c'est le diable qui a dressé ses meilleurs filets dans ces habiles demi-nu, dans ces vaporeux fichus, dans ces complaisants échancrés, dans ces voluptueux et peut-être artificiels contours. Mme de Saint-Seurin passe pour spirituelle et sage; elle est arrivée jusqu'à son huitième lustre avec la meilleure réputation qu'une femme du monde puisse envier, et, sans doute, elle l'a méritée.

A côté de Mme de Saint-Seurin est assise, l'œil au guet, l'oreille tendue, l'attention en arrêt, une charmante jeune fille de vingt ans, rose, blanche, à demi-fleurie, ayant tous les traits et tous les agréments de sa mère et, pour mieux lui ressembler, ayant adopté la même perfide toilette. Mlle Marguerite est mise tout à fait comme une femme, et ce qu'elle étale ou laisse deviner de charmes peut permettre à tout prétendant de l'épouser sur échantillon. Elle tressaille à chaque bruit qu'elle entend, se tourne, se trémousse, regarde à la dérobée les hommes, sourit, se compose tout à coup un maintien un peu grave, qu'elle perd bientôt, recommence deux fois en cinq minutes le même manège, et finit par s'absorber un instant dans une langoureuse rêverie, en aspirant avec délices le parfum de trois belles roses blanches, qu'elle serre avec ardeur de sa petite main potelée.

Non loin de Mlle Marguerite et continuant le cercle, est assise une jeune femme pâle et frêle, aux traits distingués, à la pose modeste. Elle se nomme Mme Daverne. On la croirait pensive et recueillie si on ne la voyait observer imperceptiblement, mais avec sûreté, du coin de la paupière, tout ce qui se passe autour d'elle; ses yeux, quoique baissés, voient, et, de sa position stratégique, rien ne lui échappe. Sa mise est simple, très simple, trop simple; mais, quand on l'examine avec attention, on s'aperçoit bientôt que cette apparente simplicité cache l'habileté la plus grande. Une simple fleur au milieu de son corsage, une simple fleur sur son front; mais ces deux fleurs indiquent ce qu'elle a de plus beau : les épaules, les yeux et les cheveux, et la rusée coquette sait parfaitement que les regards de tous seront attirés assurément sur ces deux modestes, mais saillants ornements de son costume.

Vis-à-vis de cette dangereuse sirène s'étale un peu trop impudemment peut-être une autre jeune femme, mais d'un type bien différent; elle est vraiment belle, richement belle; tout en elle est puissant et beau. Elle le sait et cherche, un peu plus que les convenances ne le permettent, à montrer ses trésors. Elle n'a pas de fleurs pour signaler les points remarquables; ses bras, ses épaules sont nus, et elle s'agite, se balance, se penche habilement pour faire miroiter le satin de sa peau, le velours de ses yeux, l'émail de ses dents et l'ondulé de ses cheveux; ses regards cherchent franchement et sans hésiter les regards des hommes, et elle a l'air de leur dire : Voyez... admirez-moi... je dois vous plaire; que me manque-t-il pour cela ? Cette superbe femme a nom Mme Dulau; sa grande fortune et quelques liens de parenté l'ont introduite dans cette société, où elle se prélasse assez sottement; mais son mari, qui l'admire d'un coin du salon, trouvant ses allures charmantes, nous n'avons plus rien à dire.

A côté de Mme Dulau se cache une femme rêveuse et pâle, aux grands yeux noirs, à l'air triste et mélancolique. C'est Mme d'Erval, jeune veuve de vingt-cinq ans. Sa mise est irréprochable, d'un deuil rigoureux, quoiqu'elle ait perdu son mari déjà depuis deux ans; mais ses épaules et ses bras trahissent leur blancheur éblouissante à travers le crêpe complaisant. Souvent on la voit tressaillir, pousser un léger soupir et tomber dans une languissante rêverie. Cette belle veuve a vraiment la tenue sérieuse et réservée qui convient à sa position. Placée un peu en arrière du cercle, presque dans l'ombre, elle prend à peine part à la conversation et semble toujours en proie au même souvenir, à la même douleur; on se sent ému et plein de respect et de sympathie pour cette pauvre femme, qui paraît plutôt souffrir que se distraire au milieu de la société qui l'entoure... Mais, que vois-je?... A travers les larmes qui semblent scintiller au bord de ses longs cils noirs, j'ai aperçu deux ou trois éclairs darder leur trait de feu... Vers quel voisin préféré sont-ils dirigés?... Je l'ignore... Peut-être est-ce une attaque générale, et les regards de flamme sont-ils réservés à qui se les appropriera... Mais la touchante veuve a abaissé ses longues paupières; elle les relève... nouvelle décharge... tous les hommes ont tressailli... Quant à elle, elle n'a jamais paru plus triste et plus languissante.

Laissons les autres membres féminins de la société, qui ne sont, du reste, en rien remarquables; attaquons le côté des hommes. M. de Saint-Seurin a cinquante ans bien sonnés, bien portés; il est grand, mince, chauve, conserve encore des traits distingués, une certaine fraîcheur et une tournure de gentilhomme. Comme il fut jadis député et je ne sais quoi encore, il étale accrochées à sa boutonnière deux ou trois décorations multicolores; il porte beau, a un certain air fat et assuré, et prend avec les femmes le ton impertinent et présomptueux d'un homme à bonne fortune; il leur décoche tour à tour des œillades victorieuses.

M. Daverne, le mari de la femme pâle et frêle, est en tout l'opposé de M. de Saint-Seurin. Gros, court, épais, commun, gêné dans ses habits et dans ses chaussures de cérémonie, il paraît s'ennuyer horriblement en bonne compagnie, et il regarde toutes les femmes, y compris la sienne, avec un air fatigué et complétement indifférent; c'est un bourru, mais il sait se taire et, quand il ne bâille pas, il dort.

M. Dulau, je l'ai déjà dit, est ravi; c'est un petit homme rond, jovial, frais, rieur et même parfois farceur; il tourne, avec une ardeur ridicule, autour du cercle des femmes, lance tout d'un coup un bon mot, que personne ne comprend, mais dont il rit longtemps, puis il parle bas à l'oreille d'une dame, dit une grosse bêtise à une autre, se dandine les pouces passés dans les entournures de son gilet, apostrophe un ami, fredonne une ritournelle; mais son occupation principale est de jeter des regards d'admiration sur les charmes étalés de sa puissante moitié et, les reportant sur le cercle des hommes, il a l'air de leur dire : C'est moi qui suis pour tout de bon le propriétaire de ces trésors.

Non loin du groupe toujours grotesque des maris, et à portée du cercle des dames, sont rassemblés dans un coin du salon trois jeunes gens de tournures bien différentes; l'un, blond, grand, élancé, appartient à l'armée et porte crânement le costume de sous-lieutenant de hussards. Tout en hérissant les crocs de ses fines moustaches, il promène un regard vainqueur sur toutes les femmes, semble vouloir les magnétiser sous le feu de son monocle, et recueille avec fatuité, comme s'adressant uniquement à lui, les regards hardis, effrontés, doux, timides, tendres et provoquants lancés par les yeux en batterie de toutes les dames. Ce beau Lindor a nom Dorlange.

Le second est un tout jeune homme, à la figure mélancolique et douce, à la pose timide, à l'air spirituel, fin et distingué; ses traits, délicats comme ceux d'une femme, expriment la bonté et la franchise, et dans ses yeux brille un noble reflet de générosité et de courage. Il paraît assez embarrassé de sa contenance, et l'on devine facilement qu'il fait son entrée dans le monde et qu'il inaugure son premier habit. Il se nomme Emile et est le neveu du maître de la maison. Il n'est pas difficile à un observateur, même peu expérimenté, de deviner la femme qu'il aime dans ce salon. Ses regards n'ont qu'une direction, qu'un but, qu'un objectif; il les tourne avec ardeur et à chaque minute vers sa charmante cousine, qui lui rend tout juste ce qu'il faut pour ne pas entièrement le décourager.

Le troisième jeune homme, appelé Dulaurier, est grand, maigre et pâle; il porte de longs cheveux qui retombent en boucles brunes sur le collet de son habit; ses traits expriment une rêverie sentimentale; il tient ses yeux presque toujours levés vers le ciel et semble fredonner ou soupirer. D'aucuns le prendraient pour un second violon de théâtre ou pour un jeune premier en villégiature; c'est tout simplement un poète ou posant pour tel. A l'envers de ses pareils, il a de la fortune, et je ne sais si c'est pour ce considérant ou pour sa poésie qu'il est admis dans ce salon aristocratique. Appuyé contre un meuble, Dulaurier semble vouloir traverser le plafond de ses regards de feu et, quand il daigne les abaisser sur le cercle qui l'entoure, il les laisse longtemps fixés dans une distraite rêverie tantôt sur une dame, tantôt sur l'autre, murmurant des mots confus et ne prêtant aucune attention aux soupirs que Mlle Marguerite, la belle veuve, et Mme Dulau poussent en le regardant à la dérobée. Sa distraction est-elle feinte ou réelle, et le ténébreux poète joue-t-il habilement son rôle au milieu de ces trois coquettes? Nous l'apprendrons peut-être.

La conversation n'était pas encore généralement engagée, et les convives ne causaient entre eux que par ces monosyllabes et ces mots à demi-formés, ces phrases incomplètes que permettent les gorgées de café: « Allons, messieurs les jeunes gens, s'écria M. de « Saint-Seurin, soyez galants, offrez les liqueurs à ces « dames. »

Aussitôt les trois jeunes hommes se précipitèrent, portant chacun un élégant plateau. Le poète fut le premier arrivé auprès de la maîtresse de la maison. — « Qu'offrir « à Hébé? lui-dit-il d'un ton langoureux. N'est-ce pas « elle qui enivre tout le monde? » Mme de Saint-Seurin minauda, sourit et répondit tout bas: — « Oh! vous « autres, poètes, vous êtes irrésistibles; mais êtes-vous « toujours sincères? » — « Nos cœurs sont purs, com- « ment pourraient-ils tromper? » Le poète était déjà devant la belle veuve; il la considéra un instant, d'un air tendre et sympathique, et lui dit doucement : — « Ce « sont des larmes que je devrais vous offrir, et je viens

« vous apporter prosaïquement un breuvage vulgaire; « mais trempez vos lèvres dans cette liqueur et ses « gouttes se changeront en perles précieuses. » — « Flatteur, roucoula la veuve, vous venez sans doute « d'en dire autant à Mme de Saint-Seurin, car vous « aviez l'air bien ému et bien agité, en la servant. » — « Ému, je ne pouvais l'être, puisque je n'étais pas encore « auprès de vous; empressé, je l'étais, tant il me tardait « de la quitter pour voler à vos pieds. » — « Et que « trouvez-vous en moi pour vous émouvoir ou pour « vous plaire, quand vous avez ici tant de radieuses « beautés? » — « Ah! je préfère au soleil qui éblouit « la lune mélancolique qui fait rêver et qui se cache « amoureusement dans de mystérieux nuages. » — « Allez-vous-en, on nous regarde. » — Oh! je voudrais « qu'on pût être jaloux de moi. » — « Laissez-moi à « ma tristesse. » — « Vous me chassez sans un mot « d'espoir? » — « Eh! puis-je donner de l'espérance « aux autres, moi qui ne l'ai pas pour moi-même? « Espérez si vous voulez, mais fuyez-moi, je porte « malheur à ceux qui m'aiment. » — « Oh! j'aimerais « mieux souffrir avec vous qu'être heureux avec une « autre. » — « Dites-vous vrai? »

Le poète pressa doucement sous le plateau les doigts de la tendre veuve, et s'avança vers Mme Daverne, un peu dépitée de ne pas être encore servie. — « Eh! « quoi, s'écria-t-il, on n'est pas encore arrivé jusqu'à « vous? Mais aussi, pourquoi êtes-vous si modeste et « vous tenez-vous si en arrière du cercle? Vous vous « cachez toujours, vous qui seriez cependant la pre- « mière partout. Oh! que vous êtes belle ce soir; les

« fleurs de votre corsage et de votre coiffure paraissent « flétries à côté de vous; c'est de jalousie sans doute « qu'elles pâlissent à côté de vos charmes. » — « Taisez-« vous, taisez-vous, poète, répondit en rougissant légère-« ment Mme Daverne, vous m'apportez ici les restes « des compliments que vous n'avez pu finir de débiter à « Mmes de Saint-Seurin et d'Orval. Je dois toutefois « me trouver bien heureuse et me contenter de ce « qu'elles veulent bien me laisser. Ne sont-elles pas « mille fois plus belles que moi? » — « Vous savez « bien le contraire; les regards de tous ne vous disent-« ils pas que nulle ne peut vous être comparée? N'êtes-« vous pas l'ornement de toutes les réunions, la reine de « toutes les fêtes? » — « Si vous n'étiez poète, on « pourrait vous croire. » — « Oh! vous le pouvez, « quand je parle d'amour et de poésie. N'êtes-vous pas « la source enchantée de l'une et de l'autre? » — « Vous m'avez promis des vers. » — « Je les sens « éclore dans mon cœur; vous me permettrez de les « soupirer à vos pieds. » — « Oui, si vous ne les avez « pas déjà débités à Mmes d'Orval et de Saint-« Seurin. » — « Le parfum de ma poésie est pour vous « seule, vous le savez. » — « Ah! si vous disiez vrai! « Mais allez donc désaltérer Mme Dulau; ses joues, « ses bras, sa gorge ne peuvent sans doute conserver « leur belle couleur écarlate qu'à l'aide de nombreuses « libations. Allez. »

Le poète se précipita vers les batteries démasquées de Mme Dulau. — « Ah! que vous offrirai-je, madame, « murmura-t-il, du doux, du fort ou du tendre? » Mme Dulau braqua ses yeux en coulisse, sembla soupirer et répondit en minaudant: — « Du doux, « du plus doux. J'ai si peu l'habitude de ces vilaines « liqueurs; elles m'échauffent le teint et me boulever- « sent la tête; et le cœur. » — « Oh! n'altérez pas « votre teint si beau; conservez à vos yeux le velouté « qui les rend si séduisants et si irrésistibles; ménagez « votre charmante tête, rassurez votre petit cœur et « pour cela, ajouta-t-il plus bas, prenez du tendre. « Heureux celui qui pourrait vous le servir... » — « Ah! finissez... finissez, tentateur. » — « De mon « temps, s'écria tout à coup M. Dulau, qui était à quel- « ques pas de là, nous n'offrions aux dames que du « parfait amour. Ah! ah! ah! » Et, sur cette plaisanterie, il s'applaudit longtemps en riant à gorge déployée. — « Eh! tenez, votre mari vous l'ordonne, reprit le poète. « Voudriez-vouslui désobéir? » — « Allons, retirez- « vous, serpent. » — « Eh! quoi, vous n'accepterez rien « de ma main? » — « Versez-moi donc un verre de « rhum; il me faut des forces ce soir, ne serait-ce que « pour vous mettre à la raison. » Et là-dessus, Mme Dulau avala, sans sourciller, son généreux petit verre.

Quand le poète avait commencé sa petite tournée, Emile et Dorlange, armés chacun de leur plateau, s'étaient précipités vers Marguerite qui, à moitié allongée sur un divan, aspirait toujours avec délices le parfum de ses trois roses blanches. « Que prendras-tu, « Marguerite? » — « Que vous offrirai-je, mademoi- « selle? » — « Mais il me semble, M. Dorlange, que « j'étais ici le premier. » — « Oh! mon cher monsieur, « ce n'est pas au premier; c'est au plus heureux. » — « Ah! messieurs, une discussion devant moi! fi. » —

« Marguerite, décide-toi; laisse-moi te servir. » — « Non, je ne prendrai rien. Ah! si, M. Dorlange, allez « me chercher, s'il vous plaît, un verre d'eau. » — Le hussard disparut. « Marguerite, reprit douloureuse- « ment Emile, tu m'as brisé le cœur; tu m'avais rendu si « heureux hier au soir, en me permettant de te dire « que tu étais la plus belle; aujourd'hui, je voulais te « dire bien plus encore, et tu me repousses! » — « Je « ne te repousse pas, je te refuse; voilà un bien beau « sujet de chagrin! » — « Ah! toi, tu ne sais pas ce que « l'on souffre au moindre refus de celle que l'on « admire, que l'on... » Le jeune homme balbutia, se troubla, quelques larmes perlèrent à ses yeux. — « Eh! « quoi, des pleurs, à présent? Mais tu es donc un enfant? « Sois raisonnable. Allons, essuie ces larmes. » — « Marguerite, écoute-moi. Veux-tu me rendre tout à « fait heureux? » — « Et que faut-il pour cela? » — « Donne-moi une de ces roses blanches que tes lèvres « ont touchées. » — « Et tu seras plus calme? » — « Je serai tout ce que tu voudras. » — « Eh bien! « tiens! » Le jeune homme s'empara vivement de la fleur, la baisa et la cacha dans son sein.

Au même instant, le hussard rentrait, rapportant triomphalement le verre d'eau désiré. Emile se retira en lui jetant un regard de défi et de haine.

« Vous êtes comme les fleurs, dit galamment Dorlange « à Marguerite; vous soupirez après l'eau limpide et, « comme elle, vous devenez toujours plus belle sous « sa bienfaisante influence. » — « Vous êtes bien poète « pour un guerrier, monsieur; j'ai cru entendre M. Du- « laurier. » — « On devient poète, mademoiselle, au

« contact de la poésie, et mon cœur et ma tête s'exaltent « tellement auprès de vous que, je le crois vraiment, « je rimerais sans peine pour vous chanter. » — « Ah! « que je voudrais voir des vers d'un hussard! » — « Ce n'est pas l'habit qui fait les vers, c'est le cœur; et « que m'accorderez-vous en échange d'un quatrain que « je vais improviser, tout hussard que je suis? » — « Mon admiration d'abord, ma reconnaissance, peut-« être, ensuite. » — « Il me faut autre chose; donnez-« moi une de ces roses que votre main effeuille. » — « Ce serait une bien petite récompense, mais quelque « modeste qu'elle fût, faudrait-il encore que votre qua-« train la valût. » — « Vous me la promettez? » — « Voyons le quatrain. » Le hussard se frotta le front et s'exprima ainsi :

Quand mon heureuse main arrose
De tous les rosiers le plus beau,
Que je cueille au moins une rose,
Qui pend à son plus frais rameau.

« Ma foi, dit en riant la jeune fille, il vaut bien la « rose, ce qui ne veut pas dire beaucoup. » Et elle tendit au sous-lieutenant sa seconde fleur, que celui-ci cacha au plus vite sous sa veste brodée.

« Eh! venez donc, M. Dorlange, criait M. Dulau, ces « dames vous réclament; obéissez! *cedant arma togæ.* « Ah! ah! ah! l'application est réussie; *togæ*, signifie robe. « Ah! ah! ah! [illegible]z, accourez, tombez aux pieds des « belles, si vos d[illegible]ous de pieds vous le permettent. Ah! « ah! ah! » Ainsi provoqué, Dorlange dut quitter Marguerite.

Mais, depuis longtemps, Dulaurier épiait le moment

où la jeune fille serait seule; il se précipita vers elle et lui dit d'une voix languissante : — « Oh! comme il est « cruel, pour un poète, de voir la source pure de la « poésie obstruée par des importuns, troublée par des « profanes! Oh! comme je souffrais de ne pouvoir « m'approcher de vous, de vous, d'où me viennent « toutes mes inspirations et tout le feu divin qui « m'anime. Oh! Marguerite, vous m'avez permis de « vous nommer ma muse, de vous adorer comme ma « divinité, et je ne pouvais aborder cet autel cher et « sacré. Maintenant que nous sommes seuls, laissez-« moi vous répéter que vous êtes l'ange de mes rêves, « la vie de mon cœur, l'espoir et le bonheur de mon « âme. Vous rappelez-vous ces quelques vers que mur-« murèrent mes lèvres pour chanter votre beauté sans « pareille, votre grâce divine, votre esprit enchanteur? « Oh! dites, vous les rappelez-vous? Eh bien! ils ne « sont rien auprès de ceux qu'hier, à la molle clarté de « la lune, je composai en pensant à vous. » — « Dites-« les... dites-les! » — « Je ne puis, mais ils sont là, « écrits à la hâte, voulez-vous les accepter? » — « Le « dois-je?... le puis-je? » — « Ils sont purs, dignes de « vous. » — « Eh bien! donnez! » — « Mais n'obtien-« drai-je rien de vous en échange? » — « Que pourrai-« je vous offrir? » — « Le bonheur, le bonheur, en « me laissant prendre cette rose qui va bientôt se faner « entre vos mains. » — « Tenez... tenez! mais où est « votre poésie? » Le tendre échange eut lieu à la hâte; la jeune fille cacha les vers dans son corsage, et le poète, l'œil en feu, déposa la rose sur son cœur.

« Ma fille, tu es ravissante ce soir, dit Mme de

« Saint-Seurin à Marguerite, en passant à côté d'elle, « tous les regards sont pour toi, tu fais tourner la tête « à tous les hommes de notre cercle. » — « Oh! ma « mère, comment pouvez-vous parler ainsi ? Quand vous « êtes quelque part on ne regarde que vous. Qu'est le « bouton à côté de la rose? » — « Ah! mais tu deviens « poète avec M. Dulaurier, ma fille... »

« Vous êtes la reine de la réunion, disait pendant ce « temps M. de Saint-Seurin à Mme Daverne. Il est « impossible d'être plus belle et plus séduisante que « vous. Heureux, trois fois heureux est votre mari de « posséder un aussi rare trésor. » — « Ah! s'il le « possède, il l'apprécie bien peu. Mais vous, Monsieur, « qu'avez-vous à envier aux autres? N'êtes-vous pas « l'époux de la plus ravissante femme? » — « Sur le « chapitre des femmes il s'agit de s'entendre. La plus « ravissante des femmes est celle qui vous charme et « qui captive le plus. A ce compte, je sais bien celle « aux pieds de laquelle je déposerais mon hommage. » — « Et quelle est cette heureuse beauté? » — « Celle « auprès de qui toutes les autres pâlissent, celle dont « les charmes sont dédaignés par celui qui les possède, « celle aux genoux de laquelle je voudrais passer toute « ma vie, la connaissez-vous, Madame? » — « Je n'ose « la deviner. Mais, vous avez été je crois dans la diplo- « matie, M. de Saint-Seurin ? Vous en parlez sans doute « le langage? » — « Mon habitude diplomatique ne « me servirait qu'à cacher mon bonheur si j'étais aimé « de vous. » — « Mme de Saint-Seurin vous « observe. » — « Mme de Saint-Seurin n'a rien à « voir entre nous deux; ce n'est pas moi qu'elle sur-

« veille, c'est votre beauté qu'elle est forcée d'admirer « à contre-cœur. » — « Taisez-vous. Vous, diplomate ? » — « M'avez-vous compris ? » — « Je ne connais pas « le langage des cours. » — « Eh bien! je vais vous « l'apprendre. Voici son axiome : mentir toujours en « public, mais être tendre, fidèle et sincère avec celle « qu'on aime. » — « Allons, c'est une première leçon ; « nous ferons plus tard une autre séance. »

« Ma foi, ma chère Aurélie, disait tout franchement « et assez haut M. Dulau à sa femme, tu es sans con- « tredit la plus belle de toutes ce soir. Oh! comme j'ai « bien fait de te conseiller de baisser encore ton cor- « sage! Cet échancré est du plus bel effet. Nous « pourrons baisser un peu plus pour la prochaine « réunion. Quant à tes bras, ils sont admirables; il « serait bien dommage que tu ne les fisses pas voir. » — « Tais-toi, tais-toi, Isidore, tu parles comme un amou- « reux et non comme un mari. » — C'est que je suis l'un et l'autre... Ah! ah! ah! »

La soirée était magnifique. Une tiède brise de printemps se promenant de fleur en fleur embaumait les airs ; la lune éclairait faiblement les ombres des bosquets; tout dans la nature invitait à respirer ses parfums, à fouler ses tapis mousseux et à s'imprégner des douces émanations qui s'exhalaient de son sein.

« Allons, Messieurs et Mesdames, une promenade au « clair de lune. Descendons dans le parc, dit M. de « Saint-Seurin; choisissez vos cavaliers, mesdames. » Ah! que n'est-il permis aux cavaliers de faire de même! Et en disant ces mots il jeta un tendre regard à Mme Daverne.

Comme pour la distribution des liqueurs, Emile et Dorlange s'étaient précipités pour offrir leur bras à Marguerite, et tous deux étaient arrivés en même temps. Ils se regardèrent de nouveau avec un air de défi, et la jeune fille se trouvait fort embarrassée quand le hussard, d'un ton impertinent et provocateur, dit à Emile : « Ma « foi, Monsieur, je crois que j'ai sur vous l'avantage « d'une tête. » — « Je ne sais quel avantage vous avez « sur moi, répondit Emile, mais j'ai sur vous celui de « ne pas employer une comparaison triviale et incon- « venante devant une demoiselle bien élevée. » — « Tiens, tiens, mon petit Monsieur, vous donnez des « leçons, vous qui sortez à peine du collège? » — « Eh! mon grand hussard, j'ai reçu une assez bonne « éducation pour pouvoir en donner de politesse et de « bon ton. » — « En donnez-vous aussi d'escrime? lui dit « tout bas Dorlange. » — « Mais, quand il vous plaira; « votre grand sabre ne me fait pas peur. » — « Demain « matin; cela vous va-t-il? » — « Il ne sera jamais trop « tôt pour venger ma cousine d'un grossier impertinent « comme vous. » — « A demain, sans plus... » — « A « demain. »

Pendant cette conversation, dont elle n'avait pu entendre que la première partie, la pauvre jeune fille était restée tremblante et interdite. « Ah! Messieurs, fit-elle « enfin, toujours des disputes entre vous, devant moi. « Vous voulez donc que je rentre au château et que « je me retire dans ma chambre? » — « Non, non, « Marguerite, pour rien au monde je ne voudrais être « la cause du plus petit ennui pour toi; reste avec « Monsieur, j'ai d'ailleurs à me retirer... Adieu, Mar-

« guerité. » Et le jeune homme fixant ses yeux tristes et enflammés sur ceux de la jeune fille, se saisit de sa main, la pressa tendrement, y déposa un baiser et disparut dans le massif voisin. « Les cousins ont des « privilèges, dit le hussard en aiguisant sa moustache. » — « S'ils ne les ont pas, ils les prennent, dit brusque- « ment la jeune fille. Je ne sais ce qu'a Emile ce soir, « je ne le vis jamais aussi impatient et aussi inquiet. » — « Il aime sans doute quelque dame de la société et « n'en a pas peut-être reçu l'accueil qu'il attendait. » — « Lui, aimer une de ces dames! oh! je suis bien assurée « que non. » — « Ne vous occupez donc pas tant de ce « petit cousin qui m'a l'air grincheux en diable. » — « Eh bien! laissons-le; sa mauvaise humeur passera et « il nous reviendra bientôt.

Le jeune couple s'enfonça dans une sombre allée, et son entretien dut être bien animé et bien tendre, car l'écho redisait à la brise de frais éclats de rire, de langoureux soupirs, des phrases entrecoupées et de ces mystérieux murmures que l'amour seul sait produire.

Dans une autre allée tout aussi sombre et pas trop éloignée, M. de Saint-Seurin et Mme Daverne continuaient leur cours de langue diplomatique; leur force devait être égale, car il est bien probable qu'ils se trompaient l'un l'autre.

La belle veuve et le poète s'étaient aussi perdus sous quelque berceau mystérieux; ils confondirent leurs pleurs et leurs soupirs et trouvèrent peut-être quelque consolation dans le mutuel échange de leurs larmes et de leur triste tendresse.

Mme de Saint-Seurin, entraînée par quelque vulgaire

convive, dut subir ses triviales protestations d'admiration et d'amour. Mais son cœur était loin de là et appelait avec désespoir le hussard ou le poète.

Seule, Mme Dulau se trouva un instant sans cavalier et sans amoureux, et elle allait résolûment prendre le bras de son mari quand M. Daverne, voyant son embarras, se sacrifia généreusement. « Madame, lui dit-il, puisque vous voilà abandonnée, accrochez-vous à ma branche. Je ne vaux pas grand chose, mais je vaux toujours plus qu'un mari.

Cette soirée se termina enfin par un galop final et animé que tous les convives dansèrent ensemble. Les mêmes couples se retrouvèrent à peu près formés comme pour la promenade. On sauta, on glissa, on se trémoussa, les mêmes bouches firent les mêmes compliments, les mêmes yeux minaudèrent, les mêmes cœurs battirent, les mêmes imaginations s'échauffèrent et, quand minuit sonna, chaque époux entraîna sa fringante moitié. Seule la belle veuve choisit son cavalier. Elle prit le poète, et, sur le seuil de sa porte, c'étaient des baisers que l'écho eût pu redire.

Le lendemain de cette singulière soirée, l'aurore commençait à peine à poindre, que quatre hommes graves et silencieux se trouvèrent réunis dans une clairière solitaire d'un bois voisin. Emile, accompagné du poète, y arriva le premier. Le hussard, assisté d'un de ses camarades de régiment, ne tarda pas aussi à se rendre. Après un salut franc et courtois, le poète et le témoin de Dorlange se parlèrent bas pendant quelques minutes et placèrent les jeunes gens vis-à-vis l'un de l'autre. Mais avant de donner le signal du combat, ils demandèrent gravement aux deux adversaires si, en leur âme et conscience, ils croyaient devoir se battre et s'il n'y avait aucun moyen d'arranger une affaire qui leur paraissait assez futile. « Réglez les conditions du duel, dit Emile, et ne vous occupez pas de ses causes. L'offensé est le seul juge du degré et de l'amertume de l'offense. » — « Qu'il soit fait ainsi que vous le désirez, répondit froidement l'officier de hussards. »

Alors commencèrent les lugubres préparatifs de ce triste combat, et, quand le signal fatal fut donné, les deux adversaires, après un sinistre salut, se mirent en garde et s'observèrent un instant d'un air menaçant et terrible. Les premières passes furent sans résultat; mais il était évident qu'Emile était bien inférieur à Dorlange. Bientôt, soit fatigue, soit inhabileté, il faiblit, s'embrouilla, perdit peut-être la tête; enfin, ayant voulu se fendre pour attaquer son adversaire, il s'enferra de lui-même et tomba sur le sol transpercé de part en part.

Oh! alors, toute cette fureur, cette ardeur meurtrière, cette soif de sang se transformèrent en désespoir, en douleur cruelle, en remords insensé. Dorlange avait jeté au loin son épée, et, à genoux devant sa victime, il cherchait à arrêter le sang de sa profonde blessure; il le suçait de ses lèvres tremblantes et demandait pardon à Dieu et à Emile de son meurtre involontaire; il s'arrachait les cheveux, il se maudissait et se roulait aux pieds de son adversaire expirant.

Le poète et l'autre témoin effarés, la tête perdue, appelaient du secours et allaient puiser de l'eau à la fontaine voisine, cherchant, mais en vain, à secourir celui que la mort allait faucher.

Des quatre acteurs de ce terrible drame, Emile seul conservait son sang-froid, et quoique suffoqué par le sang qui l'étouffait, quoique affaibli par sa blessure mortelle, il n'avait rien perdu de sa fermeté et de son courage. « Messieurs, leur dit-il quand il les vit tous « les trois réunis à ses pieds, je meurs victime de mon « emportement, de ma trop grande susceptibilité peut-« être. Je pardonne à mon adversaire et, pour preuve de « mon estime pour lui, je le charge d'une mission « suprême. Dorlange, écoutez-moi. J'aimais de toute « la puissance de mon cœur ma charmante cousine, et « je venais de recevoir d'elle un gage cher et précieux « quand vous êtes venu vous jeter au travers de cet « amour naissant. Je vous ai repoussé violemment, « offensé peut-être. Pardonnez-moi, mais promettez-« moi d'aller apporter à celle que j'aimerai jusques à « mon dernier soupir, cette rose qu'elle me donna en « témoignage de sa tendresse; elle est tachée de mon « sang; elle n'en sera, je l'espère, que plus précieuse « pour elle, car c'est pour elle que ce sang a coulé. « Allez, et dites à Marguerite qu'Emile est mort en « bénissant son nom et son souvenir. »

A ces mots, Dorlange s'était redressé brusquement; d'une main fiévreuse, il déchirait avec mépris la rose blanche qui reposait encore sur son cœur. Le poète effaré arrachait avec fureur la sienne de sur sa poitrine et, les yeux levés au ciel, il semblait maudire un nom. En même temps, Emile, appuyant sur ses lèvres sanglantes la rose blanche de sa cousine, prononçait avec amour le nom de Marguerite... et expirait.

A ce funèbre dénouement, ne s'arrêtèrent pas les

conséquences funestes de cette fatale soirée. Mme de Saint-Seurin découvrit, à ne pouvoir pas en douter, l'intrigue commencée entre son mari et Mme Daverne. Elle en fit grand bruit, souleva beaucoup de scandale et finit par une séparation éclatante. A son tour, M. de Saint-Seurin n'omit dans ce triste procès aucun des détails qu'il connaissait sur les imprudences de sa femme. Leur honneur et leur repos furent perdus, et la pauvre Marguerite à la douleur d'avoir été la cause de la mort de son cousin, vit encore s'ajouter la honte de ses parents.

La belle veuve, toujours plus langoureuse et plus agaçante, finit enfin par épouser le poète. Leur ménage ne fût pas heureux et l'enfant des muses s'aperçut bientôt que sa mélancolique moitié braverait sans peine un second veuvage; il s'insurgea et vengea son prédécesseur et lui-même.

Daverne sortit de sa torpeur singulièrement édifié par le procès de Saint-Seurin; il apprit à sa frêle femme qu'il y avait de l'honneur et de l'énergie sous sa froide enveloppe.

Au milieu de tous ces événements divers et par trop instructifs, Dulau triomphait et il s'exprimait avec malice et gaîté sur les malheurs de ses nobles connaissances. Un jour qu'il venait de faire un gros bon mot sur toutes ces aventures, on vint lui annoncer que Mme Dulau avait disparu; elle avait été rejoindre dans une garnison éloignée le bel officier de hussards. L'infortuné Isidore resta bouche close et on ne l'entendit plus depuis proférer ses joyeux ah! ah! ah!

Et voilà où la coquetterie de cinq femmes amena les héros du drame tragi-comique que je viens de raconter.

LE BON ENFANT.

Qui n'est pas bon enfant? Il est si facile de l'être.... C'est un brevet que l'on distribue avec tant de prodigalité, qu'on serait vraiment bien coupable de ne pas l'obtenir. Vous invitez à diner, vous êtes bon enfant. Vous prêtez cent francs à un ami, vous êtes bon enfant. Vous laissez volontiers les autres se servir de votre chien, de votre cheval, vous êtes bon enfant. Vous offrez facilement un cigare, un verre de bière, vous êtes bon enfant. Vous causez familièrement avec vos inférieurs qui valent parfois mieux que vous, vous êtes bon enfant. Vous saluez gracieusement tout le monde, vous distribuez quelques poignées de main, bon enfant, bon enfant, toujours bon enfant. Mais, au fond, quelle est la vraie définition du bon enfant? A mon humble avis, la voici :

Le bon enfant est celui qui dans ses manières est sans façons et gracieux, qui dans ses rapports avec ses semblables se montre bienveillant et sans fierté et qui, à l'occasion, est capable d'un acte de générosité et de courage. On pourrait ajouter à ce crayon les traits suivants : C'est que le bon enfant aime tout le monde, qu'il est rarement l'esclave des modes, des usages et des préjugés de la société, et qu'ordinairement il se montre assez original dans ses idées et dans ses habitudes;

en un mot, le bon enfant est un homme bon, bonasse plutôt et sans aucune prétention dans toutes ses allures.

Ce type du bon enfant se retrouve partout. Chez le grand seigneur comme chez le bourgeois, à la ville, à la campagne, au théâtre, à la promenade, au café, en voyage, au logis, dedans, dehors, en tous lieux, vous trouverez partout des bons enfants; le caractère ouvert et franc des méridionaux surtout prête à merveille aux qualités du bon enfant. La France en est la patrie endémique, et de Marseille à Rouen, de Bayonne à Arras, elle en est richement peuplée.

Le genre étant aussi répandu, le physique ne peut être le même; aussi ne faut-il pas songer à reproduire la photographie du bon enfant. Il y en a de bruns, de blonds, de chauves, de frisés, de petits, de grands, de jeunes, de vieux, de spirituels, d'imbéciles, de toutes les couleurs, de tous les calibres, de tous les numéros, de toutes les formes. Rien ne varie plus que le bon enfant.

Cependant, s'il fallait établir un prototype, on croirait le bon enfant plutôt gros que mince, plutôt blond, châtain et brun (il y en a beaucoup moins de rouges), plutôt de taille moyenne que trop grand ou trop petit (les grands sont fiers, les petits grincheux), avec une figure épanouie et souriante, des manières rondes et un peu communes, un ton élevé, une voix claire et un verbiage assez prononcé.

Tel est du reste le portrait physique de mon héros Bruno Ledoux. Je dois ajouter, pour le compléter, qu'il était né bon et joli garçon et qu'il devint, aussitôt qu'il sut agir et penser, étourdi, bavard et jovial, et qu'il resta, tant qu'il vécut, bon fils, bon frère, excellent camarade et gai compagnon. Sur ce, commençons son histoire :

Bruno Ledoux était le fils aîné d'un banquier très connu dans une des grandes villes de France. Le père étant bon enfant lui-même, éleva ses fils en bons enfants, c'est-à-dire sans trop de soins et dans la plus absolue liberté. Il n'était heureux que quand il voyait sa petite famille rire, chanter, sauter, et il faisait volontiers sa partie dans les joyeuses fêtes qu'il lui ménageait. Bruno était destiné à succéder à son père dans sa puissante maison de banque. Louis et Albert, les cadets, devaient suivre d'autres carrières. Mais, en attendant cet avenir encore éloigné, les trois frères passaient leur enfance gaie et bruyante dans la maison paternelle. Bruno, comme le plus âgé et d'ailleurs comme étant celui qui avait le génie le plus inventif, organisait tout, dirigeait tout; c'est lui qui imaginait les détails des courses en ville et à la campagne, des farces à faire aux domestiques et aux amis de la maison, des bons tours à jouer aux employés, des plaisanteries à l'adresse des petits amis; mais il mettait à ces malices de gamin tant de bonhomie, de bonne grâce, de gaîté et d'entrain, que chacun riait de suite et disait : Oh! Bruno est si bon enfant!

Cet heureux caractère suivit Bruno au collège. Maîtres, camarades, chacun l'aimait, et quoiqu'il fût bruyant et peu appliqué, il était le favori de tout le monde. Comment n'aurait-on pas aimé en effet un élève toujours prêt à se dévouer pour ses amis ou à défendre ses professeurs, faisant en chantant une rude punition, partageant avec tous ses provisions et sa bourse, et n'étant heureux que quand il pouvait être utile ou agréable à ceux qui l'entouraient? Dans les jeux, à la promenade, y avait-il une tâche pénible, un rôle fatigant, Bruno s'en chargeait en riant et lançait une bonne plaisanterie qui égayait tout le monde et qui le consolait lui-même de la peine qu'il prenait. Mais, c'était surtout quand une faute anonyme était signalée que Bruno était sur son terrain ; il parvenait toujours à se compromettre, quelque innocent qu'il fût, et subissait souvent la punition qu'il n'avait pas méritée, mais sans dénoncer le vrai coupable; aussi tous ses camarades de collège ne le nommaient que Bruno le bon enfant.

Tel était Bruno au collège. Tel il entra et débuta dans le monde; seulement, le théâtre s'élargissant, ses actions, ses imprudences, ses dévouements et ses générosités devaient prendre plus d'importance et avoir des conséquences plus considérables. Tant que vécut son père, dont la sagesse et l'expérience étaient grandes, il fut maintenu et arrêté dans ses élans de bienveillance excessive et de complaisance par trop exagérée; mais quand il eut le très grand malheur de le perdre, il se trouva alors sans défense vis-à-vis des excès dangereux de ses qualités et ne sut pas toujours, hélas! se méfier assez de la bonté de son cœur et de la générosité de son caractère.

Le père Ledoux avait laissé une grande fortune; mais, attribuant à son fils aîné la lourde charge d'une maison de banque, il lui avait donné ses capitaux en le nommant d'ailleurs son héritier préciputaire.

Avant de mourir, le bon père rassembla ses enfants autour de son lit, et, après leur avoir demandé, comme un témoignage de leur piété filiale et de respect pour sa mémoire, de rester toujours unis entre eux, il fit à

Bruno une leçon toute particulière. Il lui signala ses défauts principaux, peu compatibles avec l'état de banquier, c'est-à-dire sa générosité trop irréfléchie et trop grande, et une trop rapide facilité à croire et à obliger. Il lui fit entrevoir les immenses dangers auxquels ces défauts pourraient l'exposer, sans profit même pour ceux auxquels il croirait rendre service; puis il lui donna quelques renseignements intimes et secrets sur ses associés et ses correspondants, et, après tous ces devoirs accomplis, le bon père embrassa ses enfants, leur donna sa bénédiction et mourut.

Tous les enfants Ledoux étaient bons, à des degrés différents il est vrai, et aimaient tendrement leur père, aussi le pleurèrent-ils sincèrement, et dans un élan vertueux, se jetant dans les bras les uns des autres, ils se promirent de ne se brouiller jamais et d'être fidèles aux recommandations paternelles.

Les exaltations comme les douleurs diminuent avec le temps et finissent même par s'apaiser. Aussi, quelques mois écoulés, les frères Ledoux, un peu remis de leur chagrin, procédèrent à leur partage et songèrent à se faire une position. Tout fut dépouillé : main-courante, registres, grand-livre et caisse; et cet inventaire fini, Bruno se trouva propriétaire d'un gros million, tandis que ses frères n'avaient que 500,000 francs chacun. Ils firent la grimace et ne purent s'empêcher de faire remarquer à leur frère aîné que, leur père les ayant toujours aimés également tous les trois, avait fait cependant une grande différence entre eux dans la distribution de sa fortune. Bruno leur répéta ce que son père lui avait dit sur les grandes chances de perte qu'offrait souvent l'état qu'il lui léguait. Les frères ripostèrent que s'il pouvait y avoir parfois des pertes, il y avait le plus souvent de gros bénéfices, et que, tout compensé, sa position était de beaucoup plus belle que la leur. Bruno s'émut, et comme il aimait énormément ses frères, et qu'il n'aurait voulu pour rien au monde être en froid avec eux, il leur donna généreusement cent mille francs à chacun. Ils reçurent sans trop d'enthousiasme ni de reconnaissance ce riche bienfait et se contentèrent de dire : Bruno est toujours bon enfant.

Après les frères, vinrent les employés; ils arrivèrent à la suite l'un de l'autre et déclarèrent à leur patron qu'ils n'étaient restés avec son père que par respect et reconnaissance, mais qu'ils ne pourraient continuer à faire marcher sa maison de banque si leurs appointements n'étaient augmentés. Les domestiques, invoquant les mêmes motifs, firent les mêmes réclamations, et Bruno les trouvant justes et suivant d'ailleurs l'élan de son cœur généreux, leur accorda tout ce qu'ils demandaient; aussi, chacun d'eux, en se retirant et en se frottant les mains, disait : Quel bon enfant que ce M. Bruno!

Pour réparer tous ces échecs, il eut fallu à Bruno Ledoux de la prudence et de l'économie, et surtout ne pas tomber sur de nouvelles occasions de générosité et de dépenses, Tout au contraire, elles se présentèrent en nombre. Quelques-uns de ses amis, blessés au jeu ou ailleurs, vinrent le supplier de les assister dans leur détresse, jurant de lui rendre exactement, au terme pris, les sommes prêtées. Bruno les crut, se laissa aller, et ses débiteurs peu délicats retournèrent au jeu ou à leurs plaisirs en se disant : « Oh! Bruno ne refusera jamais de nous ouvrir sa bourse, il est si bon enfant!

Bruno n'aimait pas le luxe; ses habitudes étaient simples, ses goûts modestes, son train de maison plus qu'ordinaire; mais à peine fut-il en possession de sa fortune, que les gros fournisseurs de la ville : maquignons, carrossiers, tapissiers, bijoutiers et nombre d'autres, vinrent humblement le complimenter sur sa belle position et lui insinuer adroitement que son état de maison n'était pas en rapport avec la place qu'il occupait parmi ses concitoyens, et que même le devoir d'un banquier qui vivait du commerce et de ses transactions était de favoriser ce commerce et de dépenser largement son argent. Bruno trouva ce raisonnement juste et, quelque répugnance qu'il eût à jouer le rôle de grand seigneur, il monta sa maison avec luxe et fit gagner de grosses sommes à ses fournisseurs qui crièrent tous en chœur : Ah! si tout le monde était bon enfant comme M. Bruno!

A la suite de toutes ces générosités et de toutes ces dépenses, la fortune de Bruno Ledoux, sans être entamée, se trouva un instant gênée, et les bénéfices de cette première année furent tous absorbés par elles; rien n'était donc perdu, il n'y avait qu'à attendre et à économiser; mais Bruno ne prit guère cette voie, car il songea à se marier.

Dans la même ville et dans le voisinage des Ledoux, vivait un riche négociant, père d'une charmante fille dont la beauté, les grâces et surtout l'excellent caractère avaient touché le cœur de Bruno. Mathilde Dufort était une jeune personne accomplie, et, comme elle était aussi intelligente que bonne, elle eut bientôt apprécié les excellentes qualités de son futur mari; elle épousa Bruno avec joie, et jamais ménage n'inaugura sa lune de miel sous de plus heureux auspices. M. Dufort, qui était fastueux dans sa manière de vivre, donna des fêtes magnifiques, et l'on parla pendant longtemps dans le pays de la corbeille de Mathilde et des réjouissances de sa noce.

Aussitôt qu'il fut marié, Bruno se mit sérieusement au travail; les fonds que lui avait comptés son beau-père comblèrent les vides qu'avait faits sa générosité, et sa maison de banque commença une ère de prospérité complète.

Un bonheur ne vient jamais seul, dit-on, et Bruno éprouva le plus grand de tous, celui d'être père; il ne pouvait désirer rien de plus ici-bas, et il continuait à être de plus en plus heureux tous les jours, quand un coup de foudre vint l'abattre; un matin que, radieux de joie, il venait d'embrasser sa femme et sa fille. On vint brusquement lui apprendre que M. Dufort, son beau-père, était en fuite, que sa faillite venait d'être déclarée et que les gens de justice apposaient déjà les scellés sur tout ce qui lui appartenait. Bruno fut atterré; mais deux pensées s'élevèrent simultanément dans son cœur: sa femme et l'honneur. Il courut à la pauvre Mathilde, et, avec la tendresse la plus délicate, il lui apprit en tremblant leur malheur; puis, volant à l'assemblée des créanciers de son beau-père, il leur déclara que, sans y être obligé, il leur abandonnait toutes les sommes importantes que sa femme tenait en dot de sa mère; qu'en outre, il comblerait de ses propres deniers ce qui resterait du déficit de M. Dufort; tous applaudirent à cette généreuse résolution et refirent leur bordereau; quelques-uns seulement, vieux roués dans les affaires, disaient en s'en retournant : Ah! c'est être trop bon enfant!

Après ce coup terrible, Bruno, démuni de la plus grande partie de ses capitaux, dût réduire l'importance de ses affaires. Il est un adage dans le monde financier qui dit que : « Toute maison de banque qui diminue est « tombée. »

Ce ne fut que trop vrai pour Bruno. A partir de ce malheur, tous les revers l'assaillirent; il subit des pertes, des faillites, des vols; quelques employés infidèles le trahirent, ses associés l'abandonnèrent, ses correspondants s'adressèrentailleurs; il dut effectuer des paiements imprévus; son découvert commença et il entrevit avec terreur que, dans un avenir, hélas! prochain, il serait lui-même au-dessous de ses affaires. Cette perspective le navra et, décidé à tout pour sauver l'honneur de son nom, il eut recours à ceux qu'il avait obligés autrefois, à ceux qui lui devaient encore. Pas un ne répondit à son appel ou à ses trop justes demandes; on se mit à le fuir comme un homme dangereux, et chacun sachant qu'il serait bientôt perdu passait en faisant semblant de ne pas le reconnaître. Il pensa alors à ses frères, pour lesquels il avait été si généreux autrefois; l'un était établi en Amérique, l'autre en Espagne, et ils avaient fait tous les deux de grosses fortunes; il leur écrivit des lettres déchirantes, dans lesquelles il les suppliait, en souvenir de leur vieille amitié, au nom de l'honneur de leur père et aussi en considération de son ancienne générosité à leur égard, de venir à son secours et de le sauver du déshonneur. Le frère d'Amérique répondit le premier; sa lettre était ainsi conçue :

« Buénos-Ayres.

« Mon cher frère,

« Ta lettre que je reçois aujourd'hui, et à laquelle je « réponds immédiatement, me plonge dans la plus vive « douleur, et cette douleur est d'autant plus grande « que je ne puis absolument rien faire pour toi. Tous « mes capitaux sont engagés dans des opérations « importantes et prospères; mes propriétés sont agen- « cées et complètes en tout, et ne peuvent dès lors « être entamées; je n'ai pas d'économies, et je ne puis « toucher aux biens de ma femme qui sont dotaux et « garantis. Tu vois combien je suis malheureux, mais « je fais les vœux les plus sincères pour que ceux qui « te doivent et dont les dettes sont sacrées, puisque tu « les tiras toi-même d'embarras, se décident enfin à te « payer, et qu'ainsi tu puisses arriver à une liquidation « heureuse.

« Tu as été trop généreux dans la déconfiture de ton « beau-père; les affaires sont personnelles, et tu devais « garder pour ta femme et pour ta fille les ressources « qui leur appartenaient si légitimement. Méfie-toi tou- « jours de ce défaut que nous t'avons si souvent repro- « ché : tu es trop bon enfant.

« Je désire que cette lettre te trouve en meilleure « situation, et je veux qu'elle te dise toute mon amitié « et tout mon dévouement.

« ALBERT. »

« *P.-S.* — Si tu ne voulais ou si tu ne pouvais « rester en France et que le séjour de l'Amérique ne te « déplût pas, je t'offre un asile auprès de moi. Il te « serait facile, je pense, de confier ta femme et ton

« enfant à quelques-uns des nombreux parents de ton « beau-père ; ils te doivent au moins cela. »

La réponse du second frère arriva bientôt après ; elle était faite à peu près dans les mêmes termes, exprimait les mêmes sentiments, mais elle ne renfermait pas d'offre d'asile.

Tout était donc fini pour Bruno. Il ne lui restait plus qu'à attendre avec anxiété le moment affreux de sa chute. Il avait cependant encore un devoir à remplir, il n'y faillit pas ; il vendit ostensiblement tout ce qu'il aurait pu soustraire à ses créanciers : bijoux de sa femme, objets d'art, meubles précieux, voitures, chevaux. Il en composa une somme considérable, qu'il déposa en son nom à la caisse des dépôts et consignations ; puis il continua avec une résolution vertueuse les rares opérations de sa banque.

Déjà les quelques employés qui restaient à Bruno le quittaient un à un, et, comme les rats qui fuient d'instinct une maison qui va s'écrouler, ils cherchaient ailleurs de plus gros bénéfices et abandonnaient ingratement leur bienfaiteur au moment où il avait le plus de besoin de leur reconnaissance et de leurs services. Bruno resta enfin seul, et le désespoir entra alors dans son âme. Il attendit cependant avec courage le moment fatal, et, se réfugiant dans les caresses de sa femme et de son enfant, il pria Dieu de venir à son aide.

Le jour terrible arriva enfin. Les créanciers, pleins d'admiration pour l'honnête conduite de Bruno et exprimant tout haut leur sympathie pour cet homme d'honneur, n'en demandaient pas moins sa mise en faillite, tout en stipulant que leur débiteur resterait libre sur parole, et qu'il pourrait, jusqu'au dernier jour de la liquidation, continuer à habiter sa maison et à jouir des derniers meubles que sa loyauté n'avait pas voulu soustraire à son actif.

Le moment suprême était venu, et un concordat ne pouvant être établi par les exigences ingrates de quelques créanciers, c'était le lendemain que le jugement fatal devait être rendu. Bruno consacra toute cette dernière journée à rechercher ce qu'il pouvait conserver et acquérir encore au profit de ses créanciers; il exhuma les nombreuses et petites sommes qui lui étaient dues, et en dressa un bordereau exact et détaillé; il déposa entre les mains du greffier du tribunal sa montre, ses bijoux les plus intimes, dressa une liste minutieuse de toutes les valeurs qui pourraient lui rentrer un jour; puis, ayant satisfait aux devoirs de la conscience la plus scrupuleuse, il s'enferma avec sa femme et sa fille et passa plusieurs heures dans leurs bras à pleurer non son bonheur personnel, mais celui qu'il aurait voulu leur donner; il les couvrait de caresses convulsives, les baignait de larmes et ne s'arrachait à leurs étreintes que pour y revenir encore. Vers minuit, brisé par la fatigue et par la douleur, il les pressa ardemment contre son cœur, leur donna un long baiser et se retira dans son appartement.

Qu'il est affreux le moment où l'honnête homme, après avoir tout tenté, tout sacrifié, se trouve sur le bord de cet abîme qu'on nomme la faillite!.... Qu'il est horrible le désespoir qui s'empare de lui, en face du déshonneur de son nom et de la ruine de ceux qui lui sont chers! et qu'il est effrayant ce dernier instant où, ne voyant ni issue ni remède à ses maux, cet honnête homme perd un moment la tête, oublie Dieu et ne voit plus que dans le suicide la fin de ses souffrances !

C'est à cette sinistre extrémité qu'était arrivé Bruno. Sa résolution suprême était prise ; il n'avait plus qu'à dire un dernier adieu à ceux qu'il aimait tant, et à adresser à ses insensibles créanciers une dernière protestation d'honnêteté et de délicatesse. Il s'assit fiévreusement devant son bureau, écrivit longtemps, s'arrêtant par intervalles pour essuyer quelques larmes ou pour murmurer une amère récrimination. Enfin, sa funèbre tâche fut achevée; il se promena, s'agita dans sa chambre, resta de longs instants le visage appuyé à la fenêtre d'où il pouvait apercevoir celles de l'appartement de sa femme et de sa fille, pleura amèrement, puis, prenant une résolution rapide, il s'approcha de sa cheminée, leva les yeux au ciel.... une détonation terrible éclata. Bruno Ledoux avait cessé de vivre.

Au bruit de l'arme on accourut, et l'on trouva étendu sur le parquet de sa chambre l'infortuné banquier, ne donnant plus aucun signe de vie. Le coup porté au cœur avait fait balle ; la mort avait été instantanée.... Bruno tenait encore d'une main son arme, de l'autre, il serrait deux lettres, dont l'une portait l'adresse de sa femme, la seconde, celle de ses créanciers.... La lettre à la pauvre Mathilde contenait ces tristes mots :

— « Ma pauvre Mathilde, ne m'en veuille pas si je « t'abandonne au moment où tu es si malheureuse. « Ma présence auprès de toi n'aurait pu que t'être funeste ; j'emporte, je l'espère, avec moi la haine du « destin et la fatalité du malheur.... Je n'aurais pu vivre

« longtemps déshonoré, et tu m'aurais vu dépérir, « désespéré, insensé peut-être.... Résigne-toi à ton « malheur. Tu es grande et noble, courageuse et fière; « appelle à toi toutes les forces de ton âme et de ton « cœur, vis pour cet être chéri auquel je ne puis plus « être utile et dont la pensée unie à la tienne occupe « mes derniers moments. Oui, Mathilde chère, sois « plus énergique et plus forte que ton pauvre Bruno, « et souffre encore pour sauver et pour élever notre « enfant; parle-lui souvent de moi, dis-lui que son père « fut toujours honnête, et que son malheur n'a été « amené que par ceux qu'il obligea trop généreusement, « et qui ont manqué à leurs engagements et à la déli- « catesse. Ah! que mon enfant ne maudisse jamais « mon nom. Pour toi, Mathilde tant chérie, rappelle-toi « sans cesse que mon cœur fut à toi seule, que je n'ai « connu de bonheur qu'auprès de toi, et qu'en ce « suprême moment ton nom est le dernier que pro- « nonce ma bouche.

— « Dieu me pardonnera, je l'espère, parce que je « pardonne de tout mon cœur à ceux qui m'ont fait « tant de mal.

— « Un dernier mot, un dernier soupir, pauvre « Mathilde. Adieu!... adieu!... je meurs tout à toi....»

La lettre de Bruno à ses créanciers contenait ces mots :

— « Messieurs, au moment de mourir, à ce suprême « instant où tout va finir pour l'homme sur cette terre, « on dit la vérité, surtout si, comme moi, on croit en « Dieu et dans son infinie miséricorde. Aussi écoutez « mes dernières paroles :

— « En mon âme et conscience, devant Dieu qui va « me juger et me pardonner, je l'espère, je déclare que « je ne suis point en faillite, et que les sommes qui me « sont dues par des amis que j'obligeai jadis, mais « pour lesquelles je n'exigeai ni obligations ni titres « réguliers, sont plus que suffisantes pour payer mes « dettes.... Au bord de la tombe où je vais descendre, « où ils descendront eux-mêmes un jour, je les adjure « de faire un appel à leur conscience et de rendre à « ma femme et à ma fille l'honneur de leur nom, que « leur indélicatesse peut leur faire perdre.

« Messieurs, j'ai tout apporté à mon actif. J'ai vendu, « sans y être obligé, les bijoux de ma femme; elle vous « a sacrifié sa dot. Je n'ai gardé, pour faire votre part « plus grosse, que le pain de quelques jours. Je vous « ai tout livré, tout abandonné; je vous demande, en « mourant, de conserver à mon nom l'estime qu'il « mérite, et d'avoir pour ma femme et pour mon enfant « les égards et la pitié dus à leur infortune. »

La lecture de cette lettre fit une impression profonde sur les cœurs endurcis des hommes d'argent qui composaient l'assemblée des créanciers de Bruno. D'un commun accord, ils décidèrent d'accorder à Mathilde et à sa fille une pension viagère convenable, et de faire au pauvre banquier d'honorables obsèques.

Toute la ville de L.... assista à la cérémonie funèbre de *Bruno Ledoux*. Son éloge était dans toutes les bouches. Chacun eût voulu, ce jour-là, le secourir et le tirer d'affaire. Il était trop tard.... On parla sur sa tombe, on exalta sa délicatesse, on déplora sa fin fatale et, en revenant de la triste cérémonie, chacun continuant son éloge, ajoutait : — Il ne pouvait que finir ainsi.... il était trop bon enfant !!!

LA BELLE-MÈRE.

A ce titre..., à ce nom..., je vois tout le corps marital tressaillir et frémir d'effroi ; il me semble l'entendre me crier : — « Imprudent..... insensé.... qu'osez-vous « entreprendre?.... Mais vous n'avez donc aucun souci « de votre repos et de votre sécurité? Allons, allons, « vous avez perdu tout à fait la cervelle ou vous êtes « depuis longtemps veuf et délivré aussi de la mère de « votre défunte? — Eh bien! non!.... je suis marié, « aussi marié que possible..., et je possède la plus ter- « rible des belles-mères; dès lors, je suis exaspéré, « poussé à bout; je veux me venger, je veux sauver « les autres, je veux écrire (sous le voile de l'anonyme « bien entendu) (1) puisque je n'ose parler. »

Beaux-pères et gendres, vous savez tous ce qu'est une belle-mère.... aussi ce n'est pas à vous que je m'adresse; seulement, en passant, je vous serre sympathiquement la main!

Mais vous, jeunes gens qui folichonnez encore dans l'heureuse liberté du célibat, et qui ne connaissez les belles-mères que comme on connaît Croquemitaine et le Loup-Garou, par les récits effrayants de la légende,

(1) Les éléments de cette physiologie m'ont été communiqué- Je n'ai eu qu'à la rédiger; je décline donc toute responsabilité.

c'est à vous que je m'adresse. Lisez mon récit, profitez de mon expérience et de mes leçons, et si vous devez entrer dans l'arène matrimoniale et y rencontrer ce terrible adversaire qu'on nomme une belle-mère, entrez-y du moins avertis et armés.

Qu'est-ce donc qu'une belle-mère?... Ce type féroce échappe à la définition! non qu'il ne soit, hélas! bien connu et bien accentué, mais la langue française n'a pas d'expressions assez énergiques, assez vengeresses pour la dépeindre dans toute son affreuse réalité.

Le grammairien technicien et naïf vous dira : C'est l'épouse du beau-père, la mère de la fille, et par conséquent la belle-mère du gendre. Le beau-père, tremblant, balbutiera : « C'est la compagne de ma vie, dont le caractère, qui avait toujours laissé à désirer, s'est singulièrement aigri depuis le mariage de notre fille. » — La fille soupirera : « C'est ma mère que j'aime tendrement, mais qui parfois ne s'entend pas très bien avec mon mari. » Et le gendre, les poings serrés, les dents crispées, murmurera avec désespoir tout bas : « C'est le bourreau de tous les trois! »

Au moral, presque toutes les belles-mères se ressemblent; au physique, le genre est très varié, et depuis la coquette sur le retour, attifée, peinte, maquillée, prétentieuse et impertinente, jusqu'à la dévote féroce, ensachée dans une étroite robe noire, étouffée sous un bonnet pointu, portant des lunettes, prenant du tabac, parlant du nez, intolérante, âcre, impérieuse, tous les visages pâles, bourgeonnés, violets, ridés, effrayants, irrités, rancuneux, menaçants, sont représentés par elles. En vain chercherait-on le prototype du genre; il n'existe pas, et, comme les monstres, il varie à l'infini et prend tous les masques et toutes les laideurs.

Je sais qu'on me dira : — « Mais quelles sont donc votre erreur et votre partialité? Nous connaissons des belles-mères charmantes, qui ont l'air aussi jeunes que leurs filles, qui sont bonnes, douces, aimables, jolies encore, qui font la joie de leur intérieur, que leurs gendres adorent et qui mettent leur bonheur à rendre heureux tous ceux qui les entourent. — « Admettons des exceptions qui confirment la terrible règle. J'ai vu en effet de ces belles-mères modèles quelquefois.... et de loin...; mais de grâce, avant de vous inscrire en faux contre ce que j'avance, examinez, informez-vous attentivement; allez au fond des situations, et peut-être, après avoir été mieux renseignés, apercevrez-vous quelquefois des grincements sous ces sourires, des perfidies sous ces caresses, des menaces sous ces tendres avances, de la bile sous ces teints de rose et des cornes de démon sur ces fronts d'ange!!!

Puisque les types de la belle-mère sont si variés, je ne dois pas chercher à les décrire tous; il me faudrait pour cela des volumes. Je n'aurais d'ailleurs ni assez de temps, ni assez de talent, ni assez de courage. Je vais me contenter de raconter l'histoire lamentable du meilleur ami que j'aie eu dans ce bas monde, et qui a cruellement payé son tribut de gendre. Le sort lui avait souri dès sa naissance, et, jusqu'à l'âge de vingt ans, il ne connut le malheur que de nom; mais le revers de la médaille arriva, hélas! trop tôt pour lui. Ecoutez le triste récit de ses infortunes :

Eugène A.... était fils unique et dans une position de

fortune magnifique. Sa famille était des plus distinguées de la contrée. Doux, affectueux, caressant, sensible et modeste, Eugène faisait le bonheur de son père et de sa mère dont il était l'idole. A ces qualités morales, il joignait une figure charmante, une tournure distinguée et tout le prestige élégant et rare du gentilhomme. Nous étions du même âge, voisin de campagne, amis d'enfance et quelque peu parents, et nous avons passé notre vie presque toujours côte à côte. Personne mieux que moi n'a donc connu ses malheurs et ses joies.

A vingt ans, Eugène perdit ses parents. Sa douleur fut immense, et j'eus la douce et triste mission de chercher à lui donner quelques consolations. J'y parvins très imparfaitement, et bientôt, ne pouvant plus supporter la vue des lieux qui lui rappelaient chaque jour les êtres chéris qu'il avait perdus, mon ami prit la résolution de voyager. Pendant cinq ans il parcourut le monde, revenant seulement de temps en temps pour donner quelques soins à ses affaires et pour serrer la main de ses amis.

Au bout de cinq ans de voyage et d'études, Eugène était devenu un homme remarquable, et avait ajouté aux charmes brillants de sa personne les ornements les plus solides et les plus variés de l'esprit; rien ne lui manquait donc : opulence, esprit, distinction, grâce, douceur. C'était un jeune homme accompli.

Depuis longtemps déjà toutes les mères du pays visaient Eugène pour leurs filles; l'une d'elles, plus heureuse ou plus habile, l'emporta, et le mariage de mon ami avec Mlle de Z... fut décidé et communiqué à tous les parents et à tous les amis de la famille.

Un mot maintenant sur Mlle Berthe de Z.... et sur les

siens. Mlle de Z.... était ravissante, jolie, bonne, simple, spirituelle, ayant une instruction variée et des manières d'une distinction parfaite; un gros million ne déparait pas ces charmantes qualités; ses parents habitaient, pendant une partie de l'année, une belle propriété voisine de celle d'Eugène et de la mienne, et passaient leur hiver dans un magnifique hôtel qu'ils possédaient dans une grande ville assez éloignée. Mlle Berthe était l'ornement de la haute société de cette heureuse ville. M. de Z.... était un homme silencieux et réservé, faisant peu de bruit dans son ménage, et beaucoup plus occupé de sa quotidienne partie d'impériale et de sa belle collection de *Lépidoptères* (prononcez papillons) que du soin de ses affaires. Il adorait sa fille, et il la considérait comme le plus joli lépidoptère que le bon Dieu eût créé. Madame de Z...., notre héroïne, était une femme grande, sèche et distinguée dans ses manières; son profil pur et fin de lignes était des plus aristocratiques et décelait une race exquise en même temps qu'une grande fermeté de volonté; sa tournure élégante manquait cependant de souplesse, et rien dans ses gestes ou dans ses paroles ne décelait la moindre coquetterie; elle était d'une politesse froide, mais parfaite, maniant avec une habileté extrême le langage séduisant, mais menteur du monde. Son ménage passait pour être calme et heureux; elle ne parlait jamais de son mari qu'avec une extrême convenance, et semblait lui laisser tout le prestige et tous les honneurs dus à son autorité. Mme de Z.... aimait avec passion sa fille, n'en parlait qu'avec attendrissement, mais exerçait sur elle un tel empire que parfois quelques regards de crainte se mêlaient aux expansions de Berthe. En somme, Mme de Z...., passait pour une femme d'une réputation intacte, d'une distinction rare et d'un esprit supérieur.

Le mariage d'Eugène eut lieu avec un grand éclat, et, comme son ami, je fus admis plus intimement que les autres à observer et à connaître certains détails caractéristiques des premiers jours de ce nouveau ménage.

Eugène m'avait confié un grand secret et fait part d'un petit complot qu'il avait fait avec sa charmante fiancée, et pour lequel je lui avais été de quelque utilité en lui préparant secrètement les moyens de le faire réussir. Il voulait enlever sa femme pendant l'agitation du bal, s'enfuir avec elle dans une île solitaire des bords de la Méditerranée, et là passer, à l'ombre des orangers, les premiers jours de cette lune de miel qu'il jurait devoir être éternelle.... C'est moi qui lui avais procuré une voiture et des chevaux; c'est moi aussi qui devais l'avertir au moment du départ. Je les trouvai prêts tous les deux à exécuter leur petit coup de tête. Ils s'étaient retirés dans un boudoir éloigné. Après quelques changements indispensables à leur costume, ils vinrent me rejoindre. Berthe était frémissante de crainte, de pudeur et d'impatience. Eugène était radieux.... Nous allions franchir la porte qui devait nous conduire à un escalier dérobé, quand tout-à-coup Mme de Z...., qui s'était sans doute aperçue de quelque chose, apparut devant nous.... Nous fûmes tous terrifiés par cette rencontre imprévue, et surtout par l'air irrité que l'imposante dame ne cherchait pas à cacher; elle nous regarda tous les trois d'un œil sec et froid, et dit d'un ton saccadé et sévère : — « Mais que se passe-t-il « donc ici? Pourquoi ces habits de voyage? Berthe, tu me caches quelque chose pour la première fois de ta vie, et c'est précisément le jour où je te perds. Ah! mon enfant! » Berthe, étouffée de sanglots, ne pouvait répondre; elle se jeta éplorée sur le sein de sa mère. Eugène enfin prit la parole : — « Oh! ma mère, dit-il « pardonnez-nous, nous ne voulions pas vous affliger « par des adieux pénibles; et puisque vous surpre- « nez notre projet, nous allons tout vous avouer. Nous « voulions aller, pendant quelques jours, cacher notre « bonheur dans un nid fleuri et mystérieux, et puis vous « revenir pour ne plus vous quitter. » — « Partir!.... « partir!.... s'écria Mme de Z.... d'une voix aigre et fré- « missante que je ne lui connaissais pas encore.... « partir, et me quitter sans me prévenir, et sans ma « permission, je n'eusse jamais cru cela de toi, Berthe! » — « Mais, ma mère, balbutia la pauvre enfant en pleu- « rant, c'est l'usage, dit-on, dans les mariages. » — « Tu ne dois connaître d'autres usages que ceux que je « t'ai appris...., et je me serais bien gardée de te parler « de celui-là, qui est surtout inconvenant et ridicule.... « Et pourquoi cacher ton bonheur? Si tu es heureuse, « ne peux-tu pas en jouir aux yeux de ceux qui te l'ont « donné et qui le partageraient? As-tu honte de l'acte « solonnel que tu viens d'accomplir pour t'enfuir ainsi « au moment où tu es entourée de tes amis et de ta « famille? Non, Berthe, cela ne peut être, cela ne sera « pas, je m'y oppose de toutes mes forces et de toute « mon autorité. » Eugène avait gardé un timide silence. — « Ma mère, se hasard il enfin à dire, nous voyons

« tous les jours de jeunes ménages agir ainsi. Nous « caressons ce rêve, Berthe et moi, depuis que nous « sommes fiancés; tout est prêt pour notre voyage, tout « est prêt pour nous recevoir. » — « Oh! les rêves.... « les rêves, reprit aigrement Mme de Z...., il faut renon- « cer à beaucoup de rêves quand on se marie.... Quant « aux préparatifs et aux frais de voyage, ce sont des « affaires matérielles qui ont peu d'importance.... Il « n'est d'ailleurs jamais trop tard pour renoncer à faire « une sottise.... Allons.... allons...., ne pensez plus à « cette folle idée, à laquelle je ne donnerai, en aucune « façon, mon consentement. » Un long silence succéda « à cette aigre sortie. Berthe sanglotait; Eugène, « anéanti, tenait ses yeux fixés sur le parquet, et moi, « ahuri, je regardais avec terreur le visage de Mme de « Z...., qui s'était transformé; de sévère et de froid qu'il « se montrait habituellement, il était devenu terrible; « ses yeux lançaient des flammes; elle jetait tour à tour « des regards menaçants sur sa fille et sur son gendre. « Eugène rougit le premier de ce pénible silence. — « Oh! ma mère, dit-il, je n'aurais jamais cru qu'un « aussi beau jour pût être attristé par un tel chagrin. » — « Je vous ai déjà dit, monsieur, qu'il fallait, en se « mariant, renoncer à beaucoup d'illusions et de rêves; « mais finissons cette triste discussion. Le code vient « de vous donner des droits; usez-en s'il vous con- « vient. Emmenez votre femme; son devoir est de « vous suivre, mais sachez bien que ce sera contre ma « volonté. » — Il se fit encore un silence prolongé. Berthe pleurait toujours. Enfin, entre deux sanglots, elle put prononcer ces quelques paroles : — « Mon cher

« Eugène, dit-elle, renonçons à notre beau rêve ; qu'il « n'en soit plus question. Vous ne voudriez pas affliger « ma mère. » — Eugène hésita un instant ; la colère bouillonnait en lui ; enfin il prit la main de sa femme : — « Berthe, dit-il, j'obéis à votre volonté, à votre seule « volonté, et quelque pénible que soit ce sacrifice, je le « fais pour vous. » —Sur ces paroles, la belle-mère et le gendre se lancèrent un regard de défi et de haine. La guerre était déclarée entre eux, mais Eugène perdait la première bataille ; il devait en perdre bien d'autres.

Quelques fêtes suivirent cette lamentable scène, mais le charme était rompu. Eugène et Berthe n'avaient plus leur première gaîté, et ils y apportèrent un air d'indifférence et de tristesse qui fit aussitôt jaser sur leur bonheur intérieur. On n'avait jamais vu de jeunes mariés aussi froids, aussi sérieux. Mme de Z...., ne pouvant surmonter son dépit, était plus hautaine, plus impérieuse que de coutume ; seul, M. de Z...., qui ignorait probablement tout ce qui se passait et qui dès lors n'y comprenait rien, gardait son air pacifique et débonnaire, et redoublait de grâces avec ses invités. Toutes les réjouissances furent donc fort tristes, et le bonheur de mon ami s'inaugura sous de fâcheux auspices.

Peu de jours après le mariage d'Eugène, la famille de Z.... quitta sa terre pour aller à la ville, où elle devait faire un très long séjour, donner de nouvelles fêtes et recevoir à son tour les visites et les politesses de ses parents et de ses amis. Malgré les instances d'Eugène, je ne pus le suivre. Au moment de notre séparation, mon ami me serra vivement la main, ne prononça pas une parole, mais me jeta un regard anxieux, qui en disait bien plus que de longs discours; il partit et me laissa le cœur navré.

Six longs mois s'écoulèrent sans que je reçusse une seule ligne d'Eugène. J'entendis faire de pompeuses descriptions des fêtes brillantes qui eurent lieu dans la ville de L.... en l'honneur de son mariage; chacun vantait les avantages de cette union. On la disait aussi assortie que fortunée, et bientôt quelque nouvel événement vint faire oublier celui-ci.

Un jour enfin mon facteur me remit une lettre fort volumineuse. Je reconnus l'écriture de mon ami; je m'enfuis dans un lieu bien solitaire et, la décachetant avec agitation, j'y lus ce qui suit :

— « Mon ami, tu dois penser que l'oubli, l'indiffé-
« rence, la négligence tout au moins, sont les causes
« du long silence que je viens de garder vis-à-vis
« de toi. Il n'en est rien; je t'aime plus que jamais, je
« pense tous les jours à toi, mais le malheur et la honte
« m'accablent; je suis vaincu, brisé, anéanti.... tous
« mes rêves se sont évanouis, et de ce bonheur que
« j'avais entrevu, que je tenais presque, dont j'avais
« aspiré avec enivrement les premiers parfums, il ne
« me reste plus qu'un amer souvenir et la perspec-
« tive de passer peut-être de longs jours dans la tris-
« tesse.... Il me tardait d'épancher mon cœur dans le
« tien, de te raconter toutes mes infortunes, mais je
« retardais tous les jours ces tristes confidences; il me
« semblait que cette phase de malheurs ne pouvait
« durer, et que j'allais enfin retrouver les premiers
« instants de cette félicité que je croyais avoir méritée

« par la sincérité de mes intentions et par la pureté de « mon amour. Ce doute aujourd'hui ne m'est plus per- « mis; je suis condamné à perpétuité. Écoute les détails « de ma lamentable position :

— « Je ne t'ai plus revu seul à seul depuis la triste « scène dont tu fus le témoin, et dans laquelle mon « cœur, ma dignité et ma force furent brisés.... C'était « le commencement de mes malheurs.... Dès ce mo- « ment, il ne s'est pas écoulé pour moi une minute qui « n'ait été marquée par une persécution ou par un « chagrin, et ma pauvre Berthe, par terreur, par fai- « blesse, par prudence peut-être, est souvent la com- « plice de sa terrible mère. Tu le sais, orphelin, seul « au monde depuis cinq ans, je soupirai après le bon- « heur de retrouver une famille, des cœurs à aimer.... « J'épousai ma chère Berthe, mais imprudemment je « m'engageai à quitter le berceau de ma famille et à « vivre chez mes beaux parents.... Oh! que j'en ai été « cruellement puni.... Depuis le jour où je suis parti, « ma terrible belle-mère est acharnée sur moi; je ne « puis parler, agir, former un projet, sans qu'elle ne « blâme, n'attaque, ne dénature, ne dénigre mes paroles « et mes actions, sans qu'elle ne devine ou n'entrave « mes desseins. On dirait qu'elle prend un féroce « plaisir à contrarier tout ce qui m'intéresse, à empoi- « sonner tout ce qui peut me plaire. Suis-je un instant « seul avec ma femme, cherchant à reprendre ces « doux entretiens d'autretois, j'entends aussitôt sa voix « criarde qui m'appelle d'un ton absolu, et si je n'ac- « cours pas à l'instant, elle vient elle-même troubler « notre charmant tête-à-tête, me reprocher de négli-

« ger mes affaires, de perdre mon temps aux pieds de « ma femme, et engage impérieusement Berthe à me « rappeler à mes devoirs. Si je veux hasarder une « observation, chercher à donner une excuse, elle « s'emporte; Berthe pleure et, n'osant résister à sa « mère, elle me supplie de la quitter, et de faire au « moins semblant de m'occuper de quelque chose.... « Oh! je le sais, il est un moyen de faire cesser ces « scènes déplorables; j'y arriverai, hélas! peut-être.... « mais ma nature se révolte encore, et je ne suis pas « assez vaincu pour m'annihiler, pour m'effacer comme « mon beau-père et pour acheter à ce prix la paix « dont il jouit.

— « Il y a huit jours, ma chère Berthe, les yeux « baissés, le cœur palpitant se pencha doucement vers « moi, et tout bas, bien bas, elle m'apprit qu'elle espé- « rait être mère.... Juge de mon bonheur; je pressai sur « mon cœur ma femme tant aimée; je retrouvai toutes « les espérances, toute l'ardeur des premiers jours; je « l'embrassai comme une idole..... Je délirais, je disais « tout haut mes rêves d'avenir. Oh! que j'étais heureux « dans ce délicieux moment!.... Tout à coup, ma belle- « mère entre dans notre appartement, plus sèche, plus « hautaine, plus absolue que de coutume... Allons, allons, « monsieur me dit-elle, modérez ces élans impru- « dents et inutiles. Je sais, je savais avant vous la cause « de votre joie; elle est légitime, sans doute, mais elle « doit aussi augmenter vos devoirs. Tous les hommes « sont ainsi; aussitôt qu'ils ont l'espoir d'être pères, ils « folient, ils oublient que c'est dès cet instant que doit « commencer pour eux une ère de réserve, de gravité

« et de haute responsabilité ; alors aussi s'ouvre pour la « mère de l'épouse une série de nouveaux devoirs « plus sérieux, plus sacrés les uns que les autres. Vous « êtes jeune, sans expérience, et vous ne connaissez « pas l'importance de votre nouvelle position. Sachez-« le donc, d'aujourd'hui, je reprends tous mes droits « sur ma fille ; elle n'est plus épouse, elle est mère, et « c'est à moi à veiller sur son état, sur son inexpé-« rience.... sur l'enfant qu'elle porte dans son sein. A « partir de ce soir, elle occupera, auprès de mon appar-« tement, sa chambre de jeune fille, et, nuit et jour, « j'aurai les yeux sur elle avec cette anxiété que les « femmes, que les mères seules connaissent. Disposez « donc, et pour longtemps, de votre appartement « comme vous l'entendrez ; vous pourriez même pro-« fiter de toutes ces circonstances pour entreprendre « certaines démarches et certains voyages que peuvent « nécessiter vos affaires. » — « Eh quoi ! osais-je m'écrier, « c'est au moment le plus heureux de ma vie que vous « voulez me séparer de ma chère Berthe ! ne croyez-« vous pas que je saurai lui prodiguer les soins les plus « tendres et les plus dévoués ? » — « Mais si je l'eusse « cru, j'aurais agi différemment. Vous autres, hommes, « vous savez tout, vous ne doutez de rien, et du moment « où la Providence ne vous a pas départi la lourde charge « de concevoir, de porter, d'allaiter vos enfants, il me « semble qu'elle vous dispense aussi des soins qui ne « vous regardent pas. Ne parlons plus de cela, reprenez » un peu votre liberté de garçon et laissez-moi Berthe. »

— « Mon arrêt était porté ; je n'avais qu'à me sou-« mettre. Je me trouvai, pendant la soirée, quelques

« instants seul avec ma femme, et, prenant sa main : —
« Berthe, lui dis-je avec émotion, ta mère nous sépare
« au moment le plus doux de notre existence, et cepen-
« dant je me préparais à t'entourer de soins et d'atten-
« tions que j'eusse été si heureux de te prodiguer!.... Je
« n'avais qu'un désir, celui de te servir et de t'aimer. »
— « Mon ami, reprit tristement Berthe, ma bonne
« mère sait mieux que nous, qui sommes encore inex-
« périmentés, ce qu'il est bon et sage de faire; nous
« devons lui obéir et la remercier même de son pré-
« cieux dévouement.... J'embrassai en pleurant ma
« femme, je saisis mon bougeoir et, pour la première
« fois depuis mon mariage, je pris tout seul le chemin
« de notre appartement. Je ne dormis pas de toute la
« nuit; je gémis, je soupirai, mais devant la sainteté
« de la circonstance, devant les raisons de haute
« prudence que m'avait apportées ma belle-mère,
« devant la soumission de Berthe, je n'eus ni le cou-
« rage ni la force de prendre une résolution de révolte,
« pas même d'opposition.

— « Le lendemain, quand je revis Berthe, elle me
« sembla encore plus sérieuse que la veille; elle avait
« un maintien grave et réservé; à peine répondit-elle à
« l'étreinte que je lui donnai (je n'osai l'embrasser). Je
« lui apportais un bouquet qu'elle saisit cependant avec
« plaisir....; mais aussitôt j'entendis ma belle-mère s'é-
« crier avec fureur : » — « Des fleurs!... des fleurs à une
« femme enceinte! quelle ignorance! quelle impru-
« dence! Mais vous voulez donc tuer votre enfant?
« Jette tout de suite ces fleurs, Berthe, et je vous prie,
« monsieur, de ne plus commettre à l'avenir une

« pareille sottise; vous me forceriez de m'enfuir avec « ma fille pour sauver notre enfant. »

— « Au déjeuner, Berthe n'était pas à sa place habi- « tuelle auprès de moi; elle s'assit à côté de sa mère, « qui surveillait avec une inquiète rigueur son hygiène « et son appétit. Cette circonstance fit que je me trouvai « auprès de mon beau-père, qui ne rompit pas son « silence habituel, mais qui me serra doucement la « main sous la table. Je lui rendis son étreinte, et je me « jurai de faire sa partie d'impériale quand il n'aurait « pas de partner... Vois à quel degré effrayant d'abais- « sement et de soumission je suis descendu.

— « De toute la journée je ne pus me trouver un « instant seul avec ma femme, et le soir nous nous « séparâmes après un froid adieu... Cette nuit fut encore « plus affreuse que les précédentes; je réfléchis plus « sérieusement que de coutume; je disséquai ma posi- « tion, et, frémissant de honte et de dépit, je finis par « prendre la grande résolution de m'insurger....; mais « aussitôt un affreux scrupule me vint au cœur... Mal- « heureux! me dis-je, par ta violence tu tueras peut- « être ton enfant et sa mère.... Ma résolution tomba « devant cette affreuse perspective.... Je m'inclinai...; « j'étais vaincu....

— « Depuis six mois je traîne une existence affreuse. « Triste, presque hébété, je néglige mes affaires; je sors « à peine de mon appartement; je végète, je languis, je « fais la partie d'impériale de mon beau-père, qui me « serre souvent la main, mais sans me dire un mot; mon « seul bonheur est de regarder avec amour ma chère « Berthe, de lui presser à la dérobée le bout des doigts,

« et, quand sa mère n'y est pas, je l'embrasse, le soir, « au moment où nous nous retirons tous, pour aller « nous coucher.... Quant à ma belle-mère, elle est « plus âcre, plus féroce que jamais; elle garde sa fille « en Cerbère irrité, elle ne manque pas une occasion « de me blesser ou de me contrarier, et de me rendre « en tout la vie insupportable. Elle indispose contre moi « les domestiques de la maison, se met en travers de « mes petits projets, s'ingère dans mes propres affaires, « fait causer mes fermiers, cherche à influencer mes « hommes de loi, contrecarre les ordres que je leur « donne, dénigre ma gestion et ma capacité, parle « tout haut de mon insuffisance, fait un mauvais accueil « à mes amis, cherche à troubler mes rapports de « société et me poursuit enfin d'une haine et d'une « persécution implacables.

— « Dans mes moments de profonde réflexion, je « m'examine consciencieusement, et je me demande « en quoi j'ai pu mériter un pareil acharnement à me « perdre et à me faire souffrir. Je cherche en vain.... « tu me connais.... je ne suis pas méchant.... bien au « contraire, je suis doux et aimant; je n'avais plus de « mère et j'allai à Mme de Z.... comme à celle qui « devait la remplacer, bien disposé à la chérir de tout « mon cœur; elle m'a repoussé cruellement... Pour- « quoi?.... Pourquoi? je ne trouve qu'une raison à « cette haine imméritée.... elle est belle-mère.

— « J'aurais bien voulu revenir un instant auprès de « toi et revoir les lieux où nous avons été si heureux « ensemble, ces beaux ombrages sous lesquels nous « avons tant joué.... Je ne l'ai pas osé; on m'aurait

« peut-être accusé de fuir ma femme au moment le « plus dangereux de sa grossesse, et qui sait de quoi « encore.... Plains ton pauvre ami, pense à lui et, quand « nous nous reverrons, tu tâcheras de le consoler.

« Tout à toi de cœur,

« EUGÈNE. »

J'ajouterais en vain de nouveaux détails sur les infortunes d'Eugène; ils seraient humiliants pour la dignité de l'homme et inutiles d'ailleurs pour mes lecteurs, surtout s'ils sont mariés. Qu'il me suffise de leur dire que tout ce qu'une belle-mère peut inventer de malice et de persécutions l'accablait tous les jours davantage; sa seule consolation était de me confier ses peines; il savait combien j'y compatissais. Voici ce qu'il m'écrivit à la naissance de son enfant :

— « Mon ami, tout est oublié.... Je suis heureux, « je suis père! Je ne connaissais pas la sublimité de « l'amour paternel; il s'est subitement révélé à moi, et « d'une espérance tendre et craintive, il est devenu « tout d'un coup une réalité enivrante.... Oui, cher « ami, je suis père de la plus jolie petite fille que le « bon Dieu ait créée.... Si tu savais de combien de « baisers j'ai couvert cette frêle enfant et ma bonne « Berthe! je m'abreuvais de joie et d'amour, et je « n'eusse jamais séparé mes lèvres des leurs si ma « belle-mère n'était venue brusquement m'arracher « à cette félicité. — « C'est assez... c'est assez, retirez-« vous, criait-t-elle aigrement, vous allez étouffer cet « enfant et faire mal à la mère; le médecin a défendu « pour elle la moindre agitation, le plus petit trouble; « retirez-vous.... vous reviendrez quand je vous le

« permettrai.... Pendant deux jours j'ai attendu, l'œil « au guet, l'oreille éveillée, le cœur palpitant, et deux « fois seulement il m'a été permis d'aller embrasser « mon enfant et sa mère.... Oh! c'est trop cruel, et si « ce n'était la crainte de leur causer le plus petit mal, « rien ne m'arrêterait.... pas même ma belle-mère!

— « Hier j'avais laissé là ma lettre; je la reprends.... « Ah! mon ami, quelle scène affreuse je viens d'es- « suyer.... Au moment du baptême de ma fille, on « n'avait pas encore daigné me consulter sur les noms « qu'elle devait porter; je pris mon courage à deux « mains, et m'adressant à ma belle-mère : Madame, « lui dis-je, je désire que mon enfant porte le nom de « ma mère chérie... — « Vous désirez, c'est bien, et » moi je veux qu'elle porte le nom de la mienne; votre « enfant n'est pas un homme, dès lors le choix de » son nom ne vous appartient pas; il est d'ailleurs « décidé entre Berthe et moi que sa fille se nommera « Sylvie...., comme feue ma mère; vous pouvez, si « vous le voulez, faire ajouter à la suite de ce nom « celui de Louise, qui fut, je crois, celui de la vôtre. » « — Ah! Madame, mais c'est mon droit de donner « à ma fille le nom qui me convient. Berthe n'a pu, « sans mon consentement, en choisir un autre. » — « Droit ou consentement, il en sera ainsi; vous pou- « vez, d'ailleurs, aller faire une scène à votre femme, « la tuer peut-être.... allez. — En ce moment apparut « mon beau-père, en grand costume de parrain, cra- « vate blanche, bouquet à la boutonnière, mais tou- « jours l'air résigné et silencieux; il comprit la cause « de notre différend, s'approcha de moi, me donna sa

« poignée de main habituelle et me jeta un regard qui
« disait tristement.... C'est inutile.... résignez-vous
« comme moi.... Les pleurs me suffoquaient; j'assistai
« en frémissant de colère à cette cérémonie religieuse
« si douce pour un père; j'entendis le nom de Sylvie
« donné à mon enfant; mais je protestai devant Dieu,
« et toujours dans mon cœur je la nommerai Louise....

— « Après la cérémonie, j'allai embrasser, en pleu-
« rant, ma femme; j'embrassai aussi ma chère Louise,
« et j'étais sur le point de me retirer dans mon appar-
« tement, pour donner un libre cours à ma douleur et
« à mon dépit, quand ma belle-mère me prit à part et
« me dit gravement : — « Nous avons décidé que
« votre femme nourrirait elle-même son enfant; c'est
« d'ailleurs la loi de la nature; c'est aussi vous dire, en
« même temps, qu'elle continuera d'occuper, pendant
« tout le temps de son allaitement, le même petit
« appartement dans lequel elle se trouve installée
« auprès de moi, et que vous restez libre comme par
« le passé.... Vous serez au moins forcé d'avouer que
« nous autres, femmes, nous ne vous importunons pas.
« Sur ce sarcasme amer elle me laissa ahuri, hébété,
« terrassé....

— « Mon beau-père m'a appris, comment le sait-il?
« que dans trois mois, quand notre enfant sera un peu
« fort, nous devons aller faire un long séjour à X....
« Nous nous reverrons donc.... cet espoir me jette un
« peu de baume sur mes blessures. Je pourrai donc
« enfin pleurer sur le sein d'un ami. Que ces trois mois
« vont me paraître longs et tristes! Adieu, bien cher,

« aime-moi, pense à moi, plains-moi; j'ai bien besoin « de savoir qu'un cœur m'est ouvert et que je suis « aimé quelque part.

« Ton affectionné et malheureux ami.

« EUGÈNE. »

Au bout de trois mois, nous vîmes arriver en effet la famille de Z..... J'embrassai avec effusion mon ami; mais qu'il était changé, quels ravages avaient opéré sur lui, en si peu de temps, la persécution d'une belle-mère! Mon pauvre camarade qui était parti, il y avait un an à peine, rayonnant de santé, de gaieté et d'espérance, revenait pâle, triste, découragé. Il regardait à la dérobée avant d'oser parler ou agir, se hasardait à peine à sortir de chez lui, tressaillait au moindre bruit et semblait atteint d'une de ces fièvres nerveuses qui agitent le cerveau et énervent le corps. Nous nous vîmes cependant assez souvent, et, comme il me l'avait dit, il épancha dans mon cœur toute sa tristesse.

Je ne redirai pas les détails navrants que me donna Eugène sur son martyre; qu'il me suffise d'affirmer que le sort de cet enfant, bon, affectueux, aimable et poussé brusquement des bras d'une tendre mère dans les griffes d'une belle-mère féroce, était vraiment digne de pitié, et que tout devait faire craindre pour sa santé et pour sa raison.

Le séjour de la famille de Z.... dans sa terre fut long, puisqu'il dura neuf mois; pendant tout ce temps, je cherchai à ranimer mon ami, et j'y étais un peu parvenu, il souriait parfois, espérait un peu; et se raccrochait à l'existence quand le signal du départ fut donné, je n'ai pas besoin de dire par qui. Toute la famille devait voyager pendant deux ans; tel était l'ordre du tyran du logis. Tout le monde obéit donc sans faire la moindre objection. J'embrassai tendrement Eugène, nous confondimes quelques pleurs et nous nous séparâmes.

Mon ami voyagea pendant les deux ans prescrits. Il m'écrivit de temps en temps, gémissant toujours de plus en plus sur son malheur et sur la tyrannie de son implacable belle-mère; il m'annonça enfin son retour dans la ville de L.... et la naissance d'une seconde fille. Cet événement fit recommencer pour lui les persécutions qui avaient inauguré l'arrivée de la première, et cette pauvre enfant n'eut pas encore la permission de se nommer Louise.

Des années s'écoulèrent. Nos rapports restant les mêmes avec Eugène, nous nous voyions quand la famille de Z.... venait dans sa terre; nous nous écrivions pendant le reste de l'année. Les lettres d'Eugène étaient pleines de gémissements et les miennes de consolations.

Un jour, on me remit une lettre d'Eugène; l'écriture de l'adresse était tourmentée et nerveuse. Je pressentis un malheur; je ne me trompais pas. Voici ce que je lus :

— « Mon ami, je viens te faire part d'un événement « qui va bien te surprendre, et qui, hélas! au lieu de « faire cesser mes malheurs, va peut-être les augmen- « ter. Depuis un mois ma belle-mère languissait, dépé- « rissait sensiblement, et il n'était pas difficile à un œil « clairvoyant et intéressé de deviner que sa fin était pro- « chaine; en effet, il y a trois jours, après une agonie « furieuse, et sans nous adresser une seule parole de « regret ou de tendresse, elle expirait dans les bras de « sa fille. Mon beau-père et moi nous assistions à ce

« lugubre spectacle, et, je te l'avoue, je sentis alors tout « mon ressentiment s'éteindre, toute ma rancune dis- « paraître. Mon beau-père avait poussé un profond sou- « pir; il m'offrit sa poignée de main habituelle, mais il « me sembla qu'elle était plus vive et plus significative. « Etait-ce la douleur qui la rendait ainsi? étaient-ce « les forces qui lui revenaient? Je l'ignore; mais aus- « sitôt je lui trouvai l'air plus animé et plus libre.... « Berthe s'était évanouie. Oh! elle était à moi, alors! « Je la pris dans mes bras, je la serrai sur mon cœur; « je buvais ses larmes, et je lui dis tout ce que ma « tendresse avait d'accumulé pour elle depuis si long- « temps. Je ne réussis pas à la consoler; son désespoir « était effrayant.... Et cependant le moment de l'éter- « nelle séparation approchait; les funèbres préparatifs « étaient presque achevés, et nous allions bientôt son- « ger à enlever les restes de celle qui n'était plus, « quand Berthe, se ranimant soudain, fit une scène « déchirante; elle se jeta à genoux, tordit ses bras avec « douleur, et nous supplia, par l'amour que nous avions « pour elle, de lui laisser encore, pendant quelques « heures, cette chère dépouille. Comment résister à « de si pieuses larmes, à une telle prière? J'y sous- « crivis aussitôt, mais mon beau-père ajouta doucement: « — « La loi donne le délai de 24 heures; elle doit « avoir ses raisons pour cela. » — C'était la plus longue « phrase que je lui eusse jamais entendu prononcer... « son opposition n'alla pas plus loin, et nous nous « remîmes à prier autour de la couche funèbre de « celle qui nous avait fait tant souffrir.... Berthe embras- « sait à chaque instant ces restes chéris. Mon beau-

« père ne disait rien, mais il me pressait de temps en « temps énergiquement la main.

— « Il y avait déjà près de 36 heures que nous con- « servions cette dépouille mortelle, et j'avais été obligé « de sortir pour donner quelques ordres et fixer le mo- « ment du départ. J'étais depuis peu d'instants dans « l'antichambre, quand j'entendis deux cris épouvan- « tables sortir de l'appartement funéraire; je me préci- « pitai, et je vis Berthe étendue tout de son long et « comme morte sur le parquet. Mon beau-père, pâle « d'effroi, les yeux dilatés, la bouche démesurément « ouverte, était appuyé contre la muraille. D'un bras « crispé, il désignait la couche funèbre. Je m'appro- « chai...., mais je reculai aussitôt glacé de terreur. Ma « belle-mère s'agitait faiblement dans son linceul; sa « tête, qu'on avait laissée découverte, avait repris quel- « que animation; ses yeux étaient ouverts et fixes; sa « bouche semblait vouloir s'entr'ouvrir pour parler.... « Éperdu, je criai au secours; je relevai Berthe mou- « rante. On accourut.... un médecin vint aussi et « constata aussitôt que Mme de Z.... n'avait été qu'en « léthargie. Elle revint en effet peu à peu à la vie, tres- « saillit, balbutia.... et reprit tout à fait connaissance. « Je ne pourrais te peindre le tableau effrayant de « cette résurrection; je ne saurais te faire comprendre « l'incohérence émouvante des cris de joie, des pleurs, de « l'effroi, de la stupeur qui accompagnèrent les diverses « phases de ce phénomène; je resterais trop au-dessous « de la réalité. Au bout d'une demi-heure, ma belle- « mère était complétement revenue à elle. On nous fit « sortir de l'appartement; la malade avait besoin de repos.

« Mon beau-père et moi nous nous rencontrâmes seuls « dans l'antichambre; il me prit la main et me dit « d'une voix crispée : *La loi était sage.* Il était déci- « dément dans ses jours de bavardage.

— « Bien peu de jours suffirent à ma belle-mère pour « se remettre entièrement; ses forces et sa santé revin- « rent comme par enchantement. Berthe était trans- « formée, elle rayonnait de bonheur. Mon beau-père « et moi nous avions repris notre ancienne résignation, « et notre train de vie habituelle recommença.... Que « dis-je, insensé ! il recommença, sans doute, mais plus « terrible, plus torturé, plus malheureux que jamais. Ma « belle-mère n'avait en rien profité des leçons qu'elle « avait pu recevoir dans l'autre monde.

« Depuis cette fatale résurrection, cette maison est « pire qu'un enfer. Mon beau-père résiste parce qu'il « est froid et accoutumé depuis longtemps d'ailleurs à « ces tortures....; moi..... je mourrai bientôt...., mais me « gardera-t-on 36 heures?

— « Adieu, ami ; réserve-moi toujours une place au « fond de ton cœur; sous peu, tu seras appelé peut-être « à venir prononcer quelques paroles sympathiques sur « ma tombe.....; pour mon honneur, ne dis pas tout.

« Ton pauvre ami.

« EUGÈNE. »

Mon ami ne mourut pas de la résurrection de sa belle-mère, mais sa vie devint de plus en plus sombre. Des années s'écoulèrent; le jeune homme était presque devenu vieillard. Ce cœur si généreux, si expansif, était froid et réservé; cette sympathique nature s'était repliée sur elle-même, et nul ne pouvait reconnaître le brillant et aimable Eugène dans cet homme craintif et triste qui n'avait plus l'énergie d'être lui-même; je le voyais quelquefois à X....; il m'écrivait de la ville, mais il avait entièrement perdu sa verve et presque sa personnalité.

Un soir, cinq ans au moins après ce singulier événement, je reçus une dépêche d'Eugène; elle était courte et significative et ne contenait que ces mots : *Belle-mère réellement morte ; enterrement demain six heures du matin ; ai besoin de toi, ne retarde pas cérémonie.*

Je m'empressai de partir, et j'arrivai longtemps avant l'heure des obsèques.... je le devais. Oh ! pour cette fois, Mme de Z..... n'était plus de ce monde; la loi fut respectée. Malgré la certitude du décès réel, il me sembla que mon ami et son beau-père n'étaient pas encore complétement rassurés. J'entendis le silencieux M. de Z..... répéter plusieurs fois : *Je crois que l'heure a sonné....* Eugène poussait vivement les préparatifs. Dans le trajet de la maison mortuaire à l'église, il me dit à deux ou trois reprises : « Comme cette distance est longue ! celle de l'église au cimetière l'est encore davantage. Hâtons-nous, hâtons-nous. » Tout alla cependant pour le mieux et quand la bière fut descendue dans la fosse et que les premières pelletées de terre commencèrent à tomber avec un bruit sinistre, M. de Z.... tendit la main à son gendre et pressa la sienne avec ardeur. Quand la fosse fut entièrement comblée, deux profonds soupirs s'échappèrent de leurs poitrines, et ils échangèrent entre eux un regard d'une indéfinissable expression.

De beaux jours semblaient devoir luire pour le pauvre Eugène. Il n'en fut pas ainsi. N'était-il plus apte à goûter la félicité dans cette fraîcheur prime-sautière qu'il avait déjà ressentie? Le sort ne désarmait-il pas encore? Je l'ignore; toujours est-il qu'un an après sa délivrance, je recevais de lui la lettre suivante :

« Mon ami,

— « Le bonheur n'est pas de ce monde, ou, s'il s'y « trouve, il n'existera jamais pour moi. J'avais espéré « qu'après la grande grâce que Dieu m'avait accordée, « je renaîtrais à ce bonheur si doux que je goûtai pen- « dant quelques instants le jour de mon mariage. Il « n'en est rien.... Berthe, ma chère Berthe, que j'aime « tant, que j'ai toujours tant aimée, n'est plus pour moi « cette douce Berthe qui me souriait si divinement au- « trefois. Elle m'aime, oh! j'en suis bien certain, mais « elle est devenue froide et réservée, ne s'occupe exclu- « sivement que de nos deux charmantes filles, me « blâme et me contrarie quelquefois, écoute peu les « rares, mais sages conseils de son père, et pousse l'au- « tocratie un peu trop loin parfois. Sa terrible mère a « déteint sur elle. Je ne veux te raconter qu'un seul « trait qui te fera comprendre où en est arrivée cette « pauvre enfant. Nous causions un de ces jours affec- « tueusement de nos fillettes, de leur gentillesse, de « leur beauté naissante, de leur avenir. Je me hasar- « dai à dire en riant : il faudra bientôt songer à les « marier. Les marier.... marier mes filles, me les enle- « ver, s'écria vivement Berthe, oh! jamais... jamais! Il « le faudra cependant peut-être, ajoutai-je timidement. « Malheur!.... fatalité!.... reprit-elle.... Oh! mes gen- « dres! mes gendres! je les déteste déjà.... La belle- « mère se révélait en elle.

« Quant à moi, je comprends que je vais bientôt « commencer le rôle de mon beau-père.

« Ton malheureux.

« EUGÈNE. »

L'HOMME MALHEUREUX

L'infortune que je veux décrire dans cette physiologie est celle de l'homme malheureux qu'un sort fatal semble prendre dès sa naissance et poursuivre avec acharnement pendant toute sa vie; de l'homme né sous une mauvaise étoile, à qui rien ne réussit, qui est toujours arrivé trop tôt ou trop tard, jamais à point; qui, par les mêmes moyens que les autres, s'est toujours vu entraîné vers un but opposé à celui qu'il visait, contre lequel tournent même ses bonnes actions; qui fait le mal voulant faire le bien, désoblige en cherchant à servir, tombe à plat en devant réussir; de cet homme enfin à qui la fortune ne fait pas de ces blessures larges et profondes qui tuent ou estropient pour toujours, mais qu'elle harcelle, pendant tout le cours de son existence, de piqûres vives, insupportables, qui ne tuent pas, mais qui désespèrent. Ce type malheureux, mais quelquefois plaisant, me servira de thème.

L'homme malheureux naît ordinairement le 13 du mois et un vendredi; le vent du midi souffle et sa lourde influence énerve tout. Son père vient d'apprendre qu'il a perdu une grosse somme dans une faillite; il arrive dixième enfant, après douze ans de repos et d'entr'acte; il est mal reçu dans la vie; sa mère elle-même, presque honteuse de l'avoir conçu à son âge, l'aimera moins peut-être que ses autres enfants; le médecin qui le reçoit, à sa naissance, vient de passer une nuit malheureuse au jeu; distrait, pressé d'aller prendre sa revanche, il accommode à la hâte cet importun, l'estropie quelquefois et le remet à la garde qui ne tarde pas à le laisser tomber; alors, apparemment, se forme en lui la bosse du malheur; cette chute la détermine. Le premier lait que lui donne sa nourrice est aigri et échauffé; il reste fluet et maigre; son caractère se ressent de sa santé; il est triste, inquiet, pleureur et, rarement caressé il ne sourit jamais.

L'homme malheureux est presque toujours laid, souvent il louche; il est parfois bossu, boîteux et malheureusement porteur de signes bizarres qui donnent à sa physionomie un aspect singulier et sot, inspirant plutôt le sourire que la pitié. Il porte ordinairement un nom ridicule, fâcheux, malsonnant, prêtant au calembourg ou à une risible interprétation. J'appellerai mon héros *Tristan Maigrelet*, choisissant comme compensation aux malheurs que je lui prépare le moins désagréable des noms de ses semblables.

Arrivé dans la vie sous de pareils auspices et dans des circonstances aussi fatales, Maigrelet y traînera une existence d'autant plus triste qu'il sera rarement plaint et toujours raillé et délaissé. Et cependant, au milieu de tous ces désavantages et de cette absence complète du don de plaire, il possède des qualités essentielles. Il a l'âme belle, le cœur généreux; il est aimant, bon, sensible, mais il fait de tous ces dons de l'âme et du cœur un usage maladroit et inopportun qui lui nuit et lui fait préférer un homme vicieux, mais aimable. Son jugement est faux, son goût mauvais; son esprit distrait n'a de saillies qu'à contre-temps; il soutient de bonne foi le paradoxe, n'entrevoit jamais la portée logique d'un argument, en tire des conséquences fausses et tombe innocemment dans l'erreur. Cette fatalité malheureuse le suit, même dans les circonstances les moins importantes de son existence; il ne sait jamais marcher et se vêtir comme les autres; il cherche à faire pour le mieux et ne réussit jamais. Son goût bizarre lui fait assembler dans ses vêtements les couleurs les plus disparates; il exagère les modes, force les usages, passe toujours à côté du vrai et croit faire mieux que tous. Il est, en outre, sujet à des manies innocentes mais insupportables aux autres; il est taquin, et comme il est malheureux, ses taquineries ont plus de portée qu'il ne veut leur en donner; il touche à tout, casse tout et recommence toujours. Son plus grand malheur est de ne pas comprendre la portée de ses actions; il se croit aimable quand il est ennuyeux, nécessaire quand il est importun, indispensable quand, au contraire, sa présence gêne et empêche. Il a la manie d'entretenir les gens de choses qui les intéressent fort peu ou qui, même, les mortifient; il arrête les gens pressés, interrompt par des réflexions déplacées des conversations sérieuses et importantes, fait des visites à des heures indues, parle de corde devant des fils de pendus; enfin marchant et agissant dans la vie à contre sens, il se fait fuir et détester quand cependant ses intentions sont bonnes, dévouées et généreuses.

La première enfance de Tristan Maigrelet est sérieuse;

il la passe aux champs, chez sa nourrice; et peut-être y serait-il aimé et soigné si ses mois étaient plus largement payés par ses parents et si sa mauvaise étoile ne le rendait toujours la cause innocente de tous les malheurs qui arrivent. Un meuble est-il culbuté, cassé, mis hors de service, c'est Tristan qui l'a poussé en jouant; la marmite est-elle renversée, c'est encore lui qui, en se balançant maladroitement, en a répandu dans les cendres l'appétissant contenu. Meubles, animaux, camarades, tout ressent et fuit son fatal contact; heureux quand un destin cruel ne fait pas qu'en s'agitant imprudemment, il crève l'œil de son frère de lait ou écrase le chat favori de sa nourrice. Oh! alors, pour lui, plus de bonheur et peu de bouillie, pas de caresses et beaucoup de taloches; il mange à part au bout de la table, s'en tire comme il peut, couche au grenier où on le laisse pleurer, s'asseoit loin du foyer, est fui, évité comme une bête méchante et dangereuse, et voit toujours son arrivée saluée par un geste de frayeur ou de dégoût.

Ce temps, quelque triste qu'il soit, est cependant le plus beau de la vie de l'homme malheureux; plus tard, au milieu des événements cruels qui l'accablent, des déboires qu'il essuie, il se rappelle avec délices les roulées qu'il recevait de son frère de lait et les taloches que sa nourrice lui prodiguait si généreusement.

L'heure arrive enfin où Tristan va faire sa seconde entrée dans sa famille. Pendant son séjour à la campagne, il a reçu peu de visites des siens. S'il les connaît, c'est surtout d'après le portrait que lui en a fait sa nourrice; il sait que son père est un homme terrible qui le fouettera sans pitié, s'il est maladroit ou méchant, que ses frères et sœurs sont grands et sérieux; quant à sa mère il désire presque la revoir; elle est venue quelques fois lui apporter des baisers et des friandises. C'est le seul souvenir heureux du pauvre Tristan, et ce souvenir fait aussi son plus doux espoir.

Le jour est venu, Tristan est mieux mis qu'à l'ordinaire; les figures sont plus bienveillantes que de coutume chez son père nourricier; on le regrette enfin comme on regrette un chien qui a vécu longtemps au foyer et qu'on voit enlever pour être noyé. Il part; il arrive dans la maison paternelle. Sa mère l'embrasse tendrement, ses frères et sœurs lui donnent un baiser froid et officiel et le trouvent laid; le père, par amour-propre d'auteur, dit qu'il a l'air spirituel et qu'il vaudra peut-être mieux que tous les autres. Il lui tape sur la joue et tourne le dos. Voilà Tristan introduit. Il a déjà trois ans; on le confie à une vieille bonne qui a élevé tous ses frères et sœurs, et qui serait pour lui bonne et douce, comme elle le fut pour tous, si les infirmités n'étaient venues, avec l'âge, aigrir son caractère et paralyser ses forces.

Dans la maison paternelle comme ailleurs, Tristan subit l'influence de sa mauvaise étoile; il devient bientôt à charge à tous par ses maladresses et les accidents qu'elles occasionnent. Jette-t-il une pierre au hasard, innocemment, elle atteint toujours un carreau ou un voisin. Veut-il caresser, embrasser quelqu'un, il lui déchire ses habits ou les salit. Bégaye-t-il quelques paroles, elles sont indiscrètes. Touche-t-il à quelques fleurs, elles lui restent, comme par enchantement, coupées et effeuillées dans les mains. Est-il admis au salon, à table, un jour de repas solennel, il renverse le moutardier ou la lampe qui tachent, brûlent, effrayent les personnes auxquelles on voulait faire honneur. Enfin il est surnommé *l'enfant terrible*, fui par les siens, relégué à la cuisine, couché de bonne heure; il est honni par tous, et si quelquefois une sœur douce et compatissante le protége et le caresse, il perd bientôt cet amour et cette protection : le mariage ou le couvent viennent la lui ravir; il reste alors seul, plus malheureux encore.

Ainsi se passent les premiers jours de l'enfance de Tristan Maigrelet, tristes et sans aucun bonheur, et quand il atteint l'âge auquel on peut se débarrasser d'un enfant importun, il est envoyé loin, bien loin dans un collége, ne revient jamais en vacances, a de petites semaines, reçoit des lettres de ses parents tous les six mois, sèches, froides et sévères, et n'est pas plus heureux là qu'ailleurs.

Le collége est l'enfer anticipé de l'homme malheureux. Son mauvais destin veut que Tristan y arrive un jour de congé, jour de plus grande liberté, jour de repos! terme ironique dont jamais le pauvre enfant ne comprit la justesse et ne ressentit les doux effets. A peine est-il introduit au milieu de ses camarades, qu'il se voit entouré, assailli par une foule maligne et sans pitié qui se réjouit d'avance de la *brimade* qu'elle va donner à ce *nouveau*. Tristan, effaré dans cette tumultueuse cohue, prend son air le plus bienveillant; mais sa mine hétéroclite et gauche, son accent nasillard et provincial, ses manières timides et embarrassées, sa figure comique, son costume bizarre, son étonnement naïf, en apparaissant pour la première fois dans une aussi grande assemblée de ses semblables, ne font qu'aiguiser la verve de la foule, et qu'exciter l'envie qu'elle a de commencer ses taquineries. Le *loustic* de la troupe est député vers le nouveau venu; les autres se rangent solennellement autour de lui : — « Monsieur, lui dit alors l'ambassa-« deur avec une gravité comique, mes honorables col-« lègues me députent vers vous pour vous interroger « sur les principaux événements de votre vie; car il « est bon que nous soyons renseignés à l'endroit des « précédents de ceux que nous admettons parmi nous. « Quel est le lieu privilégié de notre belle France qui « vous donna le jour? » Evidemment flatté, Tristan répond avec émotion : « C'est Auch en Gascogne, Car-« pentras en Provence, Quimper-Corantin en Bre-« tagne, etc., etc., patries ordinaires des hommes mal-« heureux. » — « Nous ne nous attendions pas à moins, « répond le loustic, et maintenant que nous connaissons « l'heureuse ville qui vous vit naître, dites et répondez « avec vérité, avez-vous été vacciné? » — « Ah! certes « oui, et je me le rappelle assez, répond Tristan, à « preuve que j'ai eu pendant plus de huit jours des « boutons plus gros que mon nez. » — « Cette réponse, « si elle est vraie, dit l'ambassadeur, prouve grande-« ment en faveur de la vaccine qu'on vous inocula, car « il est rarement donné à l'homme de voir un nez aussi « colossal que celui dont vous êtes le propriétaire; « mais, après les déplorables ravages de la petite vérole, « dont vous pouvez voir les traces profondes sur les « traits des plus laids d'entre nous, nous ne pouvons « pas, sans preuves, croire à votre affirmation. Montrez « vos bras, et que chacun d'entre nous puisse dire, en

« voyant la place de vos fameux boutons : « Je puis « fréquenter cet homme-là ! »

Tristan s'empresse aussitôt d'accéder au désir de ses persécuteurs, et le voilà, à moitié nu, montrant avec orgueil ses bras secs et amaigris. Chaque moutard s'avance avec gravité, pour s'assurer de la vérité et faire une inspection consciencieuse ; il le pince horriblement et sans pitié. Ce cruel examen terminé, c est en vain que Tristan veut remettre ses habits ; ils lui ont été malignement enlevés; il se plaint, il pleure, il grelotte de froid. — « Monsieur, lui dit alors l'orateur, ne soyez pas étonné si on ne vous a pas rendu tout de suite vos nobles hardes; leur coupe gracieuse, leur forme encore inconnue parmi nous ont excité l'envie de nos muguets; s'ils vous les ont ravies un instant, ce n'est que pour en prendre le modèle, et ils ne seront heureux que quand ils pourront se prélasser sous des habits pareils. » — Tristan croit tout, mais il est transi. — « Monsieur, lui dit alors le chef de ses persécuteurs, « l'exercice est au froid ce que la poudre est au plomb, « le printemps à l'hiver; l'un chasse l'autre. En vertu « de ce principe, et en attendant que vos coquets vête« ments vous soient rendus, vous allez exécuter avec « nous la fameuse gigue-lycéenne, qui après la polka, « est la danse la plus agréable de notre époque, et dans « laquelle vous voudrez bien accepter le premier rôle. « En avant tous ; prenez vos places. »

A cet horrible signal, la bande entière entoure le patient; les deux plus forts s'emparent de ses bras, deux autres l'attachent avec des mouchoirs et s'apprêtent à le traîner à la remorque, le reste de la bande se range en tumulte derrière. Le signal du départ est donné; le cortège se met confusément en marche les uns traînant, les autres poussant; ils courent à perdre haleine, se relayant, se remplaçant, tombant quelquefois, tourbillonnant, mais ne lâchant jamais leur proie; et ce n'est que quand ils sont exténués de fatigue que le pauvre enfant est enfin relâché, essoufflé, presque nu, ahuri et fondant en larmes. A peine a-t-il repris ses sens que l'ambassadeur se représente à lui avec une gravité comique, et lui dit : — « Après les renseignements que vous venez de nous donner, monsieur, sur votre pays, sur votre santé, il nous en manquait sur votre vigueur et sur votre agilité; vous venez de nous en fournir de magnifiques; il nous reste une dernière information à prendre. Votre bourse est-elle bien garnie? Veuillez la mettre à la disposition de notre honorable trésorier, qui va immédiatement commander à vos frais, dans une ferme voisine, un goûter dont vous serez l'amphitryon et le héros. » — Tristan baissa les yeux et rougit; il n'a jamais possédé une obole, et ne comprend qu'à présent le prix de l'argent. La foule, déçue de ses espérances au sujet du goûter, veut prendre sa revanche en taquineries sur la pauvre victime; ses habits lui sont rendus, mais il est forcé de les endosser à l'envers et de se laisser orner d'une énorme queue en papier et de deux cornes d'un format colossal; il est promené ainsi en triomphe, et chaque camarade lui lance un coup ou un quolibet. Tout à coup un cri s'élance du milieu de la foule : — « Ce sera peut-être un espion! un rapporteur! l'épreuve de l'eau! l'épreuve de l'eau! qu'il connaisse la punition que nous réservons aux traîtres. » —

De grandes acclamations accueillirent cette motion, et les forts s'emparent du patient; il est entraîné vers un ruisseau voisin; la bande suit, en hurlant de joie; dès qu'ils sont tous arrivés sur le bord de l'eau, le loustic s'approche : — « Monsieur, dit-il d'une voix émue, je n'aurais jamais osé proposer de vous mettre à une pareille épreuve, mais la voix souveraine de la foule le demande, l'immense majorité l'exige; je dois à l'humanité de vous prévenir que cette peine bien dure, à laquelle vous allez être soumis, n'est réservée chez nous qu'aux espions et aux traîtres. En la subissant, vous en souffrirez l'horreur, mais vous n'en encourrez point la flétrissure; c'est une mesure préventive que nous prenons, un avertissement matériel que nous vous donnons; ne vous effrayez pas, fermez les yeux, ne ruez point et tâchez de ne pas éternuer dans l'eau. » — La harangue finie, quelques forts saisissent la victime; sourds à ses cris, insensibles à ses larmes, ils la suspendent par les jambes et s'apprêtent à lui plonger la tête dans le fossé bourbeux. Tristan, éperdu, fait des efforts prodigieux pour échapper à ses bourreaux; il se débat avec frénésie, crie, s'accroche aux broussailles, aux jambes de ses persécuteurs, mais la force l'emporte; il approche toujours du bourbier fatal! Le désespoir s'empare alors de lui; il résiste plus fort encore, il mord, il se fait traîner, et parvient par un énergique effort à dégager une de ses jambes qu'il lance avec vigueur au milieu du groupe le plus rapproché, et son soulier ferré va frapper en plein visage le plus acharné de ses ennemis. Le blessé hurle, sa bouche est ensanglantée, ses dents sont cassées; la bande entière se disperse aussitôt. Tristan reste libre; les maîtres se rapprochent alors, et, peu soucieux de prévenir le tumulte, ils viennent un peu tard constater le fait et punir au hasard. Mais, horreur! ce n'est pas un écolier du commun, un camarade vulgaire que Tristan a blessé, c'est le propre neveu du principal, l'enfant gâté de la maison, le mignon de Mme la principale. Que diront ces hauts dignitaires au retour? Tout le monde se tourne encore contre Tristan, les maîtres à cause du principal, les écoliers à cause des maîtres; tous, cependant, sont enchantés de l'accident arrivé au neveu maussade, dont ils ont souvent à supporter, sans pouvoir se plaindre, les caprices et les tracasseries.

Le retour au collège est terrible pour Tristan; le principal et sa haineuse moitié ne le renvoyent pas parce qu'il paye; mais ils lui vouent une haine implacable, et par ce malheureux accident, l'infortuné Maigrelet a pour toujours gâté son existence au collège. Il tombe de malheurs en malheurs, de mystifications en mystifications; toutes les fautes lui sont attribuées; il est puni sans examen; il devient la bête noire, le bouc émissaire, le souffre-douleur de tout le monde. Ses devoirs sont quelquefois bien faits, il est cependant toujours classé le dernier; sa conduite est bonne, son caractère doux, et malgré cela ses notes sont mauvaises; ses parents s'irritent contre lui, et il est méprisé par ses camarades comme un élève pauvre qui ne va pas en vacances. A l'étude, il est placé par ses maîtres loin des poêles et près des portes; pendant les récréations, les autres élèves ne l'admettent à aucun jeu; on le voit dans un coin de cour, seul, triste, découragé, soignant avec amour un oiseau ou un hanneton, creusant un bateau, ou forcé de coudre une balle pour un de ses tyrans. Si quelquefois ses camarades l'appellent et font attention à lui, c'est quand ils ont quelque commission à lui faire faire, ou la place du milieu à lui imposer dans le jeu des quatre coins. Tristan se soumet avec joie à ces insultantes obligations; il est heureux de se rapprocher de ses compagnons, et il profite de ces rares occasions pour les adoucir, mais il grimace en souriant, il est gauche dans ses caresses et maladroit dans les services qu'il veut rendre. Il arrive quelquefois au malheureux enfant d'avoir un instant un ami, mais c'est quelque nouveau venu, qui l'abandonne bientôt craignant d'encourir la solidarité de son sort.

Tristan Maigrelet grandit, sans devenir plus heureux. L'heure de sortir du collège va sonner; il la voit arriver sans joie et sans désir; il ne sait rien du monde et va s'y trouver lancé sans l'avoir pressenti; il quitte les bancs universitaires presque avec regret, et lui, si malheureux, il est le seul peut-être qui dise adieu, en pleurant, à ses maîtres, à ses classes, à ses livres, au coin de cour où il pleura si souvent seul et abandonné.

En abordant la grande scène du monde, Tristan Maigrelet sent faiblir son courage; il va se trouver lancé, faible, fatalement malheureux au milieu des écueils de la vie, du fracas des affaires et des tromperies des hommes. Un instant, le découragement s'empare de lui; il est presque résolu à fuir ses semblables et à aller couler paisiblement ses jours loin d'eux; mais il sent vibrer en lui un reste d'énergie; une étincelle d'ambition s'allume dans son cœur, il se raidit contre ses appréhensions, ranime ses forces, chasse loin de son esprit les craintes funestes, les sinistres pressentiments et veut faire comme tout le monde. Le voilà sur le banc des écoles, plein d'ardeur et de bonnes résolutions. De nouveaux déboires plus cuisants l'attendent dans cette nouvelle position. Il est sage, honnête, laborieux, rempli du désir de réussir, et cependant il se voit dépasser par ses camarades paresseux et incapables; ses professeurs le prennent en grippe sans motif. Que de peines, que de refus n'éprouve-t-il pas avant de pouvoir passer médiocrement ses examens! Que de courses, que de supplications avant de faire admettre une composition ou une thèse! Sa modestie est prise pour de l'hypocrisie, sa science pour de la routine, sa politesse pour de la flatterie, sa résignation pour de l'indifférence; et si, après plusieurs années, il parvient, le dernier de tous, à devenir licencié ou docteur, ce n'est qu'à force de ténacité et de patience; il a lassé le destin qui va prendre sa revanche sur lui dans la nouvelle carrière que lui ouvre son diplôme.

Mais les mécomptes et les déboires que Tristan trouve sur le banc des écoles sont peu de chose eu égard à ceux qui l'attendent dans le monde. Confiant, bon, encore plein d'illusions, il s'est lancé au milieu des grandes sociétés et des réunions intimes; il a cru entrevoir dans leurs plaisirs une compensation aux malheurs dont il a été jusque-là la victime. Le voyez-vous dans un dîner d'apparat, placé fatalement entre deux jolies et aimables femmes? Comme il est heureux et souriant! Il oublie de manger, il ne songe qu'à ses charmantes voisines, il épuise le vocabulaire de son esprit et ne réussit pas cependant à plaire. Le malheureux ne sait pas mentir. Le voyez-vous empressé à les servir. Il cherche à leur éviter la plus petite peine, et il ne parvient qu'à les importuner; mais, oh! bonheur, l'une d'elles a exprimé un désir, fait choix d'un plat éloigné. Tristan se précipite, il s'élance vers la crême désirée, il la rapporte palpitant de plaisir, prend son air le plus galant, son geste le plus gracieux pour la servir. Fatalité cruelle! il bronche.... glisse.... tombe, il est vrai, aux pieds de sa voisine, mais il l'inonde de sirop et de lait, la couvre de porcelaine cassée et de bouteilles renversées. La dame est blessée, son sang coule, sa robe est perdue, le mari est furieux, la maîtresse de la maison est désolée, les convives gourmands voient avec dépit la perte de la crême qu'ils convoitaient. Tristan, confus, hébété, cherche en vain une excuse, une justification; il s'embrouille dans ses phrases et ne sait pas garder un convenable silence.

Au bal, Tristan n'est pas plus heureux qu'à table; il embrouille les figures, accroche les robes de ses danseuses, engage mal à propos une femme et, ignorant les intrigues et la chronique du monde, il ne sait pas lire dans les yeux d'une danseuse quel est le cavalier qu'elle attend; il ne sait pas deviner un refus sous un sourire, une épigramme sous un compliment; il choisit toujours mal à propos ses vis-à-vis et fait danser les femmes en face du mari, la mère vieille et ridée, mais pleine encore de prétentions, devant la fille jeune, fraîche, séduisante; il relève avec empressement et affectation un bouquet qui a été jeté exprès et non à son adresse, un mouchoir oublié avec intention; il ouvre maladroitement et avec indiscrétion les plis d'un éventail, sourit aux femmes qu'il voit sourire, touche impoliment les bijoux, les fleurs de ses danseuses, et fait des demandes saugrenues sur leur prix et sur leur provenance. A-t-il engagé une danseuse d'un âge mûr? Il lui parle des plaisirs et des personnes de son temps. Est-ce une jeune fille qu'il a entraînée à la contredanse, il ne sait d'abord que lui dire, et bientôt il se décide à l'entretenir de sa pension et il l'humilie en la prenant encore pour une enfant. Veut-il être galant et cause-t-il avec une bonne douairière, oh! alors il est plus malheureux encore; il lui parle ménage, économie, sermons, et le maladroit ne sait pas comprendre que le cœur ne vieillit jamais, et que la pauvre dame peste contre ses jambes de coton, ses cheveux blancs et ses rides, elle qui fut l'idole de ses contemporains et la reine des fêtes de son temps!

Tristan enivré par l'atmosphère du bal, perd quelquefois complétement la tête et se décide à valser. Oh! qu'elle est malheureuse la femme qui, pour ne pas perdre une valse, accepte un pareil cavalier! Voyez cette infortunée victime tournant à contre mesure avec son bourreau, renversant les meubles, bousculant les autres valseurs, plainte par quelques-uns, maudite par le plus grand nombre. A la valse, Tristan est infatigable; il tourne longtemps et longtemps encore après que tout le monde a fini de tourner; mais sa tête tourne aussi, tout tourne autour de lui, il a perdu l'équilibre et il tourne toujours en trébuchant; on dirait qu'une puissance infernale le pousse et l'empêche de s'arrêter; ses mouvements deviennent plus rapides et plus chancelants; sa danseuse, les cheveux épars, la robe gonflée, les yeux égarés, les bras crispés, tourne aussi, entraînée, enlevée, défaillante; mais, dans une dernière oscillation, le couple malheureux s'accroche, roule et tombe au milieu des spectateurs effrayés. Tristan est précipité sur une masse de chapeaux de femmes déposés avec soin sur un sofa éloigné; sa pauvre victime est lancée et s'affaisse, dans une position fâcheuse, au milieu d'un groupe d'hommes moqueurs, que son malheur touche fort peu, qui sourient en la relevant et se promettent de faire longtemps, de cette aventure, un sujet de bonnes plaisanteries.

Honni, fui, repoussé dans les salons, Tristan se réfugie dans les salles de jeu. Hélas! de nouveaux mécomptes l'y attendent, son malheur l'y poursuit, il perd, il perd toujours, et si parfois un léger gain semble vouloir le consoler, c'est une amorce du sort qui l'encourage, lui fait entrevoir une veine heureuse, le pousse à s'engager pour de plus fortes sommes et finit par épuiser sa bourse.

Après mille humiliations, mille déboires, Tristan finit par se dégoûter du monde; il cherche un refuge dans l'amour, il change de vie et de goût. Le bonheur qu'il a poursuivi dans les salons dorés, dans les plaisirs bruyants, il croit l'entrevoir mystérieusement caché dans l'amour d'une femme. Oh! comme il va chérir sa nouvelle divinité! Le voilà, mélancolique et sentimental, parcourant tous les cours publics dans les fiévreux ébats de sa flaneuse rêverie. Entrevoit-il un regard, un geste, un signe, il l'interprète en sa faveur, le rend, et suit avec acharnement la femme imprudente ou distraite qui s'est laissé ainsi surprendre. Que de mécomptes, de refus et d'ennuis il trouve dans cette nouvelle existence! Mais rien ne le décourage. Il veut aimer, être aimé, il cherche avec une ardeur infatigable l'objet qui doit le rendre heureux, résolu à tout braver pour le posséder et pour le cacher à tous les yeux.

Un jour, au milieu de cette agitation fébrile et de cette crise amoureuse, Tristan entrevoit, dans une de ses courses désespérées, une femme pâle et belle, aux yeux noirs et mélancoliques, à la figure triste et résignée, qu'un homme d'une physionomie dure et sévère traîne plutôt qu'il n'accompagne. Que de sympathie s'élève soudain dans le cœur de Tristan! Fasciné, haletant, il s'attache aux pas de cette belle victime. Oh! bonheur!.... son empressement est remarqué; un sourire doux et triste en est la récompense. Tristan peut à peine en croire ses yeux; il oublie toute convenance, réserve, prudence. Il est près de se précipiter aux pieds de son enchanteresse. Un regard de reproche l'arrête, en même temps qu'un geste encourageant lui dit adieu et au revoir. Le lendemain, son bonheur se confirme; il obtient un mot, jeté comme au hasard, une fleur que le vent semble détacher. La tête de Tristan est trop faible pour tant de félicité; il perd le sommeil, l'appétit, la raison; mille projets extravagants surgissent dans son cerveau; son bonheur ne va pas assez vite à son gré; il ne peut en supporter les phases trop longues. Que de regards brûlants, que de supplications, que de pages embrasées il adresse à sa belle pour obtenir un rendez-vous! Il parvient enfin à ce but tant désiré. Pendant tout le jour qui précède ce soir fortuné, Tristan est un autre homme; jamais la nature ne lui avait semblé aussi belle, jamais les hommes ne lui avaient paru aussi bons; tout lui plaît. Ses malheurs, il les a oubliés; il voudrait remercier tout le monde du bonheur qui lui advient. Cependant, le moment heureux approche. Tristan se met en marche, son cœur bat avec violence, il est près d'éclater..... à peine peut-il respirer. Il arrive enfin, tremblant, heureux. Une main discrète ouvre une porte mystérieuse; il est introduit furtivement à travers un dédale obscur de corridors parfumés. Bientôt apparaît une faible lueur; une portière épaisse retombe sur ses pas; il se trouve dans un coquet boudoir, orné avec luxe, doucement éclairé et voluptueusement imprégné de senteurs enivrantes. Une écharpe est négligemment étendue sur un divan. Tristan la reconnaît, c'est celle de son enchanteresse. Il se précipite sur ce tissu chéri, le couvre de baisers, le presse sur son cœur.... Soudain une porte s'ouvre dans le lambris, Tristan frémit.... A genoux, l'œil en feu, il se tourne avec amour vers la porte entrebaillée; mais, oh! terreur, à la place de sa divinité, c'est son horrible mari, son bourreau qui apparaît. Sa physionomie est encore plus terrible que celle qu'il a dans ses promenades silencieuses; ses moustaches sont plus noires et plus hérissées, ses yeux sont hagards, ses vêtements en désordre.

— « Monsieur, dit-il en entrant, le hasard permet que « je découvre une intrigue infâme, dont vous êtes le « héros, et dont vous allez devenir la victime. Ce n'est « pas moi que vous vous attendiez à trouver à votre ren- « dez-vous... Cependant, comme je veux bien croire « qu'à cause de mon âge vous avez pu prendre ma « femme pour ma fille, et que la peine du simple séduc- « teur doit être moindre que celle de l'adultère, au lieu

« de vous brûler la cervelle, comme j'en ai le droit, je « vais vous prier de me remettre à l'instant votre « montre, vos bijoux, et de me signer ces deux petits « billets de mille écus chacun. Cette légère punition ne « vous ruinera pas, et pourra vous apprendre à vous « méfier dans l'avenir des femmes aux yeux noirs et « des maris à moustaches. Or donc, aboulez les espèces, « décrochez la toquante, signez les papiers, et ne « dites mot sur l'aventure; car il est bon que vous « sachiez qu'en cas d'indiscrétion, nos balles et nos « poignards sauraient vous refroidir à quelque distance « que vous fussiez. »

Tristan, à moitié mort, donne tout, signe tout, promet tout; il se résigne et est bientôt emporté, les yeux bandés et la bouche bâillonnée. Il se retrouve enfin seul, à moitié nu, dans un quartier qu'il ne connaît pas, et c'est à grand peine que, vers le matin, il peut retrouver son domicile, pleurant son argent, sa montre, ses bijoux et ses illusions perdus.

Après cette piquante aventure et bien d'autres tout aussi ridicules, Maigrelet ne peut plus rester en province. Son malheur est passé en proverbe; ses maladresses servent de texte à toutes les conversations malignes; il se décide à fuir. L'ambition s'allume dans son âme; il possède à Paris un oncle riche, influent, député et même décoré, qui lui a souvent offert ses services et promis sa protection. Tout récemment encore cet excellent oncle, dans une lettre bienveillante, lui parlait d'une bonne place dont il pouvait disposer et qu'il lui offrait; mais Tristan, lorsqu'il avait reçu cette gracieuse missive, était plongé dans un découragement profond, à la suite d'une malheureuse aventure. Quelques idées de suicide avaient germé dans son cerveau. Il avait aussitôt répondu à son oncle en le remerciant affectueusement, de ses bonnes intentions à son égard. Il finissait en lui disant que, lassé par son mauvais destin, il renonçait à tout et n'oserait jamais rien entreprendre. Cet accès de misanthropie passé, Tristan n'avait pas tardé à se repentir de sa trop prompte résolution; il fut sur le point d'écrire une nouvelle lettre; mais il pensa qu'il valait mieux aller démentir lui-même ses paroles et remercier de vive voix son oncle. Le voilà résolu à partir pour Paris. Il se rend aux messageries pour retenir sa place; une seule restait. C'était la première fois de sa vie qu'il arrivait un peu à propos. Cette place se trouvait, il est vrai, la sixième de l'intérieur. Il s'empresse de l'arrêter, donne des arrhes, prend l'heure et se rend le lendemain, longtemps avant l'instant fixé, tant il craint de manquer le départ. Le moment arrive; les bagages sont chargés, le postillon jure sur son siège, les chevaux piaffent, le conducteur fait l'appel des places d'une voix nasillarde; Tristan est enfin appelé; il pénètre non sans peine à travers une foule d'éléments hétérogènes jusqu'à son numéro, et, après mille contusions, il se trouve placé entre une magnifique nourrice rouge, énorme, suant et tenant sur ses genoux un carreau colossal rempli de plumes et, au-dessus de ce lit mollet le plus beau nourrisson du monde. A la gauche de Tristan se prélasse un Auvergnat du même format que la nourrice, qui serre sur ses genoux un sac de cuir rempli d'argent; il presse, en outre, contre son vaste estomac, un énorme panier exhalant une forte odeur d'ail, d'oignon et de fromage; ce sont ses provisions de voyage. Sur la banquette opposée à celle sur laquelle est assis Tristan sont installés trois autres voyageurs; leurs physionomies sont bien plus agréables que celles de ses voisins. Dans le coin de droite est une dame âgée mais assez verte encore; sa figure est noble, ses manières simples et distinguées, son accent pur et aristocratique. A côté d'elle est assise une ravissante jeune personne, qu'elle nomme avec orgueil sa fille, et qui, avec cette exquise délicatesse que donne l'amour filial, lui prodigue mille caresses, mille petits soins touchants. Dans l'autre coin est étendu nonchalamment un monsieur au visage souriant, aux lèvres et au teint vermeils, quoique d'un âge douteux; sa tête est ornée d'un toupet blond et frisé et son nez est surmonté de magnifiques lunettes en or.

La conversation ne tarda pas à s'engager entre Tristan et ses trois vis-à-vis; l'Auvergnat et la nourrice s'étaient profondément endormis et exécutaient un magnifique duo de ronfleurs. Tristan, bon et confiant, et d'ailleurs les connaissances se font vite en voiture, fait bientôt connaître à ses compagnons de route le but de son voyage; cette marque de confiance méritait de la réciprocité. Il apprend donc à son tour que le monsieur est un riche négociant qui va tenter à Paris une opération importante, mais qu'il tient secrète. Quant aux dames, leur histoire est bien plus intéressante : Mme de T...., depuis longtemps veuve et malade, après avoir essuyé des revers de fortune et de grands chagrins, s'était retirée à la campagne; mais, pressée par son mal, elle allait à Paris, soutenue par son Antigone, pour consulter la science sur son trône, guérir au plus tôt, et puis revenir bien vite, au fond de ses bois, cacher à tous les yeux le trésor qu'elle possédait, et en achevant ces mots, elle embrassait avec effusion sa charmante fille.

—« Monsieur, disait-elle à Tristan, qu'elle avait pris tout de suite en affection, le Ciel, qui a été jadis si rigoureux pour moi, s'est montré cependant bien compatissant en me donnant cet ange; mais sa bonté a été ironique, son présent fatal. L'âge viendra bientôt où un homme inconnu et méchant peut-être, viendra, le Code à la main, me ravir mon enfant et me laisser seule et désolée. » A ces mots la jeune personne rougissait, embrassait sa mère et lui jurait que vivre avec elle et pour elle était son seul désir, et qu'elle avait renoncé pour toujours au mariage. A ces scènes attendrissantes, le monsieur à lunettes souriait sournoisement. L'Auvergnat que ces exclamations troublaient dans son sommeil, grognait, jurait et finissait par se rendormir; la nourrice se réveillait en sursaut et découvrait instinctivement son immense poitrine; le nourrisson hurlait, et Tristan, ému, tremblant, essuyait à la dérobée de grosses larmes. Depuis qu'il était entré dans ce fatal intérieur, son cœur était pris et sa tête bouleversée. Expériences fâcheuses, bonnes résolutions, il avait tout oublié; il ne pouvait détacher ses yeux de sur cette délicieuse créature, qui, aux charmes de la beauté, joignait encore de si touchantes vertus. Quelle différence il mettait entre elle et les femmes qu'il avait déjà vues, celles surtout dont il avait été la victime! combien sa modestie était plus naturelle, son regard plus innocent, sa voix plus douce! Fasciné, Tristan tombait dans une enivrante extase; les images les plus souriantes s'offraient à lui et charmaient son cœur; il se figurait cette tendre enfant, dont les genoux frôlaient les siens, dont il sentait la pure haleine, dont la voix mélodieuse charmait ses oreilles, lui prodiguant les mêmes caresses qu'elle donnait à sa mère. Dans ces rêves de bonheur, la belle âme de Tristan s'enflammait; il se jurait d'aimer la bonne mère, de l'entourer de soins, d'être pour elle un second enfant et de ne jamais la séparer de son ange gardien; il était complétement amoureux, et il se laissait bercer avec délices par les plus doux songes.

Cependant la lourde diligence avançait toujours vers Paris. Elle n'en était plus qu'à une trentaine de lieues, et déjà s'ouvraient les portes d'Orléans, quand la pauvre mère, dont les souffrances étaient devenues depuis quelque temps plus aiguës, déclara qu'elle ne pouvait, pour le moment, aller plus loin; que les cahots de la voiture lui étaient devenus insupportables, et qu'elle se trouvait obligée de faire une halte dans cette ville. La bonne fille redoublait de soins et d'attentions, elle encourageait sa mère et tâchait, pour la rassurer, de sourire à travers ses larmes. La voiture s'arrête enfin; la mère demande ses malles et descend péniblement en remerciant ses compagnons de voyage de leurs bons procédés et de leurs soins. Tristan ne peut se faire à l'idée de voir aussitôt finir son rêve; une séparation lui paraît impossible. Laissera-t-il une pauvre enfant qu'il aime seule avec sa mère malade, et qui va peut-être lui manquer? Sa résolution est prise; il quitte aussi la diligence, et offre en tremblant son bras à la femme vieille, et finit par lui demander timidement la permission de s'arrêter comme elle et de s'associer à son ange dans ses soins de garde-malade. — « Regardez-moi comme un vieil ami, disait-il à Mme de T...., usez de moi sans ménagement, heureux si je puis soulager votre aimable fille et partager le mérite de son amour filial. » Mme de T...., étonnée de tant de bonté, refuse d'abord, hésite ensuite, finit enfin par accepter avec reconnaissance, et dans son enthousiasme pour l'offre généreuse de Tristan, elle l'appelle son cher enfant.

Voilà donc Tristan Maigrelet de rechef amoureux et constitué garde-malade dans un hôtel d'Orléans. Il passe des heures délicieuses au chevet du lit de Mme de T..... Vis-à-vis est pieusement assise sa délicieuse compagne; ils échangent de doux regards, et la mère leur sourit tendrement. Tristan a trouvé le bonheur; il s'enhardit à parler d'amour à la jeune personne; celle-ci le regarde pendant longtemps en silence, et puis, laissant échapper quelques larmes, elle jette les yeux sur sa mère et semble lui dire qu'à elle seule elle a consacré son amour et sa vie. Ce noble dévouement ne fait qu'enflammer davantage le cœur de Tristan. Il se précipite à genoux au pied du lit de Mme de T..... et lui demande en pleurant la main de son Antigone. La malade sourit tristement, consulte d'un regard anxieux sa fille, et les presse tous deux contre son sein.... Heureux moment! le plus beau de la vie de Tristan Maigrelet! Quelques jours se passent pour lui dans le délire de son bonheur; il se rappelle enfin qu'il a un père dont le consentement lui est indispensable, et un oncle qui doit lui donner une bonne place. Il se décide à écrire en province et à partir pour Paris. Ses adieux sont bien tristes; il s'arrache des bras de sa fiancée, jurant de revenir au plus vite; il embrasse sa future belle-mère, la suppliant de guérir au plus tôt et de peu retarder son bonheur. Il part préoccupé de son amour, et traverse Paris en indifférent: il vole chez son oncle. Jamais il n'a eu l'air aussi heureux. — « Mon oncle, s'écria-t-il, j'ai vaincu le sort, j'ai fait pâlir ma mauvaise étoile! Il ne me manque plus que la place que vous m'avez promise. » — L'oncle l'embrasse, le regarde, le croit fou et lui dit enfin que la place est donnée, depuis la veille seulement, à un de ses amis intimes, qui s'est présenté à lui de sa part. Au portrait qu'en fait l'oncle, Tristan a bientôt reconnu son compagnon de voyage aux lunettes d'or, avec lequel il a été si confiant et qui l'a horriblement dupé.

Ce nouveau malheur touche peu Maigrelet. Il renonce facilement à ses espérances au sujet de la place, et s'apprête à repartir pour Orléans; mais, avant de quitter Paris, il reçoit une lettre terrible de son père qui, furieux des projets de mariage de son fils, lui refuse son consentement et le menace de le déshériter en cas de désobéissance.

Après tous les chagrins de sa vie, Tristan a besoin d'une douce compensation; il l'entrevoit dans l'amour de sa future femme; il est donc résolu de braver la fureur de son père; ce sacrifice lui acquerra de nouveaux droits à l'affection de sa fiancée. Il part; les chevaux ne vont pas assez vite au gré de ses désirs; il arrive, il vole à l'hôtel heureux dans lequel il a laissé sa souffreteuse belle-mère et son innocente bien-aimée; mais, horreur! nouveau déboire! les deux voyageuses se sont envolées, il y a déjà longtemps, et si elles ont emporté, comme souvenir, les malles, les effets et les fonds de Tristan, elles lui ont aussi laissé, en compensation, un long mémoire à payer.

Quelque accoutumé qu'il fût aux coups du sort, Tristan Maigrelet fut abattu, et ne pouvait croire à tant de perfidie; il tombe atterré, et sa santé est gravement compromise. Dangereusement malade, il reste pendant plusieurs jours en proie à un dangereux délire; il est couché dans la même chambre qu'occupaient ses enchanteresses. Souvent il est le jouet d'un songe; il appelle sa fiancée, puis la repousse avec horreur; il voit tourner autour de lui, dans une ronde infernale, la belle aux yeux noirs, le mari à moustaches, toutes celles qu'il aima et qui lui rirent au nez, la languissante Mme de T..., sa touchante fille, le monsieur aux lunettes d'or. Tous ses persécuteurs, se tenant par la main, l'enlacent, le pressent, l'entraînent dans leur danse échevelée. La pauvre tête de Tristan peut à peine résister à toutes ces secousses; la jeunesse enfin l'emporte, le mal faiblit.... et le pauvre malade plus calme, mais toujours désespéré, commence à entrer en convalescence.

Dans ce moment solennel, Tristan fait un retour sur sa vie passée et, n'y trouvant que trahison de la part des autres et bonté crédule de la sienne, il se résout à fuir les hommes. Il dit adieu à ses illusions de jeunesse, à ses rêves dorés, à l'amour, à Paris, au monde; il veut aller couler sa vie au fond de sa province, si oublié, si obscur, que le sort le perdra peut-être de vue. Il arrive sous le toit paternel repentant et soumis, et commence un nouveau genre de vie; régulier, triste, monotone, mais exempt d'aventures, il est presque heureux, et quand il revient par la pensée sur ses premiers chagrins, il s'accuse d'en être lui-même la cause et d'avoir méconnu la voie dans laquelle il devait marcher.

Tristan Maigrelet a trouvé au moins le repos. Quelques années passent ainsi pour lui douces et calmes; le destin semble l'avoir oublié. Cruelle dérision! Le tigre joue longtemps avec sa victime avant de l'étouffer; il la blesse, semble vouloir l'abandonner, la laisse fuir un instant, et puis, d'un bond brusque et cruel, il la ramène sous sa griffe et l'achève lentement. Ainsi le sort paraît, pendant quelque temps, lassé d'avoir torturé l'infortuné Tristan. Mais, tout à coup, il se ressouvient de lui et, plus acharné encore que par le passé, il le harcelle de coups; dans quelques mois à peine, il ravit à son amour ses vieux parents, dont il soutenait pieusement le grand âge; ses frères et sœurs sont dispersés au loin. Tristan reste seul sous le toit paternel, indépendant, presque riche, mais triste et inconsolable à la mort des siens. Cependant, il cherche une distraction à sa douleur. Un horizon nouveau se déploie devant lui; sa fortune, son âge, sa position l'appellent à jouer un rôle. Ses vieilles idées d'ambition ne sont pas encore si bien éteintes qu'elles ne se réveillent parfois; il a cependant la sagesse de ne pas fuir ses pénates. « On brave mieux le malheur à l'abri du toit « qui vous a vu naître. » C'est dans sa propre ville qu'il va utiliser ses talents et les ressources de son état de fortune. Il sort vainqueur des luttes électorales, les honneurs pleuvent sur lui, la municipalité et la fabrique s'honorent de le posséder dans leur sein; il est de tous les comités, de toutes les réunions, de tous les comices; pas une réunion ne se forme dont il n'en soit l'organe et souvent l'instigateur. Tout le monde vante son dévouement à la chose publique; il est l'idole du peuple, l'arbitre de tous les partis; enfin, il comble la mesure des honneurs en ceignant, aux acclamations de tous, l'écharpe municipale.

Arrivé à ce poste élevé, Tristan s'applique de tout son pouvoir à travailler au bien-être de ses concitoyens. Généreux, humain, impartial, éclairé même, il est l'auteur de beaucoup d'améliorations, le réformateur de nombre d'abus, le promoteur de beaucoup de projets utiles. Chaque jour il cherche à acquérir de nouveaux titres à l'estime et à la reconnaissance de ses compatriotes. Hélas! comme il atteint peu son but, le pauvre Tristan ne sait pas que le plus redoutable des maux pour un homme public est l'amour passager du peuple; il en acquiert bientôt la triste expérience. Autant il a été applaudi, aimé, vanté, autant il est sous peu honni, bafoué, vilipendé. Ceux qui l'ont poussé au poste qu'il occupe le jalousent bientôt et le décrient; le peuple fait chorus; son administration est blâmée, ridiculisée, combattue avec un acharnement inepte et méchant. Ses actes sont mal interprétés, ses sentiments calomniés, ses intentions noircies, sa probité même est suspectée; il a semé partout les bienfaits, il ne recueille qu'une hideuse ingratitude. Aussi, les hommes lui deviennent à charge. Sa résolution est prise, il va dire encore adieu à ce nouvel essai de bonheur. Cependant, avant d'abdiquer son autorité, il tient à mener à bonne fin un projet gigantesque qu'il a conçu : c'est un nouveau bienfait qu'il veut jeter à son ingrate patrie. Sa ville natale, isolée sur un pic granitaire, manque complétement d'eau; ses rues sont desséchées et malsaines, ses places calcinées laissent mourir les maigres arbrisseaux dont on cherche à les orner, ses habitants vont à grande peine et avec beaucoup de frais chercher loin, bien loin, quelques gouttes d'eau potable qu'ils conservent avec un soin avare. Ce triste état de choses a touché depuis longtemps le cœur de Maigrelet; proclamé chef de la cité, il croit qu'il est de son devoir d'éterniser le souvenir de son administration dans le cœur de ses concitoyens; il prend la généreuse résolution d'amener à ses frais, d'une montagne voisine sur la principale place de la cité, une source claire et abondante dont il a acheté la propriété. Ce magnifique projet trouve beaucoup d'incrédules et pas un seul coopérateur. Tristan entreprend seul ce colossal ouvrage et n'attend pour quitter son poste, dont il est à si bon droit dégoûté, que le moment où l'eau jaillira au centre de la ville. Les travaux sont commencés et poussés avec activité, sous la direction d'un habile ingénieur. Soins, argent, promesses, Tristan n'épargne rien. Le jour est déjà fixé pour la cérémonie; on a choisi celui de la fête patronale. D'énormes préparatifs se font pour cette fête; grand nombre d'habitants des villes voisines sont invités; le préfet lui-même doit présider la cérémonie.

Il arrive enfin, ce jour si impatiemment attendu. Dès le matin, des fanfares guerrières retentissent dans les rues de la ville; les maisons sont pavoisées, le canon gronde, les cloches sonnent à toute volée, le nom de Tristan est dans toutes les bouches; il a reconquis son ancienne popularité; chacun le bénit, chacun cite de lui un trait généreux, un bienfait délicat; de nombreux vivats sont poussés en son honneur, et il est, comme jadis, l'idole de ses concitoyens.

Cependant, le moment de la cérémonie approche; le cortège doit partir de la maison de ville et, de là, se rendre processionnellement sur la place publique, où, sur le coup de midi, le prodige doit s'opérer. L'heure sonne. On se met en marche. En tête, la fanfare du lieu entonne des airs de triomphe; à sa suite, la garde nationale s'avance majestueusement dans ses plus brillants uniformes, drapeaux au vent, sabres dégaînés; viennent après : les notables, dans leurs plus magnifiques costumes; ils sont accompagnés par leurs épouses et leurs filles horriblement endimanchées; les autorités, depuis le sergent de ville jusqu'au commissaire de police, y compris les marguilliers et le bedeau, marchent gravement après eux. A quelques pas et modestement fier, s'avance l'ingénieur, qui, nouveau Moïse, va frapper le rocher. Derrière, mais à une distance officielle, vient le magnifique préfet du département, décoré, constellé, éblouissant; à sa droite, est le curé de la ville, à sa gauche, Tristan Maigrelet, ému, tremblant, heureux du bonheur qu'il va donner aux autres. La marche est confusément terminée par l'essaim du populaire qui piétine bruyamment et en désordre, crie, chante, fait succéder un hourra et un vivat, et ne sait trop ce qui lui plaît ni ce qu'il veut.

Le cortège arrive enfin sur le lieu désigné. Le monument est achevé; deux têtes grimaçantes de dragons s'apprêtent à vomir l'eau dans une vasque de marbre; au-dessus du socle, un groupe de bronze représente Ganimède servant à boire aux dieux. Toute l'assemblée se range en silence; quelques minutes séparent à peine de l'instant décisif. Tous les yeux sont ardemment fixés vers la fontaine encore vide. Soudain une fanfare triomphante éclate, les cloches sonnent. L'ingénieur s'avance et frappe avec autorité le granit. Les têtes de dragons ouvrent toujours leurs gueules menaçantes et desséchées, la pierre reste insensible; l'ingénieur sue, hésite, attend, frappe encore, même immobilité; son calcul est mal fait, ses niveaux sont défectueux, ses tuyaux engorgés; l'eau s'arrête en chemin. En vain veut-il s'excuser, expliquer la cause du retard, sa voix est couverte par les huées; le peuple, désappointé, furieux, crie à la mystification, les voisins rient et se moquent; un horrible tumulte s'ensuit, les coups pleuvent, les rues sont dépavées, les réverbères éclatent en morceaux, la voix de la police est méconnue, la garde nationale s'interpose et est rossée, le monument est renversé et broyé, les débris sont traînés honteusement dans les ordures des rues. Le préfet, Tristan et l'ingénieur échappent par une prompte fuite à la fureur populaire, trop heureux de ne pas être victimes de cet horrible événement (1).

A la suite de cette affreuse aventure, Maigrelet est forcé de s'exiler et de quitter sa ville natale. Il possède dans les montagnes un petit patrimoine; c'est là qu'il va cacher sa douleur, résolu à ne jamais sortir de cette solitude; il adopte le costume et les habitudes des laboureurs, et s'il n'est pas complétement heureux, il

(1) M. de Pontmartin, dans son livre intitulé : *Les Soirées de madame Charbonneau*, a rapporté, à peu près, la même aventure; je réclame pour moi la priorité de l'édition, car ma physiologie date de 1845.

croit du moins avoir trouvé parmi les misérables au milieu desquels il vit des infortunes plus grandes que la sienne.

Tristan Maigrelet passe ainsi quelques années dans une philosophique existence; il atteint la cinquantaine, plus vieilli par les chagrins que par les années; rarement il a revu le monde dont il a eu tant à souffrir, et ce n'est que dans les rares occasions que ses affaires ont fait naître qu'il a abandonné un instant sa montagne. Cependant, comme on se lasse de tout, même du bonheur, la solitude finit par devenir, elle aussi, à charge à Tristan; le souvenir de ses anciens malheurs était un peu affaibli par le temps, et son imagination, sa plus cruelle ennemie après le destin, lui fit encore entrevoir de nouveaux mirages. Ce n'est pas dans l'amour et parmi les hommes qu'il va maintenant chercher sa part de bonheur qui lui est bien due; l'infortuné croit la trouver dans les liens du mariage! Il voit lui apparaître dans un horizon peu éloigné les douceurs ineffables de la paternité; la légitimité des moyens semble lui répondre du résultat. Le voilà donc, quittant ses bois et lancé de nouveau au milieu du monde qu'il avait juré de ne plus revoir. Beaucoup de mères le flattent, lui font la cour, le trouvent encore très sortable; leurs filles sont laides ou pauvres. Nombre de vieilles filles minaudent devant lui, étalent leurs charmes anguleux ou obtus, et tendent sur son passage leurs filets usés qui n'ont jamais pu retenir un mari. Tristan sort victorieux de ces écueils; il veut faire un choix libre et sage. Après bien des hésitations, bien des recherches, il se décide enfin, et le bonheur tant cherché, si désiré, se présente à lui, sous l'image d'une superbe veuve, d'un âge, il est vrai, un peu douteux, mais parfaitement conservé; elle est peu riche, mais sage, économe, on ne peut mieux entendue dans les soins du ménage; elle sera bonne femme, bonne mère; ses preuves sont faites, son premier mari est mort en la bénissant et en lui laissant, comme gages de son amour, deux magnifiques garçons de la plus grosse espèce. L'infortuné Maigrelet, ainsi que le papillon imprudent, va encore se brûler à cette flamme nouvelle; ses préparatifs de noce sont bientôt faits, sans luxe, sans éclat; il se montre bon, généreux dans son contrat; il servira de père aux deux enfants de sa femme. Le voilà marié. Son hymen, hélas! commence sous de tristes auspices; un horrible charivari inaugure la première nuit de ses noces. Sous ses fenêtres, une bande joyeuse de mauvais plaisants chante avec accompagnement de chaudrons et de ferrailles et dans des couplets malins, les aventures de sa vie passée et quelques-unes encore inédites de celle de sa femme; ils ne l'abandonnent enfin que quand ils n'ont plus ni un quolibet ni une épigramme à lui lancer.

Tristan subit ce dernier outrage avec la patience qu'il a acquise dans tous ses malheurs divers; il se résigne philosophiquement et, méprisant les grossières injures de ses concitoyens, il est tout à son bonheur.

Cependant, les prédictions des compatriotes de Tristan ne tardèrent pas à se réaliser. Mme Maigrelet, qui, pendant les premiers jours de son mariage, avait paru douée d'un caractère d'ange, changea tout à coup de rôle et, accablant son infortuné mari de son écrasante supériorité, elle saisit hardiment les rênes du gouvernement; tout doit céder à son ascendant impérieux; elle change, bouleverse, culbute, renouvelle de fond en comble la maison de Tristan. Vieux amis, anciens serviteurs, usages traditionnels, meubles des ancêtres, elle ne respecte rien, et si le malheureux Maigrelet veut hasarder une innocente observation, un mot inoffensif, il est vivement rebroussé, honteusement réduit au silence et, de plus, sèchement averti qu'à l'avenir il n'aura avis à donner que si on veut bien le lui permettre. Tristan cède et ne dit mot; oserait-il lui, qui pendant toute sa vie a été accablé, résister au caractère de fer de sa terrible femme? Hélas! non. Il courbe la tête et se soumet à son nouveau malheur. Mais bientôt un tendre espoir s'élève dans son cœur; il apprend qu'il sera père. Cette douce compensation calme un peu ses chagrins; il bénit presque sa chaîne; il flatte, il caresse sa femme et attend avec anxiété l'heureux moment où il pourra presser son enfant sur son cœur. Il arrive enfin ce jour fortuné, et Mme Maigrelet, sans cris, sans peur, sans faiblesse, donne le jour à un enfant mâle. La joie de Tristan est à son comble; il embrasse la mère, couvre de caresses ce fils tant désiré. Mais un pronostic fâcheux vint troubler sa félicité; son enfant a tous ses traits, son air triste, sa physionomie malheureuse; il est venu comme lui au monde un jour fatal; il est pleureur, souffreteux, chétif; les mêmes malheurs qui accablèrent son père lui sont-ils réservés, et ne doit-il, comme lui, connaître de la vie que les larmes? La fatalité de son existence a rendu Tristan superstitieux; il se prend quelquefois à regretter d'avoir donné le jour à une créature malheureuse, tristement prédestinée comme son père. L'enfant grandit, mais il est toujours faible, timide et languissant. Mme Maigrelet, depuis qu'elle a donné un héritier au nom de Tristan, est devenue encore plus impérieuse et plus insupportable; elle tranche, gronde, gouverne autocratement dans la maison de son mari, abreuve le pauvre homme de dégoûts et d'humiliations, le traite en paria, en importun, en vieillard à charge qui vit trop longtemps. L'infortuné, au déclin de l'âge, déjà cassé, maladif, n'en pouvant plus, se résigne et gémit en silence; son cœur saigne; cependant, il dévore toutefois ses larmes, mais découragé, défaillant, il n'entrevoit maintenant le repos que dans la mort, et il l'appelle de tous ses vœux; si quelquefois pourtant il se sent attaché à la vie, c'est en embrassant son fils, cet objet unique de sa tendresse qu'il éprouve ses regrets; mais bientôt la crainte de le voir malheureux comme lui redouble ses angoisses et son désespoir.

Vers la fin de son existence, par une amère décision du sort, il arrive enfin à Tristan un vrai bonheur; il devient veuf! Un instant, il ne put croire à tant de félicité. Etait-ce donc bien vrai? Etait-il réellement libre, délivré de ce joug terrible qui pesait si cruellement sur lui? Ses vieux poumons se dilatèrent; il respira à l'aise pour la première fois de sa vie, et, en embrassant tendrement son fils, il s'obstina à croire encore au bonheur. Dernière et amère illusion! C'est à ce seul instant de félicité de son existence que son destin jaloux et rancuneux l'attendait; d'un dernier coup horrible, irrémédiable, il allait l'anéantir et combler la mesure de ses maux.

Peu de jours après la mort de sa femme, Maigrelet

languit, s'affaissa et comprit que sa fin aussi approchait. Près de descendre au tombeau, ce n'est pas la vie qu'il regrettait, elle avait été trop pleine de douleurs pour lui; mais il tremblait sur le sort de son jeune enfant, qu'il allait laisser dans ce bas-monde seul, fatalement prédestiné comme lui; il aurait désiré quelques jours de plus d'existence, pour préserver cette innocente créature des abîmes dans lesquels il était tombé lui-même et pour lui apprendre par les leçons de sa propre expérience, la perfidie des hommes, l'inconstance des choses humaines et le peu de foi qu'on doit avoir pour cette utopie qu'on appelle le bonheur. Sourd à ses vœux, le destin le frappe, et, par une cruelle et dernière ironie, ce n'est pas dans son lit, la main religieusement étendue sur la tête de son fils et des paroles de bénédiction à la bouche, c'est sur un ignoble siège, au milieu des cris aigus et des convulsions d'une honteuse colique qu'il reçoit le dernier coup et tombe privé de cette vie qu'il traîna si malheureuse!

Le sort n'était pas encore satisfait. Après la mort même et pendant la triste cérémonie de ses obsèques, il poursuivit sa victime. Le temps était horriblement orageux; des raffales de vent tourbillonnaient avec fureur; la foudre elle-même grondait, et ses éclats stridents ressemblaient à des ricanements infernaux. On eut dit que le mauvais génie de Tristan Maigrelet planait sur les nuages amoncelés, riait à son enterrement et jouait encore ironiquement avec son cadavre. Soudain renversée par le vent, la bière tombe avec fracas; dans sa chute rapide, elle écrase l'infortuné fossoyeur, blesse quelques assistants et roule, bouleversée, à moitié entr'ouverte dans la fosse qu'on lui a creusée. Les spectateurs fuient épouvantés; quelques bonnes femmes pieuses restent seules et jettent à la hâte une pelletée de terre sur ce cadavre maudit.

Les paysans superstitieux affirment qu'ils ont vu, longtemps après sa mort, l'ombre de Tristan danser en grimaçant au-dessus de sa tombe dès que les ombres de la nuit s'étendaient. Son souvenir et son nom sont devenus un épouvantail, et les mères de son pays ne manquent jamais de menacer leurs enfants méchants des griffes du Loup-Garou, de Croquemitaine et de Tristan Maigrelet!

LA DOUAIRIÈRE.

M. Littré, dans son dictionnaire de la langue française (page 1227), au mot *douairière*, dit : « C'est la veuve qui « jouit d'un douaire. » Cette définition est exacte, vraie, inattaquable au point de vue du droit, et cependant elle ne répond pas à l'idée qu'on se fait généralement d'une douairière. Si M. Littré eût dit : « C'est la veuve de soi- « xante ans, etc., etc. » Oh! alors tout le monde eût compris, car il est dans nos mœurs et dans notre habitude d'appeler *douairière* une bonne vieille dame ayant enfants, petits-enfants et quelques arrière-petits-enfants, et nous ne nous accoutumerions jamais à donner ce nom à une jeune veuve de vingt ans qui, sous les plis coquets de ses longs voiles de deuil, regarde encore le monde d'un œil d'envie et d'espérance. Aussi, m'en tenant à l'usage reçu, je veux, en dépeignant la douairière, m'occuper d'une antique grand'mère pleine d'années et d'expérience, et qui ne tient plus au monde, qu'elle voit cependant à regret la quitter, que par habitude, intérêt ou curiosité. Ma douairière a donc soixante-dix ans; elle est comtesse de Saint-Luc et riche, vit prudemment ou égoïstement loin des siens; elle passe ses derniers jours dans les regrets, l'ennui, les récriminations et le plaisir de faire endêver ou d'écorcher ceux qui sont jeunes à sa place. Elle habite ses terres l'été,

Paris l'hiver, reçoit alors une fois par semaine, et a sans cesse autour d'elle une cour composée d'un vieux et pauvre chevalier de Saint-Louis, quelque peu son parent, qui mange son pain, lui fait la lecture et dit *amen* à tout ce qui sort de sa bouche; d'une vieille femme de chambre édentée, qui la flatte, la vole et lui apporte chaque soir toute la provision de nouvelles vraies ou fausses qu'elle a recueillies pendant la journée, et d'un nombre assez considérable de domestiques, qui, chacun dans sa spécialité, mangent son avoine, boivent son vin et font fortune à ses dépens. Le chevalier de Forlange, la vieille soubrette Lison et Fidèle, le vieux chien que j'avais oublié, sont ceux qui approchent le plus près de l'antique comtesse et qui, peut-être, tiennent le plus à elle; le chevalier, parce qu'il est pauvre, Lison, parce qu'elle ne pourrait trouver une place plus lucrative, enfin, Fidèle, parce qu'ayant été perdu et malheureux pendant un mois, il apprécie d'autant mieux son bien-être actuel qu'il avait plus vivement ressenti sa misère passée; c'est donc dans ce milieu égoïste que vit l'égoïste comtesse.

Nous sommes en plein hiver. Mme de Saint-Luc est à Paris, dans son bel hôtel de la rue de Grenelle. C'est son jour de réception, et elle passe dans l'intimité du chevalier et de Fidèle les heures difficiles qui suivent le dîner et précèdent la soirée. Assise au coin de son feu, dans une moelleuse bergère, elle sirote goutte à goutte son brûlant moka, dans lequel elle ne dédaigne pas d'infuser une légère teinte de rhum; le chevalier est accoudé sur la cheminée et absorbe par petites gorgées un gros petit verre de fine champagne. Eh bien!

chevalier, dit la comtesse en replaçant sa tasse sur un guéridon et en offrant délicatement un canard à Fidèle, que dites-vous de tous les événements qui se passent autour de nous? Nous sommes à peine depuis un mois à Paris, et ils se précipitent, s'entassent, s'accumulent. La république est faite par des ducs; elle sera bientôt acclamée par des princes; nos hommes politiques se disent conservateurs, et ils détruisent tout ce qui est solide. Nos guerriers se posent en terribles et n'osent pas fortifier nos frontières. Nos diplomates babillent beaucoup à Paris, et n'ont pas le courage de dire un mot quand ils sont à leurs postes. Nos ministres voyagent, banquettent et président des sociétés de tous les noms et de toutes les couleurs. Nos députés parlent dissolution, mais se gardent bien de la voter dans la crainte de ne pas être réélus. Nos préfets passent dans la capitale une grosse moitié de leur année. Les journalistes mentent pour la morale; la bourse joue la comédie au profit de quelques-uns qui tiennent les ficelles. Oh! Dieu, dans quel siècle vivons-nous? Et je n'ai encore rien dit des hommes du monde et des femmes!

« Comtesse, dit galamment le chevalier en déposant « son petit verre et en s'asseyant vis-à-vis d'elle, je « vous écoute avec toute mon attention et je me de- « mande comment, dans votre cerveau de femme, « quelque puissant qu'il soit, peuvent se loger tant de « hautes considérations. Ah! vous avez manqué votre « vocation; vous auriez dû naître homme; vous seriez « certainement devenue ministre, plus peut-être! « Quand on a atteint, comme vous, à une telle hauteur « philosophique, c'est qu'on est marqué au coin du

« génie. » Le chevalier venait de payer largement son dîner. « Allons, flatteur, lui répondit la comtesse, vous « prenez mon expérience pour ce qu'elle n'est pas; c'est « de l'observation froide, calme et impartiale. Ah! « croyez-le, quand une femme a rompu avec les misères « de son sexe, il lui reste une lucidité bien plus grande « que celle des hommes toujours obscurcie par les pas- « sions ou par l'intérêt, dès le moment qu'ils débutent « ou s'installent dans une carrière. Oui, nous voyons « plus clair que vous; le sexe féminin l'emporte sur le « vôtre en finesse et en délicate prudence; nous « sommes d'ailleurs désintéressées dans la question, et « le mobile de l'ambition ne nous égare pas. »

« Vous parlez comme feu M. de Maistre, dit en se se- « couant le chevalier qui commençait à s'assoupir, et « vraiment il serait heureux que vous autres, femmes, « arrivées à cet âge sage et lucide dont vous parlez, « vous entrassiez d'emblée dans la direction des affaires « et dans le gouvernement des peuples; tout n'en irait « que mieux, et vous apporteriez certainement, dans « l'exercice de vos fonctions, l'habileté et la haute et « nécessaire dissimulation que si souvent vous dé- « ployâtes dans des affaires futiles de femme à femme. »

— « Ah! les femmes... les femmes.., reprit la douai- « rière, elles sont souvent pour beaucoup dans les « fautes des hommes, mais je les laisse un instant pour « revenir à elles tout à l'heure. C'est à vous que j'ai « affaire pour le moment, messieurs. Quels sont les « hommes remarquables ou vertueux que notre éduca- « tion et nos mœurs peuvent produire? Aucun; je le « dis hautement. Où trouve-t-on l'intégrité, le désinté-

« ressement, l'amour du bien public? Sont-ils chez nos « hommes d'Etat? Vous n'oseriez l'affirmer. La dignité, « le respect de soi, la gravité de l'âge, les chercherez-« vous chez nos vieillards cyniques et frivoles? Ren-« contrez-vous l'honneur, la fidélité, le respect du toit « conjugal, l'exemple dû aux enfants chez nos pères de « famille? Non. Jeunes ou vieux, nos hommes sont « tous corrompus ou hypocrites et dignes, peut-être, « de leurs femmes! » — « Oh! les femmes! les femmes! « s'écria de nouveau et douloureusement la comtesse, « les femmes, je le répète, sont le plus souvent la cause « des fautes de leurs maris et de leurs enfants, par « conséquent la cause de notre abaissement moral. « Ouvrez les yeux. » — « Mais... mais je ne les avais « pas fermés, murmura le chevalier qui dormait depuis « un bon petit quart d'heure. » — « Ouvrez les yeux, « reprit la douairière, que voyez-vous? Des bébés de « huit ans, qui jouent à la *fille à marier*, qui font aller la « prunelle et parlent déjà de layettes et d'enfants. Des « fillettes de quinze ans repues de romans, saturées de « rêveries, qui supportent sans rougir les regards « effrontés des hommes et semblent leur dire : Oh! je « sais bien pourquoi vous me regardez ainsi. Des « demoiselles de vingt ans, tellement désabusées du « mariage et de sa sainte mission qu'elles ne se marient « plus que pour avoir une corbeille, un trousseau, une « voiture et la liberté. De jeunes femmes dégoûtées de « leurs maris libertins et cyniques, et qui, chose « effrayante, deviennent quelquefois aussi libertines et « aussi cyniques qu'eux. Des veuves qui portent en « rose la seconde année du deuil de leur mari, qui,

« fatiguées d'avoir l'air de pleurer un blond, s'empres-
« sent d'épouser un brun, et n'oublient pas de stipuler
« dans leur nouveau contrat les clauses favorables à
« leur liberté ou à leur intérêt oubliées dans le premier.
« Des femmes de quarante ans qui jouent les ingénues
« et les mélancoliques et qui font rire à leurs dépens
« un public qui y voit clair dans leurs ridicules aven-
« tures. Des femmes de cinquante ans qui, chassées
« par l'amour, se réfugient dans le jeu et dans la dévo-
« tion, et trichent autant dans l'un que dans l'autre;
« abandonnant pour un sermon ou pour un lansquenet
« leur famille, qu'elles laissent exposée à toutes les
« tentatives d'un monde dangereux, et puis... et puis...
« voyez, chevalier. » Le chevalier se secoua un instant
et ouvrit un œil. « Voyez quel est le costume inconve-
« nant de toutes ces femmes ridicules. Voyez ces coif-
« fures ébouriffées, qui n'ont pas un abri pour la
« pudeur et pour la sainte rougeur qu'elle donne; l'œil
« est dégagé, il peut manœuvrer librement en haut,
« en bas, à droite, à gauche, il voit, il est vu; la tempe
« est nue, elle donne un accès facile au front qui s'étale
« en entier; les cheveux des autres s'accumulent
« en masses embrouillées et malsaines sur des têtes,
« pour la plupart, chauves ou à peu près, et affectent
« les formes les plus bizarres et les plus provoquantes.
« Voyez ces vêtements prêtant leur coupe complaisante
« aux formes les plus secrètes, les révélant, les exagérant
« par l'artifice de leur façon, indiquant à l'œil le plus
« novice, par des nœuds monstrueux ou par des plis signi-
« ficatifs, les endroits du corps qu'on n'ose montrer à nu
« et qu'on signale cependant avec un cynisme révoltant;

« et remarquez aussi ces poses efféminées et provoca-
« trices, ces attitudes par trop excessives et cette ten-
« dance perpétuelle à faire miroiter aux yeux des
« hommes tout ce qu'une femme cherchait autrefois
« à cacher ou à dissimuler. Oh ! je le sais, elles préten-
« dent que, de notre temps, nous nous décolletions
« encore bien plus bas qu'elles; c'est possible, je l'avoue,
« mais c'était l'usage, et puis cette génération étiolée
« ne peut le nier, nous avions de meilleures raisons
« qu'elles de le faire. » — « Oui, c'est vrai, c'est très
« vrai, balbutia le chevalier en entr'ouvrant les yeux. »
— « Et d'ailleurs, quelle réserve, quelle dignité ne
« mettions-nous pas dans l'accomplissement de cette
« obligation. Oh! il est des nudités plus chastes que
« certaines perfides draperies, le statuaire antique est
« là pour le prouver. Mais j'abandonne le costume,
« j'arrive au langage, aux entretiens; c'est là que le
« scandale redouble. N'ayez-vous pas entendu les
« jeunes filles de nos jours appeler par leurs noms
« techniques, sans hésiter, sans rougir, les détails
« les plus réalistes du mariage? Et les jeunes femmes
« naturellement plus savantes, ne les ouïtes-vous jamais
« raconter les anecdoctes les plus hasardées que leurs
« maris (retour du cercle) leur ont effrontement débi-
« tées sur l'oreiller conjugal? Vous a-t-il été donné
« d'entendre la conversation de certaines d'entre elles,
« après un petit souper d'amis qui a suivi une repré-
« sentation égrillarde du Palais-Royal? Ah! comme
« elles avaient retenu tous les refrains légers avec la
« ritournelle d'Offenbach, et comme elles savaient bien
« appliquer à telle ou telle de leurs amies ou à leurs

« maris malheureux les allusions outrageantes de ces « opérettes scandaleuses ! Et avez-vous lu leurs correspondances secrètes, leurs petits mémoires peut-être ? « Ah ! c'est bien pis ! Mais entrez dans leur boudoir et « tout vous sera expliqué. Quels sont les livres étalés « sur leur élégant guéridon ? Ce sont des feuilletons et « des romans. Quels romans et quels feuilletons ? Essayés « par leurs maris et dévorés par elles. « Tu peux lire « cela, ma chère, a dit le facile époux, le titre est plus « méchant que le livre : *La femme de flamme*. Mais c'est « anodin, un peu réaliste peut-être, qu'importe, cela te « distraira ; lis Mlle de Beaupin, la description du vice « maintient dans la vertu, c'est d'ailleurs parfaitement « écrit. » Et les bonnes petites épouses, blasées sur le « roman sentimental, se jettent avec avidité sur ces « pages malsaines, et se font naturellement entre elles « les confidences détaillées de ces honteuses lectures.

— « Et voilà les femmes destinées à former et à « élever cette génération nouvelle qui doit nous sauver. « Que dites-vous, chevalier ? » — « J'affirme, j'affirme, « murmura le chevalier qui s'était profondément « endormi à la tirade du corsage et qui se réveilla en « sursaut, que vous aviez les plus belles et les meilleures raisons de vous décolleter. Vous disiez ?

— « Au même instant, un laquais tout galonné annonça d'une voix solennelle : *Madame la marquise de « Sainte-Paule*, et donna passage à une grande et « vieille dame sèche, jaune, guindée, à l'air revêche et « en même temps recueilli, et dont le costume entièrement noir avait une coupe un peu ecclésiastique. » — « Oh ! chère belle, s'écria Mme de Saint-Luc en

« s'élançant vers elle et en lui serrant vivement les « mains. Oh! chère belle, quelle est la bonne œuvre « qui vous amène ici? car, je ne puis croire que ce « soit à mon intention tout à fait que vous soyez venue, « vos moments sont tellement occupés par l'exercice à « la charité chrétienne. » — « Oh! madame, c'est bien « pour vous, pour vous dont le cœur et la bourse sont « toujours ouverts à nos infortunes que j'accours « aujourd'hui; il y avait si longtemps que je n'avais eu « le bonheur de causer avec vous, depuis cette soirée, « je crois, pendant laquelle vous me permîtes de vous « expliquer notre œuvre si intéressante *des petits « Californiens*. Oh! nous faisons bien mieux aujourd'hui, « et nous avons entrepris la tâche la plus ardue, la plus « épineuse, la plus délicate, mais aussi la plus sainte. « C'est ce cher abbé Fleuri qui a eu l'idée de cette « entreprise en dernier chef réparatrice, et qui l'a déjà « menée à bonne fin. Vous ne devinez pas, vous qui ne « soupçonnez pas le mal, et qui n'avez sur votre pro« chain que des idées charitables? Nous avons déjà une « chapelle, quelques tableaux de prix, une salle de « réunion pour les dames patronnesses, et un logement « convenable pour M. l'aumônier. » — « Mais quelle « est donc cette œuvre si belle, ma chère? » — « Je « vous le répète, j'ose à peine vous la nommer à vous, « si bonne, si indulgente, et cependant si quelqu'un « en connaît la nature et les détails, c'est moi. Je suis « nommée référendaire, j'assiste à toutes les confé« rences, et je me trouve obligée d'apprendre des choses « horribles et de m'initier aux plus affreux secrets de « l'humanité. » — « Mais enfin, dites-moi le nom de

« cette œuvre. » — « Ah! je croyais vous l'avoir déjà dit; « frémissez donc, c'est *l'œuvre de la régularisation des* « *ménages!* » — « Quelle tâche! ma sainte belle, mais « vous devez avoir du travail par-dessus la tête? » — « Oh! oui, car notre mission ne consiste pas seulement « à sanctifier par le sacrement les mariages purement « civils, mais encore à réconcilier les ménages désunis. « Heureusement que notre travail nous est bien allégé « par nos associées collectrices, qui parcourent Paris « et nous rapportent toutes les scandaleuses histoires « de cette Babylone moderne, et qui nous initient à « tous les honteux mystères qu'elles découvrent, et qui, « sur tous les degrés de l'échelle sociale, surveillent, « guettent une rupture conjugale ou une union irrégu- « lière, et nous en informent aussitôt, pour que nous « tentions une réparation le jour de l'ouverture de « l'œuvre; le cher abbé Fleuri nous donna un bien beau « discours; il avait pris pour texte les belles paroles de « l'église : *Quod deus junxit, homo non disjungat,* et « il partit de là pour nous dire des choses sublimes « sur la sainte union des ménages chrétiens et sur l'enfer « des unions profanes. » — « Et faut-il savoir le latin « pour entrer dans votre association? « — « Oh! non, « non, quelques textes suffisent. »

— Mme la vicomtesse douairière d'Essanges, exclama le laquais galonné; et une petite femme grassouillette, fraîche encore sous ses cheveux blancs, entra en trottinant et souriant.

— « Oh! mais c'est le jour des surprises, dit en em- « brassant la survenante la comtesse de Saint-Luc, « vous, vous chez moi, ici à cette heure, madame,

« quel bon vent vous pousse? Je suis certaine que vous « venez m'annoncer les nouvelles couches de votre « belle-fille. » — « Non pas encore, hélas! je le vou- « drais bien, car il me tarde beaucoup que ce terrible « moment soit passé; je suis surtout impatiente de « connaître le bébé qui va venir augmenter notre riche « collection. Non, non, je viens tout à fait à votre « intention et je vous consacre une bonne heure. » — « Oh! merci. » — « Lorsque j'ai eu brossé, frotté, « couché et embrassé tout mon petit monde, j'allais « moi-même regagner mon appartement quand ma « belle-fille m'a dit : Ma chère mère, vous vous tuez à « soigner notre turbulente famille, et vous ne prenez « jamais un instant de repos ou de plaisir; voyez, tous « les marmots ronflent, je suis là d'ailleurs pour veiller « sur eux; mon mari ne sort pas ce soir, sortez donc « vous-même un instant, et tenez, allez chez votre amie « Mme de Saint-Luc, qui vous réclame toujours et envers « laquelle vous êtes un peu ingrate, c'est précisément son « jour de réception aujourd'hui; j'ai ordonné d'atteler, et « me voici. » — Oh! merci encore; et ce ménage modèle, « ce cher fils, cette charmante belle-fille, ces six bébés « venus en cinq ans de mariage, comment tout cela « va-t-il? » — « A merveille, à merveille; mes enfants « sont épris l'un de l'autre comme au premier jour; « la petite marmaille est belle, fraîche et tapageuse, et « moi je suis au troisième ciel au milieu de ces êtres « chéris. » — « Ah! Mme de Sainte-Paule, dit maligne- « ment la comtesse de Saint-Luc, votre œuvre n'a rien « à faire par-là. » — « Nous avons réconcilié des « ménages, répondit aigrement Mme de Sainte-Paule, qui

« s'étaient désunis après plusieurs années d'un accord « parfait. Vous ne savez pas à combien peu de chose « tient l'union dans un ménage. » — « J'espère que « nous ne le saurons jamais, dit doucement Mme d'Or- « lange.

— Madame la baronne douairière de Bélair, entonna le laquais, et une drôle de grosse femme maquillée, fardée, fit son entrée gravement, et, se mettant à la troisième position, salua la société. Fidèle, qui l'avait aperçue ou sentie, s'élança en japinant de plaisir, frôla mignardement sa robe et sauta jusqu'à ses mains.

— « Oh! le joli animal, l'amour de chien! s'écria « Mme de Bélair embrassant Fidèle avant d'avoir rien « dit à la maîtresse de la maison. Oh! le beau *Kings-* « *Charles*, que vous êtes heureuse, madame, de posséder « une aussi charmante bête. » — « Je vous demande « pardon, madame, de son indiscrétion et de sa hardiesse; « il a certainement deviné une amie en vous. » — « Oh! il ne s'est pas trompé, et à propos, comment vous trouvez-vous, chérie? Ces migraines, ces ennuis, « ces dégoûts du monde qui vous tracassent parfois, « comment les traitez-vous? » — « Eh! mignonne, « comme on traite les rhumatismes, en les supportant; « et vous, comment traversez-vous ce pauvre hiver? » — « Comme tous les autres, dans l'occupation constante « de mettre la paix parmi mes nombreux pensionnaires. « Ah! chère, avec cette terrible passion que j'ai pour « les animaux, je me donne de beaux ennuis, mais je « ne puis y renoncer et me vaincre; à notre âge, nous « sommes faibles, et ma nombreuse ménagerie com- « prend à merveille ma faiblesse et en abuse. Mais que

« de jouissances j'éprouve en compensation. Figurez-
« vous que je viens de recevoir la plus jolie petite
« guenon macaque qu'on puisse rêver : grosse comme
« les deux poings, ravissante, gentille, caressante, lé-
« gère; je crois que j'ai passé deux jours entiers à la
« dorloter, à la baiser; je lui ai fait faire pour la nuit,
« au pied de mon lit, un édredon de soie rose; elle
« est à croquer quand elle se blottit là-dedans. Ah! il
« fallait entendre tous mes autres amis, quand ils se
« sont aperçus de cette préférence, c'était des cris, des
« sifflements, des hurlements de jalousie à ne rien
« entendre autour de soi; mais tout cela partait d'un
« bien bon sentiment, l'amour qu'ils ont pour moi...
« Depuis que vous ne les avez vus, ils ont tous bien
« changé à leur avantage; la queue a repoussé à mon
« bel ara; mes petits bengalis ont des ailes; mon car-
« dinal a revêtu son camail rouge; mes canaris ont
« doublé de nombre; mes tourterelles du Cap se sont
« accouplées, elles couvent dans ce moment; mon vieux
« joko s'est un peu remis, mais il est comme un vieil-
« lard, il commence à radoter et il crie pendant toute
« la journée : *J'aime bonne maîtresse, j'aime bonne*
« *maîtresse;* c'est touchant, n'est-ce pas? Mais c'est
« surtout dans mes chiens et dans mes chats qu'un
« grand changement s'est opéré. Médor a pris son
« beau poil d'hiver, il est splendide; Toto, mon vieux
« Toto, est tout rasé comme un chinois qu'il est et ne
« quitte pas le coin du feu; Minet porte sa queue en
« trompette comme un drapeau; Rominagrobis fait le
« gros dos contre tous les meubles, et Mignon miaule
« si gentiment qu'on le prendrait pour un petit clairon.

« Oh ! ma belle, si j'ai bien des soucis et bien du tracas « en soignant tout ce peuple turbulent, j'ai aussi bien « des consolations en voyant que toutes ces différentes « bêtes vivent chez moi dans l'accord le plus parfait. « Ah ! chère, quand on a eu à se plaindre des hommes, « on trouve quelquefois affection et reconnaissance « chez les bêtes. » — « Vous êtes vraiment philosophe, « dit Mme de Saint-Luc. » — « Je ne sais ce qu'on « entend par philosophe, reprit Mme de Bélair, mais si « la philosophie est le mépris du genre humain et « l'amour des bêtes, je le suis tout à fait. »

— Madame la duchesse douairière de Lacour, annonça d'une voix tonnante le laquais de service. A ce nom tout le monde se leva, et l'on vit entrer une dame de haute taille, d'un âge assez douteux, aux traits accentués et pleins de distinction. Mme de Saint-Luc se précipita vers elle et, après l'avoir saluée presque jusqu'à terre, elle lui dit d'une voix lente et recueillie :

— Quel honneur vous me faites, madame, et comment « aurais-je pu penser qu'au moment de la rentrée de la « Chambre et du mouvement diplomatique, vous eussiez « pu vous souvenir de moi et me donner quelques « minutes de votre temps si précieux ! » — « On pense « toujours à ceux que l'on aime, répondit avec une « grâce sérieuse Mme la duchesse, et quant au temps « que je viens vous consacrer, il est arraché, « je le sais, à l'Etat ; mais en dehors de cette destination « sacrée, il ne peut être mieux employé. » — « Ah ! « que de grâces je vous dois, madame. » — » Ne « parlons pas de cela, je vous prie, et dites-moi, y a-t-il « longtemps que vous n'avez vu l'ambassadeur de

« Monomotapa, qui était de vos fervents assidus, ce me « me semble? » — « Quelques jours à peine. » — « Oh! si vous le revoyez, parlez-lui donc avec votre « habileté ordinaire des avantages énormes de la ligne « africaine, et puis, si vous le trouvez assez bien « disposé, insinuez-lui de venir me voir; ce n'est pas à « la première venue que je donne une pareille mis- « sion. » — « Oh! je comprends l'honneur que vous « me faites, et je m'acquitterai avec tout le zèle possible « de cette communication. » — « Et Saint-Prudent, « savez-vous s'il est à Paris? » — « Je le rencontrai « hier, traversant la place royale; il semblait fort « préoccupé. » — « Il ne s'attend pas à l'honneur qui « lui arrive; on vient de lui accorder un beau poste; « c'est, du reste, un sujet fort éminent, que j'ai deviné, « distingué, presque créé; il s'ignorait lui-même; mais, « lancé comme il va l'être, il ira loin. J'ai en poche sa « nomination à Venezuela, et je vous ai réservé le « plaisir de lui annoncer cette bonne nouvelle. » — « Oh! madame, vous me comblez. » — « Il y a mieux, « je n'ai pas oublié votre petit protégé le vicomte de Saint- « Léger, et je vous donne comme certaine sa nomi- « nation au consulat de Botany-Bey; c'est un peu loin « pour la tendresse et les confitures maternelles, mais, « avec un peu de patience, nous ferons bientôt finir son « exil. Et à propos, avez-vous entendu dire, vous qui « l'approchez quelquefois d'assez près, si M. le ministre « du commerce songeait réellement à donner sa dé- « mission? » — « Cette nouvelle fut donnée hier chez « le baron de Gobetout, mais personne n'y crut. » — « Elle n'est peut-être que trop réelle; ce pauvre ministre

« me fuit, il se cache de moi, il craint de m'affliger et « de me déplaire; il sait combien je tiens à ce qu'il « reste à son poste, mais un futile motif d'amour-propre « l'entraîne, il ne veut pas céder au ministre de la « guerre sur un point tout à fait secondaire. Ah! nos « plus grands hommes d'Etat ont des faiblesses, des « faiblesses que nous autres, femmes, nous ne connais- « sons pas. Ces deux ministres, avec leurs querelles « presque enfantines, nous enrayent dans toutes nos « entreprises; dix fois je les ai réconciliés, dix fois « ils ont recommencé leur brouille. Les hommes haut « placés, vus de près, font perdre bien des illusions, et « comme il est bon, utile, indispensable, qu'une femme, « en s'interposant entre eux, vienne appporter dans « leurs différends le calme, la sagesse et la modération « qui leur manquent! » — « Ah! madame, combien le « gouvernement doit remercier le Ciel de ce que vous « voulez bien mettre à sa disposition la haute aptitude « pour les affaires publiques qui vous a été départie! » — « Fille d'un ambassadeur, j'ai sucé avec le lait la « science politique; mariée plus tard à un ministre, j'ai « étudié de près les secrets de l'Etat et la marche « mystérieuse des gouvernements; j'ai consacré ma « vie à la diplomatie, et il me reste la douce consolation « d'avoir fait quelque bien à ma patrie. » — « Et la « patrie, fière de vous, vous est reconnaissante? » — « Oh! la reconnaissance est la seule récompense que « j'ambitionne pour mes faibles services. » — « Vous « obtiendrez reconnaissance et gloire, et vous aurez « bien mérité l'une et l'autre. »

Entremêlées aux entrées des douairières, bien d'autres entrées moins saillantes avaient eu lieu dans le salon de Mme de Saint-Luc : de grandes dames, de riches héritières, des représentants de la haute noblesse, de puissants banquiers, des académiciens, des artistes en renom, avaient fini par former une réunion nombreuse et distinguée; des tables de jeu avaient été installées, des groupes s'étaient formés et la réunion présentait cette animation de bon goût qu'offre un salon aristocratique. Par l'effet de l'attraction ou du hasard, les cinq douairières se trouvaient rassemblées en un petit cercle intime, au coin de la cheminée, et causaient vivement entre elles.

— « Autrefois, disait aigrement Mme de Saint-Luc, « les jeunes dames portaient leurs ouvrages en société « et occupaient utilement leurs doigts, tout en distrai- « sant leur esprit; voyez aujourd'hui leur pose et leur « attitude dans le monde, elles s'asseyent raides et « guindées, guignant de l'œil le cavalier qui tarde à « venir leur parler ou les diamants de leurs voisines « qui éclipsent les leurs; je ne parle pas des intrigues « qu'elles savent si bien engager, tout en souriant d'un « air innocent et sage. » — « Et vous ne dites rien de « leurs journées? reprit encore plus aigrement Mme de « Sainte-Paule; elles sont encore bien plus inutilement « employées : les boulevards, le bois, quelques insipides « visites, une tournée chez leur marchande de modes, « que sais-je autre... les remplissent... Quelles mères « de familles voulez-vous que soient de pareilles « créatures! Vous ne les voyez ni à un sermon ni à « une réunion de charité; aussi nous en savons de « belles sur leurs ménages, et quelle grosse besogne

« elles nous donnent de temps en temps ! Le bon abbé « Fleuri le leur disait bien, dans son remarquable « discours de dimanche dernier : Jeunes femmes, « jeunes femmes, occupez vos têtes, sanctifiez vos « cœurs, abandonnez les promenades frivoles, les « courses inutiles; venez à nous, nous vous appren- « drons votre mission et vos devoirs. » — « Et pour- « quoi, dit tout doucement la bonne Mme d'Erlange, ne « resteraient-elles pas dans leurs ménages, à soigner « leurs enfants et à tenir compagnie à leurs maris? « N'est-ce pas la plus belle prière qu'elles puissent « faire ? » — « Il y a temps pour l'un et pour l'autre, « reprit Mme de Sainte-Paule irritée; je ne vois pas « pourquoi vous voudriez en savoir davantage que « M. l'abbé Fleuri. » — « Dieu me garde de vouloir « manquer en rien à votre bon abbé, mais étant toute « ma vie restée dans mon ménage, je m'en suis bien « trouvée, et, je le dis, où est le mal ? » — « L'homme « ne vit pas seulement de pain, il lui faut aussi la nour- « riture de l'âme. Si, du reste, le terre à terre d'un ménage « vous a suffi, je n'ai rien à dire; moi je n'aurais su m'en « contenter. » — « Je suis restée où j'ai trouvé le « bonheur. » — « Mais mon ménage a été tout aussi « heureux que le vôtre, madame, ne vous déplaise. » — « Oh ! la la, calmez-vous, fit Mme de Bélair, vous serez « bientôt aussi peu raisonnable que mes matous et mes « minets quand ils se disputent. » — « Madame, ré- « pondit Mme de Sainte-Paule, vos comparaisons sont « aussi sottes qu'impertinentes, et nous ne sommes « nullement étonnées de vous voir parler et agir ainsi, « connaissant la société qui est tous les jours la vôtre. »

— « Ah! madame, des grossièretés! » — « Je vous « rends la monnaie de votre pièce. » — « Mesdames, « mesdames, dit gravement Mme de Lacour, à notre âge, « dans notre position, nous devons être plus réservées « et plus dignes. » — « Notre âge... notre âge..., ré- « partit Mme de Sainte-Paule tout à fait en colère, parlez « du vôtre, si vous le voulez, quoique nous le connais- « sions toutes; quant à nos positions, elles se valent, je « l'espère; bien que nous n'approchions pas comme « vous des sommités politiques, nous n'en avons pas « plus terni pour cela notre nom et notre blason! » — « Oh! chère, chère, dit aussitôt en allant à Mme de « Sainte-Paule la comtesse de Saint-Luc, vous vous « oubliez, vous vous oubliez; parler ainsi à Mme la « duchesse! » — « Et comment voulez-vous que je lui « parle? Est-ce que je connais le langage des cours? » — « Mais, vous devriez au moins connaître le langage « de la charité chrétienne, dit Mme de Saint-Luc. » — « Et c'est vous qui voulez me donner des leçons d'une « chose que vous connaissez si peu? » — « Madame! » — « Prenez-le comme vous le voudrez, je ne me « laisserai pas manquer, et j'ai à faire respecter en moi « et la comtesse de Sainte-Paule et la référendaire de « l'œuvre de la régularisation des ménages! » — « Personne n'a voulu vous manquer, reprit doucement « Mme d'Erlange, nous avons chacun notre avis et notre « goût; nous les avons manifestés tout simplement; il « n'y a pas autre chose. Nous respectons votre œuvre « et son but, tout en désirant qu'aucun des nôtres n'ait « besoin d'y avoir recours. Quant à M. l'abbé Fleuri, « nous le tenons pour un saint personnage, et je vous

« promets d'abandonner ma petite famille pour aller « entendre le prochain sermon. » — « Vous ne sauriez » mieux faire. » — » Croyez bien, Mme de Sainte-Paule, « dit à son tour Mme de Bélair, qu'en établissant une « comparaison badine, je n'ai voulu faire assurément « qu'une innocente plaisanterie. » — « Elle était au moins « déplacée, madame! » — « Allons, allons Mme de Sainte- « Paule, dit à son tour Mme de Saint-Luc, tout le monde « connaît votre charité, personne n'a voulu y porter « atteinte. » — « Les apparences étaient singulière- « ment contre tout le monde. » — « Madame, fit la « duchesse, il serait inconvenant que nous nous « quittassions ainsi en délicatesse, il n'y que du « malentendu dans tout cela. Hélas! il en est presque « toujours ainsi, même dans les plus hautes questions « de politique; serrons-nous la main et que tout soit « oublié. » — « La meilleure manière de se réconcilier, « ricana dans ses dents Mme de Sainte-Paule, est de « nous unir toutes dans une bonne action; je vais faire « le tour du salon et quêter pour la sainte œuvre de « l'abbé Fleuri; vous serez les premières, je n'en doute « pas, à me donner votre offrande. »

Et là-dessus, tirant de sous sa robe une belle bourse de velours, Mme de Sainte-Paule la présenta à ses compagnes, qui s'empressèrent d'y jeter leur pièce d'or. Puis elle s'éloigna d'un air fier et recueilli pour faire sa tournée dans le salon. A peine eut-elle fait quelques pas que Mme de Bélair dit aigrement :

« Elle est hargneuse comme un chat borgne, cette « dévote effrontée. » — « Elle désunirait vingt mé- « nages avant d'en réconcilier un seul, soupira

« Mme d'Erlange. » — « Elle est aussi bête que son « abbé Fleuri, murmura Mme de Saint-Luc. » — « Elle « n'aurait jamais réussi dans la politique, ajouta madame « la duchesse. Puis, faisant un profond salut à la maî- « tresse de la maison, elle lui dit majestueusement : Je « suis attendue chez le ministre de l'intérieur; adieu, « toute belle. » — « Et moi je rejoins mes petits anges; « bonjour ma chère. » — « Et moi, je m'en vais mettre « la paix dans ma ménagerie; au revoir, bonne amie. »

Pendant ce temps, Mme de Sainte-Paule venait de finir sa tournée et, la bourse gonflée, le regard triomphant, elle fit la révérence à Mme de Saint-Luc, en lui disant avec une politesse affectée : « Je vous baise les « mains, madame, et je vous remercie de votre accueil « et du généreux concours que votre société vient de « donner à notre œuvre. Quand vous connaîtrez quelque « ménage peu en règle ou désuni, adressez-le-nous à « M. l'abbé Fleuri ou à moi, c'est la même chose. » — « Oui, oui, murmura tout bas Mme de Saint-Luc, aussi « bêtes l'un que l'autre. » Mme de Sainte-Paule avait disparu, emportant son aigreur, son impertinence et l'argent des habitués du salon de la vicomtesse de Saint-Luc.

LE POÈTE.

Comment classer les poètes? Ah! si je le voulais, quelle belle liste je pourrais étaler, que de mots spéciaux et ronflants je pourrais aligner, que de noms en ique et en aque il me serait facile de mettre à la suite les uns des autres, commençant par les épiques, les tragiques, les comiques, les érotiques et les élégiaques et surtout par les maniaques. Eh bien! non, je n'adopte pas ces longues classifications, et je crois, en mon esprit et conscience, que les poètes, quels qu'ils soient, ne peuvent être divisés qu'en deux classes : les bons et les mauvais, et cela en vertu de cette opinion que j'ai sur la poésie, c'est qu'elle est un langage divin, qui ne peut être parlé que par quelques privilégiés choisis et inspirés, et que tous les autres qui l'ânonnent ou qui l'outragent, sont plutôt ses bourreaux que ses disciples.

Ainsi donc, bons ou mauvais, telle est la classification des poètes, et, comme il y en a très peu de bons, il en reste par conséquent un nombre infini de mauvais. Il doit en être de même, ce me semble, des artistes musiciens, violonistes, chanteurs, compositeurs, et comme la poésie est aussi une musique, elle ne doit être chantée que par des sujets choisis et marqués au front du sceau du génie.

Je ne m'occuperai pas des grands poètes; ce n'est pas

dans une modeste physiologie qu'ils doivent trouver leur apothéose; mais j'étudierai le type de cette longue pléiade de demi-artistes, rimeurs acharnés et malheureux qui prennent leur faconde pour du génie, et qui inondent la presse française d'un déluge de productions qui sont au langage divin de la poésie ce que la cassonnade est au sucre et la piquette de Suresne au Johannisberg.

Mais, me dira-t-on, entre les élus du génie et le chansonnier du faubourg, n'est-il pas des places honorables qui ont été heureusement occupées, et la poésie n'a-t-elle pas des talents intermédiaires qui lui font honneur? Je ne nie pas le mérite de certains poètes secondaires, mais, je le répète, n'est vraiment poète que celui qui a dérobé le feu sacré; tous les autres font des vers, quelquefois du métier, lui seul fait de la poésie.

Et ne croyez pas que j'appelle seulement poète ceux qui font des vers sublimes, et qui, comme Homère, Virgile, le Tasse, Corneille, sont assis au sommet du Parnasse. Non, non, le langage poétique n'est pas astreint à un chant métrique qui pourrait quelquefois entraver son élan; c'est une flamme divine qui brûle, libre et éthérée, et Fénelon, dans son Télémaque, Bernardin de Saint-Pierre, dans Paul et Virginie, Châteaubriand, dans son Génie du Christianisme, et bien d'autres prosateurs illustres sont aussi poètes que Racine, Rousseau, Lord Biron, Hugo ou Lamartine. La poésie n'est pas le vers, c'est l'inspiration et la pensée. Que d'ignorants se sont crus poètes parce qu'ils faisaient des vers, quand des génies méconnus ont cru ne pas l'être parce qu'ils ne pouvaient produire que de la prose sublime!

Dans la classe innombrable des rimeurs, il y a une telle variété qu'il est difficile de saisir un type qui, concentrant en lui quelque trait détaché de chacun des autres, puisse servir de modèle et de sujet spécial d'étude, et depuis le poète épique jusqu'au faiseur de bouts-rimés, l'échelle est si longue qu'on ne sait vraiment à quel échelon s'arrêter. Il est cependant un genre trop répandu, hélas ! et que je m'efforcerai de dépeindre; ce genre, qui a fait tant d'imbéciles et tant de malheureux, est celui du poète déclassé et incompris. Qui de nous n'a connu quelqu'un de ces infortunés enfants des muses, qui, les yeux levés au ciel, ont passé leur vie à tomber dans tous les trous de la misère et du ridicule; qui, le ventre creux et le cerveau brûlant, ont traversé toutes les bohêmes, et que rien n'a jamais pu désabuser de leur folle présomption et de leur foi fatale dans leur génie méconnu. Je prendrai, selon mon habitude, un de ces malheureux à sa naissance, et je tâcherai de raconter son histoire, c'est celle de tous les autres : *ab uno disce omnes*.

Arthur Ledoux, mon héros, naquit dans une petite ville de la brumeuse Bretagne, appelée St.-Yves-la-Mer; il était l'enfant unique d'un honnête ménage dont le mari était clerc chez le notaire du lieu et dont la femme servait de bonne provisoire à toutes les familles en peine. Ledoux et sa femme étaient la probité incarnée, et le notaire confiait au mari ce qu'il avait de plus secret et de plus précieux, tandis que chacun laissait entre les mains de la femme toutes les clés de sa maison.

Le petit Arthur était beau comme un chérubin; de grands yeux noirs, vifs et intelligents, une tête bouclée, un petit air lutin et doux en même temps en faisaient un enfant charmant, et, comme sa mère l'emmenait toujours avec elle, tout le monde dans la petite ville de St-Yves-la-Mer le connaissait et le comblait de caresses; sa mère mettait un soin infini à le parer modestement, il est vrai, et à soigner sa belle chevelure; elle disait qu'elle devait cela aux personnes qui voulaient bien supporter son enfant chez elles. En réalité, elle parait son idole.

Quand Arthur eut atteint sa cinquième année, il fallut songer à lui faire apprendre quelque chose; et il fut envoyé chez les Frères de la doctrine chrétienne. Là, comme ailleurs, il se fit aimer par sa gentillesse et par son aimable caractère; et comme sa mère avait déjà fait la toilette de son esprit en lui apprenant ses lettres, il se trouva tout de suite le premier parmi ses petits camarades et se maintint toujours à cette même place. Arthur avait une facilité énorme pour apprendre et pour retenir; il lui fallut bien peu de temps pour savoir lire, écrire et compter, et cependant, que de temps il perdait déjà pour son malheur futur! Il lui était tombé sous la main, quand il sut passablement lire, un recueil de cantiques spirituels dont il faisait son occupation unique et son bonheur; il les feuilletait sans cesse, les apprenait par cœur, les chantait, et leur cadence, leur rythme, leur mesure s'incrustèrent si bien dans sa petite tête, que, lui aussi, à son tour, il voulut rimer, et laissa échapper de son cœur enfantin les pauvres vers suivants :

Bon Dieu qui nous donnez le pain de chaque jour,
Donnez-nous aussi la sagesse,

Délivrez-nous de la paresse
Qui nous fait la guerre toujours.

Faites que nous aimions d'un amour bien sincère
Papa, maman et le cher Frère,
Et que nous puissions mériter
Beaucoup de prix et de lauriers.

Cela continuait ainsi pendant une grosse page; mais c'était un enfant de huit ans qui avait rassemblé ces rimes. Quelque mauvaises qu'elles fussent, tous les habitants de St.-Yves-la-Mer les trouvèrent sublimes, et M. Dubosquet, vieux garçon et bel esprit de l'endroit, qui, lui-même, pendant toute sa vie, avait enfumé les muses sur leur autel, voulut que l'enfant lui fût amené, et, quand il l'eut embrassé et caressé, il lui posa la main sur le front et dit solennellement : *Tu Marcellus eris*. Personne ne comprit rien à cette apostrophe, mais chacun cependant fut rempli d'admiration.

Voilà donc Arthur déclaré poète à l'âge de huit ans; cette imprudente prophétie fit travailler sa petite tête, et, poussé autant par son goût pour la poésie que par son amour-propre, il se mit à rimailler de petites bluettes aussi enfantines que ridicules, mais que les gros bonnets du lieu, surtout le cher Frère et M. Dubosquet, trouvaient admirables; ils n'appelaient plus Arthur que le petit prodige, et annonçaient avec orgueil à la ville de St.-Yves-la-Mer qu'un jour elle aurait son grand homme.

Notre héros avait cependant atteint l'âge de douze ans. L'éducation qu'il recevait chez les Frères ne pouvait plus lui suffire, mais comment le mettre ailleurs? Il ne fallait pas cependant laisser perdre ce génie naissant et étouffer cette lumière sous le boisseau. Le père Ledoux retira de leur cachette les petites économies qu'il avait faites pour l'avenir, la mère redoubla de travail, M. Du bosquet fit le Mécène, s'éboursilla quelque peu, et Arthur fut mis au lycée de N... Là, comme dans sa petite ville, le charmant enfant fut aimé de tous; son intelligence et sa facilité pour le travail le mirent bientôt à la tête de sa classe; mais son goût, son application étaient pour la poésie qu'il cultivait en secret, parce qu'on lui avait prudemment défendu d'y penser encore; mais, comment arrêter les effluves de cette jeune tête? Arthur, en proie au délire poétique, rêvait, rimait et entassait dans une cassette soigneusement fermée ses trésors de poésie qu'il allait montrer pendant les vacances à M. Dubosquet, lequel, de plus en plus enthousiasmé de son élève, le comblait de dangereuses louanges.

Quinze ans sonnèrent pour Arthur. Les poètes sont précoces, et l'amour commença à inquiéter son imagination et son cœur; il rima de plus belle, mais les sujets et le ton de ses productions changèrent. Ce ne fut plus au hanneton chéri, à papa, à maman, à Toto, à M. le principal, aux vacances, qu'il dédia ses pièces et qu'il emprunta ses inspirations. Ce fut au printemps, aux nuages, au soir, au lac, à elle, et presque toutes ses pièces étaient des aspirations vers ce sentiment encore mystérieux pour lui, mais qui, déjà, faisait vibrer tout son être. Enfin, vers sa rhétorique, à seize ans environ, la lumière se fit, son cœur déborda et il produisit ses premières élégies; elles avaient pour titre : L'inconnue, Premiers soupirs, Larmes d'amour, Elle reviendra.

Arthur croyait, hélas! avoir trouvé sa voie, et il y entrait plein d'illusion et d'espoir.

Devant les succès toujours croissants de son enfant, le père Ledoux avait redoublé de sacrifices, mais il était aussi arrivé au bout de ses économies, et, quoique depuis quelque temps on eût obtenu pour Arthur une demi-bourse au lycée de N..., ce pauvre père de famille ne pouvait plus rien pour son enfant. Mme Ledoux vendit ses bijoux, et, quoique M. Dubosquet ne fût pas très riche lui-même, il n'abandonna pas son protégé; et toutes ces grandes bonnes volontés et ces minces ressources conduisirent Arthur jusqu'à la fin de ses classes. Les succès du cher enfant des muses payèrent tous ces sacrifices, et il fut honorablement reçu aux épreuves du baccalauréat.

L'avenir s'ouvrait donc pour Arthur, il n'avait qu'à choisir sa carrière; son père et sa mère le poussaient sagement à étudier en droit, et dans leurs rêves ils le voyaient déjà substitut à St.-Yves-la-Mer. Le cher Frère, qui avait toujours conservé sur lui une bonne influence, joignait ses conseils aux leurs; mais M. Dubosquet cria à l'obscurantisme, au sacrilège; il jura qu'il ne permettrait pas qu'on étouffât sous une toque vulgaire le génie de ce cerveau d'élite, et il s'engagea à faire imprimer à ses frais le premier volume de poésies de son jeune protégé.

Arthur n'était que trop disposé à subir la malheureuse influence de M. Dubosquet; l'étude du droit lui paraissait tellement prosaïque qu'il frémissait d'horreur en y pensant. Le métier des armes était odieux à son cœur sensible; la carrière des administrations lui semblait l'éteignoir le plus lourd. Seule, la pure poésie se montrait à lui comme le ciel, où il pourrait trouver bonheur et gloire.

Les derniers efforts furent tentés; les suprêmes écus du père furent retirés de la caisse d'épargnes; la pauvre mère vendit une dernière croix d'or qu'elle tenait de son aïeule; M. Dubosquet ajouta quelques secours, et Arthur, de neuf tout habillé, le gousset moitié plein, mais le cœur débordant d'espérance, partit pour la capitale. Ledoux, dans sa sagesse, pleura beaucoup, sa femme se désola et pria; mais M. Dubosquet chercha à les consoler en faisant miroiter à leurs yeux la gloire future de leur fils.

Arthur avait reçu de son Mécène une lettre de recommandation pour un sien cousin, vieux garçon parfaitement posé dans la société parisienne; le Mécène de St.-Yves-la-Mer jurait à son parent qu'il lui adressait un jeune poète qui aurait bientôt dépassé *Hugo* et *Lamartine*, et qu'il l'obligerait personnellement en le faisant connaître et en le présentant dans le monde aristocratique. Le cousin était plus gastronome que littérateur, mais, autant par complaisance que par amour-propre, il accueillit parfaitement Arthur et lui promit sa puissante protection. Le poète remercia avec effusion, mais il déclara qu'il ne voulait être produit nulle part avant d'avoir publié son premier ouvrage.

Ce premier volume était prêt, il ne manquait plus qu'à le faire imprimer; là était la grande difficulté. Enfin, Dubosquet tint sa parole, à la condition qu'il lui serait dédié, et ce fut une bien grande joie pour Arthur de voir enfin son œuvre venir au jour, et de pouvoir en même temps témoigner sa reconnaissance à son bienfaiteur.

Pendant ce temps, Arthur s'était niché très haut dans les mansardes de la bohême parisienne, et avait fait la connaissance de ses faméliques voisins, presque tous peintres, vaudevillistes et poètes; mais le spectacle de leur misère et de leurs luttes ne le découragea pas, et, le cerveau toujours en feu, il attendit, en jeûnant bien souvent, le jour bienheureux de l'apparition de son livre.

Il parut, enfin, ce livre si impatiemment attendu; son titre modeste était : *Premières fleurs.* Après une dédicace pieuse à son Mécène, se déroulait une série d'élégies, de ballades, d'odes et de légendes, le tout, d'un certain mérite, exhalant un vrai parfum de poésie, mais noyé dans le plus échevelé des désordres et péchant trop souvent contre les règles de l'art. Le pauvre enfant pensait que la poésie est le premier jet de l'âme, la première flamme du cœur, et n'avait pas assez étudié Boileau et ses sévères principes; il s'était cru un grand poète parce qu'il sentait vivement, pleurait avec facilité et trouvait assez rapidement quelques mots ronflants et originaux pour exprimer sa pensée et traduire ses larmes.

Son livre, qu'Arthur avait offert au cousin de Dubosquet, fut feuilleté par lui devant une respectable société qu'il voyait souvent et qui se composait d'une demi-douzaine de douairières maniaques, de veuves dont quelques-unes encore belles et sensibles, de quelques vieilles filles soupirant toujours, de dames sentimentales et de quelques hommes de tous les types. Chacun supplia alors le cousin d'amener le jeune poète, et la présentation d'Arthur fut un événement dans cet aristocratique salon. On entoura, on choya le jeune favori des muses; il plut aux unes parce qu'il était modeste; aux autres, parce qu'il était beau; à beaucoup, parce qu'il était sensible; à toutes enfin, parce qu'il était poète. On le pria de déclamer quelques-unes de ses poésies; il avait l'organe mélodieux, le geste vrai, et comme il sentait vivement ce qu'il disait et ce qu'il composait, il fit passer dans tous les cœurs de la société l'émotion électrique qu'il éprouvait lui-même. Son succès fut complet, et le lendemain une douzaine d'exemplaires de son livre fut enlevée de chez l'éditeur.

Arthur, au comble du bonheur devant ce brillant début, se laissa aller sur les ailes des rêves à des hauteurs insensées et vertigineuses; mais ce bonheur ne se composait pas seulement de gloire : l'amour, comme d'ordinaire, s'y était glissé et le colorait de ses teintes les plus douces et les plus séduisantes.

Au milieu de toutes les grandes dames qui avaient applaudi à ses succès, l'une d'elles avait fait sur lui une de ces impressions profondes et incurables comme une blessure mortelle; c'était une vicomtesse d'environ 25 ans, veuve depuis quelques années, et possédant une grande fortune; jusque-là, elle avait refusé tous les beaux partis qui se présentaient en foule à elle, et restait rêveuse et mélancolique, semblant en proie à un souvenir ou poursuivant en vain un espoir mensonger. Cette attitude, du reste, convenait on ne peut mieux à son teint pâle, à ses grands yeux noirs, à sa longue chevelure brune et à ses traits expressifs; aussi la nommait-on *la belle rêveuse,* et le plus envié triomphe d'un cavalier était d'obtenir un sourire de sa bouche. La chronique, qui n'épargne personne, avait sans doute cherché à trouver ou à supposer la cause de cette tendance à la tristesse; elle les avait toutes parcourues sans s'arrêter à la seule vraie, qui était une habile coquetterie. Mais comme sa conduite était réservée, son maintien convenable, elle ne s'occupa plus d'elle, tout en l'observant toujours de son œil implacable. Mme de Vrenon, tel était le nom de cette jeune veuve, se trouvait dans le salon de la comtesse de Ripp quand Arthur y débuta. Etait-elle plus disposée à la sensibilité ce soir-là que tout autre? Arthur eut-il des accents encore inconnus pour elle ou à l'unisson de son âme? Je ne sais, mais elle s'émut, s'attendrit presque, fixa pendant longtemps son regard mourant sur le pauvre enfant troublé, applaudit tellement de ses petites mains aristocratiques, qu'elle manqua s'afficher et qu'Arthur put se croire distingué par elle.

Mais, si la belle veuve avait remarqué le poète, lui aussi, au moment qu'il l'avait aperçue, il s'était senti frappé au cœur. C'était la première fois de sa vie qu'il voyait d'aussi près et dans d'aussi heureuses conditions une femme de ce monde élégant et séducteur, et cette femme, enivrée par les inspirations de son âme, fascinée par les ardentes émanations de son cœur, le dévorait du regard et ne pouvait se lasser de l'entendre. C'était trop, et ce cœur tout neuf, tout brûlant, tout poétique, se donna, dès cet instant, sans réserve, à cette enchanteresse.

Le poète revint souvent dans cette société d'élite, et

toujours il y retrouvait la sentimentale veuve à laquelle, dans le fond de son cœur, il donnait les noms sacrés de *Béatrix* et de *Laure*. Peu à peu, il s'enhardit jusqu'à lui murmurer quelques doux mots de poésie et d'amour, et lui demanda, en tremblant, la permission de rimer quelques vers pour elle. Toutes les femmes aiment à être chantées par les poètes; elles trouvent dans ce triomphe le double plaisir de la sensibilité et de l'amour-propre satisfaits. Adalaïs, la belle Ermengarde et tant d'autres après elles, reçurent tout en restant sages et réservées, les brûlantes déclarations de leurs adorateurs.

La veuve donc accepta par un mélancolique sourire, et Arthur eut plusieurs fois le suprême bonheur de glisser doucement dans sa main les vers enflammés que lui inspirait son amour. Un soir même, il se hasarda à presser cette main chérie, à balbutier quelques mots confus d'éternelle tendresse, et il attendit, en tremblant, une syllabe de réponse, un éclair d'espoir. La belle veuve sembla un instant hésiter, mais un soupir profond trahit sa défaite, et d'une main fiévreuse elle détacha une fleur de son odorant bouquet et la tendit doucement au poète. Arthur crut mourir dans ce bienheureux moment; il avait rêvé, il croyait avoir trouvé la gloire, et il rencontrait aussi le bonheur; il plaça vivement la petite fleur sur son cœur, et, l'estomac vide, la tête brûlante, il rentra dans sa pauvre mansarde, qui lui parut ce jour-là le plus beau palais du monde.

Cependant, à part les douze exemplaires du livre d'Arthur, vendus le lendemain de la présentation du poète chez la comtesse de Ripp, aucun autre n'était sorti de chez l'éditeur. Quelque brûlants, quelque passionnés que fussent les vers d'Arthur, ils ressemblaient tellement à ceux que font tous les poètes à leur débuts, que pas un lecteur ne fut seulement tenté de les feuilleter, le titre seul les faisait fuir. Ah! si Arthur, au lieu de vers amoureux et mélancoliques, eût écrit le plus petit roman folichon et égrillard, avec un titre appétissant, tel que : *Le mari de ma femme, L'enfant de tous* ou *La femme-homme*, etc., etc., il en eût vendus par centaines et eût fait vite fortune.

En ce temps, le bon et enthousiaste M. Dubosquet mourut; il n'oublia pas Arthur dans son testament, et lui légua sa modeste bibliothèque. Une bonne petite rente, qui lui eût assuré son pain de tous les jours, aurait bien mieux valu pour lui.

Quelques mois se passèrent, les ressources du poète étaient depuis longtemps épuisées; il avait aussi dévoré un à un les livres de son bienfaiteur; la faim, la cruelle faim assiégea sa mansarde, et pour ne pas y succomber, il chercha à copier de froids registres d'administration; mais bientôt cette ressource même lui manqua; ceux qui lui confiaient leurs écritures avaient surpris des rimes accrochées au bout d'une addition, et des hélas plantés dans un protocole.

La jeunesse et la vigueur d'Arthur avaient tenu bon jusque-là, mais la maladie vint, hélas! le saisir, et le pauvre enfant, abandonné dans sa mansarde, serait peut-être mort de froid et de besoin sans l'assistance charitable de voisines compatissantes aussi pauvres que lui et qui le rappelèrent à la vie.

Pendant le délire de ces quelques jours de souffrances, Arthur, en proie à la plus affreuse surexcitation, avait rêvé, rimé et soupiré, et un nom, toujours le même, revenait au milieu de ses soupirs et de ses rêves.

Les soins des bonnes voisines, secondés par un reste de jeunesse et de courage, sauvèrent Arthur; il revint à la vie, se procura quelques petites ressources en mettant honteusement son talent au service des entrepreneurs de noces et de fêtes publiques, et se sentit bientôt assez fort pour reparaître dans le salon de la comtesse de Ripp.

Comme le cœur d'Arthur battit lorsqu'il entra dans cet appartement qui contenait la vie de son âme! Il y avait déjà plusieurs mois qu'il n'y était venu, et son entrée y fit une sensation médiocre. Ah! c'est que dans le monde tout passe et s'oublie vite. Le premier enthousiasme excité par les vers d'Arthur s'était affaibli; quelque événement nouveau était venu presque l'effacer, et le triomphe passager du pauvre poète n'était plus déjà qu'à l'état confus de souvenir. La maîtresse de la maison lui fit cependant un gracieux accueil et, le voyant pâle et défait, daigna lui demander qu'elle était la cause de son changement, et formula des vœux pour son prompt et entier rétablissement; mais les yeux d'Arthur étaient fixés sur un seul point du salon, où la belle vicomtesse, nonchalamment étendue sur une causeuse, parlait vivement avec un monsieur à longues moustaches blondes, qui la partageait avec elle; son air triste et mélancolique d'autrefois s'était singulièrement éclairé; elle souriait en montrant les plus belles dents du monde, et jouait gaiement avec un riche éventail. Arthur apprit que l'heureux mortel qui paraissait être si avant dans son intimité était un *sportsman*, que son cheval venait d'illustrer en gagnant un prix royal. On plaisantait beaucoup dans le salon sur ses assiduités auprès de la veuve; quelques-uns pariaient qu'il arriverait premier, d'autres assuraient que la veuve se déroberait; mais la plupart étaient d'avis que sur un turf déjà battu, la victoire était plus facile. Tous ces sarcasmes tombaient sur le cœur d'Arthur comme des glaçons tranchants, et il épiait avec anxiété le moment où, la vicomtesse se trouvant seule, il pourrait se rapprocher d'elle.

Un instant favorable s'étant présenté, le poète se précipita : « Et d'où arrivez-vous donc ainsi, pâle, défait, effaré? lui dit presque en souriant la veuve; on vous dirait revenant de l'autre monde! » — « J'en reviens presque, dit en tremblant Arthur, et j'y retournerais avec joie si j'obtenais un seul mot d'amour de votre bouche.

Dites que vous m'aimez et je saurai mourir.

C'était un vers d'une des nombreuses pièces qu'Arthur avait faites pour elle. « Allons, allons, mon cher poète, « vous avez des idées singulièrement sombres; mais « dites-moi donc où vous passâtes tout le temps de « cette longue absence? » — « Je l'ai passé dans ma « mansarde, à souffrir et à penser à vous. » — « Penser « à moi, c'est bien aimable, mais souffrir, c'est trop. « Quel était donc votre mal, enfant chéri des muses? » « Oh! j'avais bien des maux, madame, la maladie, la « faim et l'amour, et le dernier était le plus cruel. » — « Allons, voyons, soyez raisonnable et pas aussi senti- « mental. » — « Vous ne m'aimez donc plus? » — « Moi! mais enfant où avez-vous donc appris que je « vous aimais? Vous seriez impertinent si vous n'étiez « naïf. » — « Et la petite fleur? » — « Quelle petite

« fleur? Ah! cet œillet que je vous donnai un soir? Il « fallait bien récompenser les jolis vers que vous faisiez « pour moi. J'en ai donné vingt autres depuis; vous ne « connaissez donc pas le monde et ses usages? » – « Oh! brisez-moi, brisez-moi, mais laissez-moi croire « encore que vous m'avez aimé. » — « Croyez ce que « vous voudrez, et surtout soyez calme; réfléchissez « donc, enfant. Vous croyez qu'on s'aime comme cela « d'emblée. Voyons, je vous ai rencontré ici deux ou « trois fois, vous m'avez offert quelques vers, vous « m'avez, je crois, adressé quelques mots galants, je « vous ai remercié en vous donnant une fleur, ne « sommes-nous pas quittes? » — « Oh! mon Dieu! « oh! mon Dieu! soupira le poète en portant la main à « son cœur et à son front. » — « Vingt louis à faire au « baccarat, cria le sportsman. » — « Banco, répondit « la vicomtesse en se levant et en faisant un léger salut « au poète. »

Arthur, demi-mort, restait cloué à la même place où il venait d'entendre l'arrêt cruel de la vicomtesse; un reste de fierté et de courage le ranima cependant, il jeta un dernier regard de reproche et d'amour à la veuve qui gagnait gros, maudit le jour où il était entré dans ce salon, et, le cœur saignant, il le quitta pour ne plus y revenir.

La secousse était trop forte, et lorsqu'il fut rentré dans sa mansarde, Arthur eut une crise horrible de cette implacable phthisie qui déjà l'avait attaqué et à laquelle ces émotions venaient de faire faire de profonds progrès. Dans un moment de calme qui suivit cet accès, le poète rêva un instant, pleura, et, enlevant de sur son cœur la petite fleur qu'il avait reçue de la vicomtesse, il la baisa plusieurs fois avec une fébrile ardeur; puis, arrachant de ses cahiers une feuille encore blanche, il écrivit dessus les vers suivants :

Pauvre petite fleur, doux gage de ma mie,
Alors qu'un tendre amour fit palpiter nos cœurs,
Sur mon bonheur perdu, sur ta tige flétrie,
Une dernière fois je viens verser des pleurs.

Ainsi que notre amour, tu t'es bientôt fanée;
De ton parfum divin, de ta riche couleur,
De l'éclat qui t'ornait quand tu me fus donnée,
Il ne te reste rien, pauvre petite fleur!

Par le temps ennemi, tes feuilles desséchées,
De ton calice, hélas! tombent et pour jamais,
Ainsi que de mon cœur s'échappent arrachées
Ma douce illusion et l'erreur que j'aimais.

Au bord de la prairie, à la place embaumée
Où le souffle léger d'un amoureux zéphir
Courbait de ses baisers ta tige parfumée,
De toi que reste-t-il? Pas même un souvenir.

Une autre pauvre fleur, comme toi simple et belle,
Sous le même zéphir s'y courbe avec amour;
La fleur se fanera, le zéphir infidèle
Pour caresser sa sœur n'attendra pas un jour.

C'est ainsi que ma mie inconstante, oublieuse
De ses aveux d'hier, de ses serments d'un jour,

Se rit de mon tourment et s'envole joyeuse
Vers de nouveaux aveux, vers un nouvel amour.

Tout n'est donc ici-bas que mensonge, inconstance,
Et pour le cœur de l'homme et pour la pauvre fleur.
Pour un moment d'amour que de jours de souffrance!
Que de regrets amers pour un peu de bonheur!

Ton éclat qui s'éteint, ton parfum qui s'envole
Plus vite encore, hélas! que n'a fait notre amour,
Du bonheur d'ici-bas seraient-ils le symbole?
Pour aimer, être heureux, n'aurions-nous qu'un seul jour!

Arthur pleura encore, baisa de nouveau la fleur et, la glissant dans une enveloppe avec ces derniers vers, il adressa ce suprême envoi à la vicomtesse. Mais, après ce cruel effort, l'enfant, se sentant brisé, se coucha sur son petit grabat et attendit avec résignation la mort.

Les mêmes voisines charitables qui avaient déjà secouru Arthur, vinrent encore entourer son chevet de soins pieux. Mais, la maladie du pauvre poète paraissait devoir être grave et peut-être longue; les bonnes femmes étaient dans une profonde misère; il fallut donc songer à faire transporter la malade là où tant de ses pareils étaient allés s'éteindre. Et, bientôt, un modeste brancard l'emporta, presque mourant, à l'hospice le plus voisin; ses charitables voisines voulurent l'accompagner. Il y a tant d'amour et de dévouement dans le cœur d'une femme, quand elle voit un enfant, même s'il n'est pas le sien, souffrant et abandonné!

Au moment où, vers midi, on emportait Arthur à

l'hôpital, la femme de chambre de la vicomtesse venait d'entr'ouvrir ses volets et de déposer sur son lit le courrier du jour. La belle veuve le bouleversa avec nonchalance, mais, apercevant une enveloppe assez grossière, qui n'était pas armoriée et parfumée comme les autres, elle fut prise de curiosité. « Que peut être « cela? dit-elle, une demande de secours, sans doute. » Et d'un doigt impatient elle la déchira; la petite fleur s'en échappa. « Une fleur! Tiens, c'est drôle. » Mais déjà elle lisait les derniers vers d'Arthur. Un instant, elle fut émue, mais, se remettant bientôt : « Ce garçon-là « était fou, dit-elle; c'est égal, cela fera bien parmi mes « autographes d'auteurs. » Et aussitôt, se faisant apporter un riche album, elle y colla soigneusement la petite fleur et les vers arrosés des pleurs du poète. « Ah! je conterai cela au baron, ajouta-t-elle, lui, qui « croit peu à l'amour, verra qu'il en reste au moins un « peu dans le cœur des poètes. »

Cependant Arthur, escorté par ses pieuses voisines, était arrivé à l'hôpital et avait été remis entre les mains de la charité chrétienne; il pleura beaucoup en se séparant des bonnes femmes, mais il se résigna, leva les yeux au ciel et fit le sacrifice de sa vie. Alors on lui donna un lit entre un mort et un mourant, et Arthur Ledoux, le poète sentimental, le rêveur mélancolique, ne fut plus que le numéro 271, salle B. A sa visite du soir, le médecin de service s'arrêta longtemps devant ce nouveau sujet, l'interrogea, l'examina, l'ausculta, le fit tousser, et, se tournant vers la sœur, il fit un geste significatif qui disait : Plus rien à faire... Sans espoir...

En effet, l'état d'Arthur s'aggrava de jour en jour.

Aussitôt que le pauvre enfant s'était senti perdu sans ressources, il avait écrit à ses parents, les suppliant de venir l'embrasser une dernière fois, et sa préoccupation constante dans ses souffrances était de ne pas les voir arriver encore; il gémissait, pensant qu'il ne les reverrait plus, et s'accusait d'avoir causé leur malhenr. Un nom venait aussi quelquefois se mêler à ses larmes, mais aussitôt il le maudissait, puis il tombait dans de longues rêveries pendant lesquelles il récitait des vers adressés à celle qu'il avait tant aimée, et restait ensuite pendant de longues heures dans une prostration complète.

Un soir, il était plus abattu qu'à l'ordinaire, deux de ces anges qu'on nomme sœurs de charité veillaient à son chevet et lui prodiguaient les soins les plus assidus, les consolations les plus chrétiennes. Tout-à-coup, un bruit de pas et de sanglots retentit dans la salle, et deux vieillards couverts de poussière se précipitent en demandant leur enfant.

M. et Mme Ledoux arrivant presque toujours à pied du fond de la Bretagne, et, rompus de fatigue, brisés de douleur, ils ne s'étaient arrêtés qu'au pied du lit de leur cher Arthur; leur enfant les avait reconnus à travers les angoisses de la mort qui s'emparaient déjà de lui. « Oh! mon père, oh! ma mère, s'écriait-il, vous « qui m'avez tant aimé, venez... venez... » Et les vieillards, embrassant de leurs bras tremblants leur fils agonisant, le couvraient de caresses et de larmes. « Mon « père... ma mère..., répétait Arthur, vous qui m'ai- « mez, ne m'abandonnez pas, sauvez-moi, j'étouffe... « Oh! aimez-moi toujours, votre amour peut me

« sauver; que ne suis-je resté toujours auprès de vous! « Nous serions tous heureux. Pardonnez-moi de vous « avoir quittés. Mon père..., ma mère..., embrassez-moi, « aimez-moi, souvenez-vous de moi, oh! mon Dieu, « j'étouffe..., je meurs... » Et le pauvre enfant expira au milieu des sanglots déchirants de son père et de sa mère, et des prières et des exhortations des saintes sœurs de charité.

Le lendemain, au moment où le triste convoi du poète, accompagné de ses parents désespérés et de ses bonnes voisines, sortait de l'hôpital, un élégant landau, attelé de chevaux fringants, se trouva un instant arrêté par lui; les coursiers impatients piaffèrent, se cabrèrent, le cocher jura et une belle dame se relevant nonchalamment mit la tête à la portière, et dit avec vivacité : « Mais, qu'est-ce donc? Ah! un enterrement d'hôpital. » Et, par habitude, elle se signa. « Mais, voyez donc, dit- « elle en se tournant vers un monsieur à grandes mous- « taches blondes qui était assis à côté d'elle, voyez donc, « qui peut-on ainsi porter en terre avec une couronne de « laurier sur la bière? » Eh! parbleu, répliqua le « monsieur, ce doit être un cuisinier ou un poète. » Et, très satisfait de sa plaisanterie, il se mit à rire bruyamment. La jeune femme, se penchant alors, demanda à l'une des voisines qui se trouvait juste sous la portière : « Qui donc enterrez-vous, ma bonne dame, « avec une couronne de laurier sur son cercueil? » — « Madame, c'est un jeune poète du nom d'Arthur « Ledoux, qui est mort hier à l'hôpital de phthisie et de « désespoir d'amour. » La veuve pâlit et se rejeta tremblante au fond de la voiture. « Vous voyez bien

« que je ne vous trompais pas, ce ne pouvait être qu'un « cuisinier ou un poète. Ah ! ah ! ah ! » Et il rit de nouveau de son mot cynique. « Mais, voyons, avançons, Jacques, « continua-t-il, passez dessus s'il le faut, nous n'arri- « verons jamais à temps pour le départ de Gazelle; ils « sont tous ainsi ces poètes, depuis Malfilâtre et « Millevoye, ils vont mourir de misère et de la poitrine « à l'hôpital ; et que ne se font-ils jockeys, ils y trouve- « raient profit et santé. » — « Cocher, brûlez le pavé, dit « à son tour la veuve, au bois..., au bois..., aux courses..., « de l'air..., quittons ce triste lieu. » — « Oh ! comme vous « êtes émue, ma chère, dit le monsieur à moustaches. « Qu'avez-vous donc ? » — « Oh ! la mort..., la mort..., « surtout quand elle fauche une jeune existence, me « navre et m'effraie. » — « La la ! calmez-vous, et que « feriez-vous donc si *l'Eclair* se couronnait ou si *miss* « *Ella* se fracturait un membre ?

Telle fut l'oraison funèbre du pauvre poète Arthur Ledoux.

LE BAS BLEU.

D'après un article de M. Esquiros, inséré dans la *Revue des Deux-Mondes* de 1869 (page 778), l'étymologie du mot *bas bleu* viendrait d'Angleterre, et ce nom aurait été donné aux femmes de lettres ridicules et pédantes, après avoir été porté par un club littéraire d'hommes *(Bleue-stoking-club)* dont le membre le plus éminent, M. Stilling-Fleet, portait toujours des bas bleus. Quoiqu'il en soit, ce nom est resté et sera toujours donné en France à la femme de lettres, ne serait-elle pas ridicule ou pédante.

A quel point de vue m'occuperai-je des femmes bas bleu? Sera-ce pour les blâmer et pour plaindre ceux qui dépendent d'elles? Sera-ce au contraire pour louer leur aptitude et leurs talents? J'hésite encore, car si, d'un côté, je professe une admiration particulière pour le génie de quelques-unes, de l'autre, à mon humble avis, toute femme qui écrit sort de son rôle et fausse sa mission en empiétant sur ce droit que l'homme s'est arrogé comme tant d'autres; de plus, elle perd le prestige de sa faiblesse et de sa grâce, et ne reste plus femme. Mon opinion se forme donc, et je dis : Non, une femme qui veut rester femme ne doit pas écrire.

Mais, me dira-t-on, quelle est cette tyrannie exclusive? Pourquoi ce monopole injuste? Les hommes sont-ils seuls aptes aux œuvres de l'esprit ou redoutent-ils la concurrence de leurs compagnes? Ni l'un, ni l'autre; mais, je le répète, la mission de la femme n'est pas de s'épancher en public, de livrer au cynisme de la critique l'expression de ses sensations et de ses sentiments; elle est au contraire toute de réserve, de soins intimes, de dévouement, de sacrifices et même de souffrance; son rôle modeste, mais sublime, doit consister à charmer le logis, à cultiver et à former le cœur de ses enfants, à exercer son influence morale sur son mari et à répandre autour d'elle le bienfaisant parfum de sa grâce et de ses vertus.

Vous n'approuvez donc pas, me dira-t-on encore, que les femmes étudient, apprennent, sachent, et qu'elles égalent les hommes en érudition et en talent? Par la même raison, je réponds : Non. En supposant que les femmes, pour égaler les hommes, et c'est le seul moyen, soient comme eux mises au collège, qu'elles suivent toutes leurs classes, méritent tous les diplômes, elles deviennent dès lors aptes à toutes les carrières; c'est de la logique la plus serrée. Les voyez-vous donc devenir avocats, médecins, ingénieurs, administrateurs, employés, directeurs, ministres, empereurs, etc., etc.? Oh! ma conséquence est inattaquable, elle est fatale, inévitable, car enfin, du moment où vous accordez les moyens, pourquoi refuseriez-vous la fin?

Mais en devenant tout cela, les femmes ne resteraient plus femmes et ne pourraient plus remplir les devoirs sacrés de leur sexe, en conserver le prestige gracieux et en exercer l'heureuse influence. Comment, en effet, pendant les années de collège, initiées comme tous les hommes à tout ce que l'étude des auteurs apprend, pourraient-elles acquérir et garder cette pudeur qui n'éclot qu'au foyer maternel et qui se flétrit à tout autre contact? Comment, dans leur cours de droit et de médecine, pourraient-elles rester ces jeunes filles naïves et pudibondes que nous aimons tant à prendre pour épouses? Plus tard, quand, par la force des choses, elles seraient investies des dignités et des charges de l'Etat, comment pourraient-elles remplir les devoirs de la femme et suffire aux travaux de ses fonctions? Figurez-vous, en effet, une femme député, à laquelle, pendant un discours véhément, un huissier de la chambre vient apporter son bébé qu'elle allaite. Aimez-vous mieux une femme ministre, donnant en plein conseil les soins que réclame un mioche criard et malpropre? Voyez d'ici une femme avocat, serrant d'une main contre sa poitrine son moutard épouvanté, et de l'autre exécutant des gestes furieux contre son adversaire qui, tranquillement, emmaillotte le sien sur le banc de la défense. Préférez-vous deux ingénieurs femelles, emportant sur leurs dos, par monts et par vaux, leurs instruments et leurs marmots? A moins que vous n'aimiez mieux un recteur de l'académie, dans un état intéressant avancé, présidant une solennelle distribution de prix? Ne nous figurons plus rien, arrêtons-nous..., arrêtons-nous, nous irions si loin..., si loin... Un mot cependant encore.

Vous, philosophes chagrins, vous aussi, journalistes inquiets, qui tonnez toujours contre la partialité des juges ou contre l'injustice des jurés, vous ne voyez pas d'ici l'avocat femelle, faisant les yeux doux au tendre président, qui lui répond par un baiser envoyé sur le bout des doigts, pendant que le juge d'instruction presse doucement à l'abri du tapis judiciaire le petit pied d'une charmante substitute? Ce qui n'empêche nullement le juge de gauche de glisser un billet doux à la greffière sentimentale, pendant que les avocats et les avoués mâles et femelles se serrent tendrement la main en se communiquant les pièces du procès.

Et si nous remontions plus haut, ou si nous descendions plus bas, que ne verrions-nous pas, grand Dieu! La ministre du commerce faisant endêver le ministre des finances en abaissant les droits d'entrée sur les dentelles, les bijoux et les soies. Le ministre de l'intérieur nommant consul à Rio-Janeiro son rival auprès d'une jeune sous-préfète, et la ministre de l'instruction publique donnant une mission lointaine à son mari et nommant son secrétaire intime, un jeune bachelier blond et frisé; et partout..., partout, ce ne serait que désordre et injustices sur toute l'échelle hiérarchique, et, depuis la base jusqu'au faîte, cette monstrueuse promiscuité entraînerait le tumulte, la guerre, la ruine et bientôt le cataclysme.

Donc, les femmes ne doivent pas être auteurs, car si vous leur accordez ce droit, vous leur donnez aussi fatalement celui de tout être, et vous arrivez à la conséquence terrible que je viens de vous signaler.

Les philosophes sages, les législateurs éclairés, les gouvernements prudents, ont toujours eu pour principe d'écarter l'élément *passion* des affaires publiques; ce serait l'y semer à profusion que d'y introduire la femme, dont le rôle, au contraire, doit être de tout embellir et de tout calmer. Cette belle moitié du genre humain me pardonnera, je l'espère, de l'exclure ainsi, puisque c'est sa trop grande influence que je redoute et que je lui accorde la double et terrible puissance de révolutionner et d'apaiser les hommes.

Où irai-je donc chercher le type de la femme de lettres? Ce ne sera pas directement parmi ces femmes célèbres, mais d'autant plus dangereuses qui, abandonnant les vertus de réserve et de pudeur de leur sexe, bravent encore les lois les plus sacrées de la morale, glorifient les dangereux principes d'une rénovation sociale, et cherchent à justifier et à exalter dans leurs écrits malsains, dans leurs romans dissolus, l'émancipation cynique de la femme, l'héroïsme du suicide, la nécessité du divorce, et le reste... Non, ce n'est pas dans cette exception, bien rare heureusement, que j'essaierai de trouver une héroïne; je la prendrai plus bas, tout en dépeignant l'ascendant corrupteur qu'en morale et en politique ces femmes supérieures exercent sur nombre de leurs compagnes en littérature. Je choisirai parmi cette légion, trop nombreuse, hélas! de ces femmes dites *incomprises,* qui, repues de la lecture des romans, le cerveau et le cœur malades, ont su un jour trouver deux rimes entre deux soupirs, et ont cru aussitôt être femmes de lettres; elles n'avaient pas sans doute une mère prudente et sage, ou, si elles avaient le bonheur de la posséder, elles ne suivirent pas ses conseils. Le plus souvent, ces femmes dévoyées ont été poussées dans cette voie funeste par un amour malheureux, et ont trouvé dans les lettres l'exutoire qui manquait à leur cœur ulcéré. Souvent aussi, flattées et poussées par des parents imprudents, elles ont commencé par être des enfants-prodiges, et l'enfant-prodige, s'il n'est dirigé et arrêté à temps, n'aboutit jamais à une carrière normale, et se lance dans les écarts de l'orgueil, du dépit ou d'une originalité funeste.

Je ne veux pas nier cependant que nombre de femmes ne naissent avec une aptitude réelle et une vocation littéraire déterminée, mais elles doivent, si elles sont sages et bien conseillées, aussitôt qu'elles peuvent raisonner, combattre cette tendance fatale, et rester dans les attributions plus modestes, il est vrai, mais aussi plus convenables de leur sexe.

Elvire Dulong était la fille d'honnêtes ouvriers de Paris; sa mère, humble mercière, avait son obscure boutique dans la plus obscure rue du quartier Latin, et son père, ouvrier relieur, travaillait dans l'arrière-boutique plus obscure encore. Ne pouvant avoir un atelier, des outils et des avances à lui, il mettait en page, cousait et brochait pour un patron célèbre. La petite Elvire, qui était leur unique enfant et leur bonheur, jouait pendant toute la journée dans la boutique de sa mère et dans le réduit obscur de son père. Tant qu'elle ne dépassa pas ses cinq ou six ans, elle feuilletait avec avidité et respect les ouvrages illustrés confiés à l'habileté paternelle; mais, aussitôt qu'elle sut lire, cette curiosité enfantine se changea en une passion immodérée pour la lecture.

Son père, ignorant comme un relieur, sa mère plus ignorante encore, la laissèrent faire en toute liberté; bien plus, ils l'encouragèrent en l'admirant, et, la voyant aussi sage et aussi studieuse, ils rêvaient déjà pour elle le poste glorieux d'institutrice, et n'avaient plus aucun souci de son avenir.

L'enfant grandit, lisant toujours, et comme elle lisait souvent ce qu'elle ne comprenait pas ou ce qu'elle n'aurait pas dû comprendre, son cerveau s'exalta, son esprit dévia, son jugement se faussa, et, comme les estomacs qui absorbent, sans principes raisonnés d'hygiène, des aliments divers et trop forts pour eux, ses facultés s'égarèrent, tout dans son intelligence alla à contre-sens; ce qui aurait dû former l'esprit bouleversa le cœur, ce qui aurait dû émouvoir le cœur troubla l'esprit, et la pauvre enfant arriva à ses dix-huit ans confondant tout, bouleversant tout, n'analysant rien et n'ayant retenu de toutes ces lectures accumulées que quelques idées d'indépendance morale, de libre interprétation et de révolte contre les lois sociales dans leur portée vis-à-vis de la femme. Elle restait cependant encore sage, et devait cet heureux résultat à l'occupation de son esprit, quelque singulière qu'elle fût; un mouvement nouveau se révélait cependant en elle; l'influence de l'âge, le tumulte qui bouillonnait dans son cerveau et la révolution qui déterminait toutes ces lectures diverses, soulevaient un orage qui cherchait son issue; l'amour lui en offrait une, mais elle ne suffisait pas à son âme agitée, et elle dédaigna ses vulgaires plaisirs pour donner à son esprit l'élan régénérateur et inspiré. Elle voulut écrire, et bientôt elle mit au jour un opuscule singulier, composé d'éléments divers, et dans lequel se trouvaient assemblés les lambeaux de tout ce qu'elle s'était assimilé.

Ce premier ouvrage avait pour titre : *Rêveries*

sérieuses d'une jeune fille, et contenait en vers et en prose un peu de *omni re scibili et quibusdam aliis.* Il y avait de la religion, de la philosophie, de la morale, de la science, un peu d'histoire, de l'aspiration vers l'amour, du dégoût de la vie; et ces éléments hétérogènes, bizarrement classés, hardiment reliés entre eux, formaient un tout original qui fut trouvé piquant, et le nom de la jeune fille acquit tout de suite une certaine célébrité.

Il se forma alors à Paris, à l'abri du tumulte révolutionnaire du temps, une association puissante *pour l'émancipation de la femme;* les lettres semblaient en être le but, mais une rénovation sociale en était réellement l'objet; les plus célèbres bas bleus en faisaient partie; une d'elles, la plus illustre, en était la présidente, et les conférences de cette société se tenaient chaque semaine dans un local vaste et bien connu.

Elvire avait offert son ouvrage au bureau et, dès la séance suivante, elle fut nommée membre avec mention honorable.

Qui n'a pas eu, en ce temps, la curiosité d'assister à une de ces séances singulières, où le silence ne put jamais absolument régner, où le tumulte était à l'ordre du jour, et où, bien souvent, deux orateurs femelles parlant sur le même sujet, mais à des points de vue différents, quittaient tout-à-coup les deux tribunes qu'on avait prudemment placées à une distance assez éloignée, et en venaient aux mains dans l'espace qui les séparait, se griffant, se décoiffant et s'arrachant quantité de cheveux vrais ou faux. Pénétrons discrétement et asseyons-nous avec prudence loin des éclaboussures qui pourraient nous atteindre.

La séance va commencer. La salle, d'une belle grandeur, est assez bien éclairée et ornée; c'est le moins pour des dames; au fond, s'élève une estrade taillée en demi-rond, sur laquelle est placé un vaste bureau couvert d'un tapis rose; à droite et à gauche sont, comme je l'ai dit, deux tribunes séparées l'une de l'autre par un espace d'une dizaine de mètres. Cette mesure de haute précaution a été prise, d'abord, afin que deux orateurs contraires, ce qui eût été fort dangereux, ne pussent se remontrer à la même tribune; ensuite, pour qu'il fût plus facile de les séparer si, malgré cette mesure, elles en venaient aux griffes. Au-dessous de l'estrade et après les tribunes, sont disséminées des centaines de chaises, sur lesquelles sont placées, dans les positions les plus variées, les membres femelles de l'association; quelques-unes fument, d'autres fredonnent, cinq ou six tricotent, la plupart donnent des soins à leur toilette et minaudent en lançant des regards provocateurs au prétoire. Ce prétoire, rempli d'hommes qui ont obtenu des entrées de faveur, est séparé du reste de la salle par une forte barrière, sans aucune porte ni communication avec le côté des dames, et dans lequel on ne pénètre que par l'extérieur. Cette précaution avait été inspirée par deux motifs très sages et très louables. En effet, elle préservait les hommes des coups de griffe des femmes, et celles-ci des impertinences des hommes.

Le fauteuil de la présidence est occupé par une femme de moyenne taille, mais d'une assez forte corpulence; son âge est indécis, son visage a des traits distingués et une expression assurée et énergique; elle porte crânement sur le nez un binocle en or, et jette un regard hardi, presque effronté, sur toutes les parties de la salle, sans excepter le côté des hommes; son costume est sobre, sa coiffure aplatie, sa robe découpée en redingotte, ses cheveux taillés presque à la Titus pourraient de loin la faire prendre pour un président d'un tribunal quelconque; ses deux assistantes ont chacune un type bien différent : l'une, celle de droite, est blonde et frêle; elle lève languissamment ses grands yeux bleus au plafond et pousse quelques tendres soupirs; son costume, en rapport avec son air, est vaporeux et léger; une robe d'un bleu pâle, d'une étoffe transparente et assez fortement décolletée, l'enveloppe de ses plis onduleux; sa coiffure se compose d'un long voile de crêpe de même couleur, qui s'enroule autour de sa tête en turban vaporeux. L'assistante de gauche ne lui ressemble en rien; elle est brune et fortement charpentée; ses traits sont beaux, accentués, nobles même; de longues boucles brunes retombent sur ses épaules et les encadrent complétement; son costume est encore plus sévère que celui de la présidente, et le sommet de sa tête est couvert par une de ces gracieuses calottes grecques d'un rouge éclatant, du milieu de laquelle retombe un gland tricolore en soie floche. La femme qui remplit le rôle de secrétaire et qui occupe la place au bout du bureau, est insignifiante de traits et de tournure, mais elle rachète le manque de caractère par l'air le plus impertinent et le moins convenable.

Un tumulte affreux règne dans la salle; et ne peut être comparé qu'à ce vacarme diapré et glapissant que font les marchandes de fruits quand elles se précipitent en désordre vers un brave campagnard s'avançant vers le marché avec sa charrette pleine.

La présidente a déjà fait entendre plusieurs fois, mais en vain, les tintements menaçants de sa sonnette; enfin, réunissant toutes les forces de ses poumons, elle domine le tumulte et crie : Je vais lever la séance. Un peu de calme se fit, et alors, toujours debout, elle commença à parler ainsi : « Mesdames et chères associées, depuis le peu de temps que notre association existe, des succès flatteurs, des triomphes éclatants sont venus récompenser et couronner nos efforts, et ne croyez pas que je veuille parler ici de nos succès littéraires honorables sans doute, mais secondaires dans notre œuvre; ce n'est pas uniquement l'esprit de la femme que nous nous sommes proposées d'émanciper, comme semblerait le laisser croire le titre de notre société. Non, c'est encore son cœur, son corps, tout en elle. Notre but sacré est de rendre à cet être d'élite la place que depuis le commencement du monde son tyran, *l'homme*, lui a ravie, abusant de l'avantage brutal qu'il a sur elle. *Je demande la parole!* crièrent vingt voix à la fois. Oui, nous touchons à ce saint résultat; le progrès, marchant toujours, a inventé des armes qui vont rendre enfin les forces égales; les lois elles-mêmes semblent subir sa puissante influence et commencent à nous être plus favorables; bientôt, je l'espère, tous les préjugés que les hommes y avaient ajoutés tomberont un à un, s'évanouiront comme une ombre, et la femme, libre enfin de ses actions, de ses préférences, de ses rêves, de ses désirs, commencera une nouvelle vie plus en harmonie avec sa nature fière et indépendante.

(Triple salve d'applaudissements suivis des cris assourdissants : *A bas les hommes! A bas les hommes!)* Oui, félicitons-nous, depuis que nous existons comme société, nous avons obtenu vingt séparations éclatantes, une douzaine d'enlèvements et quelques unions libres et passagères (Je demande la parole pour un fait personnel! roucoula une petite voix), et j'ai l'assurance certaine que plusieurs de nos adeptes s'affranchiront bientôt de tous les liens tyranniques et honteux dont ce qu'on appelle la religion, les lois et les préjugés voudraient nous entraver encore. Je finis et je vais céder la parole à celles que leur grâce, leur éloquence, leur indépendance et leurs fortes convictions rendent plus autorisées que moi. Cependant, avant de terminer, je veux offrir les félicitations publiques de l'association et mes compliments personnels à la jeune fille que nous venons d'admettre parmi nous et qui promet d'être une de nos gloires. Approchez, Elvire, et recevez publiquement l'expression de l'admiration et de la sympathie de tous les membres de cette société; laissez-moi cependant, en qualité de présidente et de femme plus âgée et plus expérimentée que vous, vous donner quelques conseils maternels : Votre livre, remarquable au premier chef, contient tous les germes du talent, de la sensibilité et de l'indépendance, mais, comme un enfant nouveau-né, il est encore resserré dans les langes d'une éducation timide. Pourquoi ces mots qui s'y retrouvent quelquefois de religion, de soumission, de respect, de résignation, de vertu? Grands mots que tout cela, auxquels la femme, telle que nous voulons la former, ne doit pas se laisser prendre. L'heure de notre combat a sonné ; n'émoussons pas nos armes, qui sont l'indépendance et la lutte à mort, sur ces vieux mots qu'on appelle les vertus de notre sexe. Allez, Elvire, oubliez tout ce que vous apprîtes au respectable, sans doute, mais rétrograde foyer paternel; n'écoutez plus que la voix souveraine de votre cœur et de votre esprit, et devenez une des lumières, un des soutiens de notre société émancipatrice. »

De grands applaudissements suivirent ce discours. Elvire, entourée, choyée, embrassée, fut portée en triomphe; elle rougit, soupira peut-être, mais le poison de l'orgueil et de la révolte s'infiltra aussitôt en elle.

Cependant les deux tribunes étaient assiégées par une foule d'orateurs qui, tous, prétendaient vouloir parler et avoir droit à la parole; en vain, la présidente agitait sa sonnette, le tumulte en dominait le bruit; enfin, dans un moment d'accalmie, elle put prononcer ces mots : La parole est à la première assistante. Vingt voix répondirent aussitôt : C'est une injustice ! C'est un privilège ! Elle ne l'avait pas demandée ! C'est à moi ! C'est à moi !

— La parole est à la première assistante, répéta énergiquement la présidente. A bas l'autorité ! hurlèrent quelques femmes. A bas la faveur ! A bas le bureau ! Rien n'est plus facile, répliqua celle-ci, nous descendons, venez nous remplacer.

A cette menace, l'orage se calma un peu et plusieurs voix s'écrièrent : Finissons-en, laissez parler l'oiseau bleu, laissez roucouler la tourterelle.

La première assistante se leva et, se drapant dans les plis flottants de sa mousseline, elle posa une main sur son cœur, et, levant les yeux jusqu'au plus haut du ciel, elle prononça ces paroles :

« Mesdames, ou plutôt chères collègues en sensi-
« bilité et en tendres sentiments, je n'ai pas besoin
« d'affirmer devant vous que l'amour est le pivot du
« monde, et que la femme est née pour aimer tant que
« son cœur et son être sont aptes à le faire. Veux-je
« dire par là qu'elle doit se soumettre à l'objet de sa
« préférence, lui obéir, dépendre de lui et lui rester
« fidèle? Non..., non..., l'amour est comme le papillon
« qui vole de fleur en fleur, leur emprunte les sucs les
« plus doux, les caresse un instant et les abandonne
« quand il est fatigué d'elles. Et serait-il l'amour s'il
« n'était inconstant et volage? L'amour, qui d'entre
« nous ne l'a éprouvé? est cet ardent désir de commu-
« niquer son bonheur et de partager celui d'un autre.
« Si le bonheur cesse, l'amour n'existe plus; il doit
« aller se rallumer avec une autre objet et rester
« toujours lui-même, c'est-à-dire léger et infidèle. On
« pourrait, peut-être, me faire quelques objections et
« me répéter ces vieux mots de pudeur et de pureté du
« cœur. J'ai assez vécu pour savoir ce que valent ces
« choses et pour pouvoir affirmer que ce que je prêche
« tout haut, la femme dite honnête l'approuve hypo-
« critement tout bas; livrons-nous donc à l'amour et
« prenons des hommes la seule chose qu'ils ont bonne,
« celle de pouvoir être un instant nos complices. »

De sincères et bruyants bravos suivirent le petit discours de la première assistante; mais les tribunes furent de nouveau envahies, et le tapage s'élevait à l'apogée le plus extrême, quand la présidente cria de toutes ses forces : La parole est à la seconde assistante. Il sembla alors que la salle allait crouler sous les bruyantes protestations de l'assemblée, et ce ne fut qu'au bout d'un gros quart d'heure que le silence se fit relativement, et que la haute fonctionnaire put enfin se faire entendre; elle s'exprima ainsi :

« Femmes, ce mot doit tout exprimer pour vous. « Femmes, vous venez d'entendre deux beaux discours, « l'un sage et calme, l'autre empreint des vrais prin- « cipes de liberté, j'en conviens, mais dangereux pour « vous par l'essence même de son sujet. Votre « honorable présidente vous a prêché la résistance, la « lutte, la guerre, et vous a promis la victoire. Votre « première assistante vous a parlé de la liberté absolue « de l'amour; mais l'amour, quelque libre qu'il soit, « n'est-il pas l'ennemi le plus acharné de la femme? « Et si, depuis l'origine des siècles, nous avons été « asservies, vaincues, tyrannisées, ne le devons-nous « pas à cet amour qui nous a rendues toujours faibles « et imprudentes? Moi, je viens vous dire : Fuyez « l'amour (Marques nombreuses de désapprobation), « fuyez tout ce qui peut vous rapprocher de votre « ennemi qui est l'homme, vous unir même momenta- « nément à lui; fuyez l'amour, femmes qui voulez vous « régénérer, et ne laissez entrer dans votre cœur que « les sentiments de fierté, de liberté et de vengeance. »

« Mais, me dira-t-on, le genre humain peut-il finir? « La femme, elle-même, peut-elle manquer à sa mission « fatale, qui est de propager l'espèce humaine? Non..., « non..., d'où que lui vienne cette mission, son agré- « gation de molécules l'a faite femelle, elle doit en

« remplir les fonctions. Voici ce que je trouve dans « l'histoire : Aux temps nébuleux des druides, sur les « côtes de l'Armorique, et dans un îlot de la tribu des « Namnêtes, vivaient de fières prêtresses uniquement « occupées de la divination, de l'étude des astres et « des fonctions de leur sauvage ministère. Quoique « toujours seules, elles étaient cependant mères, et « élevaient leurs enfants mâles jusqu'à l'âge de sept « ans, après lequel elles les envoyaient vivre parmi les « hommes; leurs filles ne les quittaient pas et étaient « élevées comme elles. Mais, comment s'accomplissait « ce prodige? Par une austère et singulière cérémonie « dont la tradition est restée dans la mémoire des « peuples. Pendant la nuit qui précédait le solstice « d'été, toutes ces prêtresses, après des exercices « bruyants et fantastiques, se rendaient dans une île « ombragée de la Loire; là, s'étaient déjà rassemblés « leurs époux, la nuit prêtait ses voiles aux mystères de « la nature et, longtemps avant l'aube, les druidesses « regagnaient leurs sombres forêts, sans un regret, sans « un soupir. Fermez..., fermez vos cœurs, commandez « à vos passions, et pour arriver enfin au but sacré de « la réhabilitation complète à laquelle nous aspirons, « imitez les prêtresses de l'Armorique. »

Ce discours fut suivi de peu d'applaudissements. Une vieille dame de l'assemblée s'écria seulement : *La mesure est bonne, mais elle pourrait être étendue aux deux solstices de l'année.*

Les tribunes étaient de nouveau presque envahies, et une vraie bataille se livrait à leur pied; enfin, un visage éhonté parvint à se hucher sur celle de droite, et d'une voix glapissante elle finit par dominer le tumulte et prononça ces paroles :

« Femmes, vous avez parlé de régénération, de « liberté, de mépris de l'amour, de l'amour lui-même, « et vous n'avez pas encore dit un mot de la vengeance; « mais vous serez donc toujours les mêmes, vous « oublierez sans cesse, vous pardonnerez comme par « le passé, sans vous rappeler que vous fûtes persé- « cutées et martyrisées! Vous rêverez une rénovation, « vous préparerez une réaction juste, nécessaire, et « vous ne dites rien du châtiment que vous réservez à « vos bourreaux! (La parole! la parole! hurlèrent toutes « les voix.) Quant à moi, je ne suis montée à cette tri- « bune que pour faire une seule proposition; la voici : « Quand notre triomphe sera assuré, je demande que « chaque homme, par mesure de précaution et par « punition d'ailleurs, ait un œil crevé... Et moi une « main coupée! Et moi un pied! Et moi une oreille! « Et moi... »

Le tumulte était affreux, et un autre visage, qui avait escaladé la tribune de gauche, cherchait en vain d'une voix enrhumée à se faire entendre : « Je demande, « disait-elle, je demande que mon mari soit le premier « exécuté. Moi aussi! Moi aussi! vociférèrent quelques « furies. Qu'il n'y ait aucune exception! s'écria l'orateur « femelle. » — « Eh bien! en tous cas, viens toucher « le mien, *vaut-rien-du-tout,* lui dit en l'apostrophant « une grosse commère qui était au pied de la tribune, « les poings sur les hanches et le bonnet de travers. » — « Le tien comme les autres, *citrouille,* et c'est moi « qui me charge de l'accommoder. » — « Toi? » —

« Moi ! » — « Eh ! viens donc. » — « Attends..., « attends, je suis à toi... » L'orateur femelle avait sauté du haut de la tribune, et, saisissant son antagoniste par la nuque, elle commença par la décoiffer et puis par faire pleuvoir sur elle une grêle de coups de poings, dont quelques-uns firent bientôt couler le sang. L'épouse courageuse se défendait bien, mais elle n'était pas évidemment de force à lutter avec son ennemie, et bientôt, roulée par elle, elle l'entraîna dans sa chute, ne la lâchant pas, la mordant à belles dents, et lui rendant tout le mal qu'elle en recevait. Dans ce terrible combat, les deux femelles, étroitement accrochées l'une à l'autre, tombaient, se soulevaient, se culbutaient au grand détriment des lois de la pudeur et à la grande hilarité du prétoire.

Cependant, il s'était formé deux camps autour des combattants ; l'un soutenait l'exécution absolue de tous les maris, l'autre demandait des exceptions privilégiées, et les deux camps aussi animés l'un que l'autre allaient en venir aux mains et préludaient à la lutte avec une telle averse d'épithètes pittoresques et d'injures que *Vert-Vert* lui-même en aurait rougi. Le bruit était effroyable, des tourbillons de poussière s'élevaient jusqu'au plafond ; tous les meubles étaient culbutés et craquaient, et la salle semblait devoir bientôt s'écrouler, quand tout-à-coup, du fond du prétoire, qui avait jusque-là gardé le silence se contentant de rire, une voix s'éleva, criant : *A Charenton ! A Chaillot !* Le tumulte cessa aussitôt comme par enchantement, les deux combattants se séparèrent, les deux camps se confondirent, et toutes les femelles, les yeux irrités, les poings crispés, se tournèrent à la fois et se précipitèrent vers le prétoire dont heureusement la barrière était solide. Faites-le passer! Faites-le passer! vociférèrent toutes à la fois les associées en fureur. Faites-le passer, il sera le premier exécuté. Devant cette dangereuse agression, le coupable avait prestement pris le chemin de la porte, les autres hommes l'avaient prudemment imité, et quand la barrière, cédant enfin sous les efforts réunis des femmes en délire, se brisa et tomba, le prétoire était entièrement désert.

Un silence relatif avait succédé à cet horrible tumulte; la présidente, qui n'avait pas quitté son bureau, non plus que les deux assistantes et la secrétaire, en profita pour prendre la parole et prononça ces mots courts, mais énergiques : « Voilà les hommes! Voilà les « hommes! Insolence et lâcheté; la femme l'emporte, « la femme est régénérée. A bas les hommes! A bas « les hommes! » A bas les hommes! hurla en chœur toute l'assemblée, et la séance fut levée.

Telle fut dans ses pittoresques détails une des premières réunions de cette association dite de l'*Emancipation littéraire des femmes*, et qui, subissant l'exaltation naturelle de ces irritables créatures, et l'influence révolutionnaire des temps agités pendant lesquels elle se forma, dégénéra trop souvent en club monstrueux.

A partir de ce jour malheureux, Elvire, que les fumées de l'orgueil enivraient et que ne retenait aucun principe de religion ou de morale, se lança résolûment dans la voie de l'*émancipation littéraire,* telle que l'entendait, hélas! la société à laquelle elle appartenait; elle écrivit des pamphlets politiques qu'elle signait d'un nom d'homme et qui firent quelque bruit; elle soutint dans les journaux, mais signant cette fois de son nom, des discussions déplorables sur la mission de la femme, et se fit une célébrité parmi cette phalange d'écrivains vicieux qui sapaient alors tout ce qui touchait à la religion, à l'ordre et à la morale.

Mais quelque talent que déployât Elvire, ce talent était forcé; on ne naît pas perverti, on ne fait pas le mal d'emblée, et ce n'est ordinairement qu'à la suite de malheurs, de mécomptes cruels ou de crimes qu'on se lance tout à fait dans cette voie fatale. Les pages brûlantes et subversives qu'écrivait la pauvre enfant n'étaient pas l'expression sincère de son cœur qui n'avait pas encore été froissé, et elle se faisait l'écho malheureux des monstruosités qu'elle lisait ou qu'elle entendait aux séances de la société émancipatrice. Aussi, elle se fatigua bientôt de ces hideux tours de force, et, adoucissant son talent et son âme, elle se mit à écrire des romans très réalistes sans doute, mais dans lesquels, du moins, les aspirations du cœur trouvaient souvent leur place.

Ce fut alors que, cédant elle-même aux tendres sentiments qu'elle savait si bien dépeindre, elle noua une intrigue secrète, et trouva dans l'amour quelques jours de bonheur. Mais cette illusion dura peu; elle fut lâchement abandonnée par celui qu'elle aimait, et resta seule avec son enfant; son père et sa mère étaient déjà morts, et elle eut à lutter contre une implacable misère.

Oh! alors, cette haine furieuse contre les hommes qu'elle avait si souvent entendu prêcher, s'alluma dans son cœur et fit bouillonner tout ce qu'il y avait en elle d'ardent et d'inflammable; il fallait l'entendre en ce temps aux séances de la société émancipatrice, quand, montant à la tribune, son enfant entre les bras, elle faisait de furibondes sorties contre l'inconstance, l'infidélité et la trahison des hommes; l'auditoire, quelque préparé qu'il fût, frémissait, et souvent le prétoire lui-même fut ému jusqu'aux larmes.

Cette crise douloureuse aigrit tellement le cœur d'Elvire que, revenant, mais cette fois par elle-même, aux fureurs de ses débuts, elle inonda la presse d'écrits malsains et cyniques, qui respiraient la haine la plus immodérée et la plus sauvage contre tout ce qui se rattachait aux principes sacrés de l'ordre social et des institutions divines et humaines; elle devint l'orateur favori de la société, et acquit cette éloquence brûlante qui remue les cœurs même les plus blasés; elle parla aussi dans d'autres clubs, et partout son triomphe fut complet et son nom devint alors tout à fait célèbre.

Et cette femme, si terrible en sa haine, si sauvage en sa fureur, devenait, rentrée dans sa mansarde, la mère la plus tendre; tout son être se détendait alors, et en la voyant couvrir son enfant de baisers et de caresses, lui sourire doucement, le bercer avec sollicitude et lui parler un enfantin et doux langage, nul n'aurait pu reconnaître l'Elvire furibonde des clubs et l'orateur favori de la *Société émancipatrice*.

Un soir, Elvire devait parler sur son sujet favori : *La haine des hommes*. La licence des temps permettait de tout dire, et la pauvre enfant avait rassemblé dans sa harangue ce qu'elle avait pu trouver de plus hideux et de plus féroce; un manuscrit à la main, après l'avoir lu et relu et l'avoir trouvé à sa convenance, elle s'approcha bien doucement du berceau de son enfant et le considéra avec amour; le petit ange dormait et, dans son sommeil innocent, il souriait à quelque rêve du ciel. Elvire sentit une larme mouiller sa paupière; elle se baissa avec précaution, baisa au front sa chère petite fille et sortit sans faire aucun bruit.

La séance de la *Société émancipatrice des femmes* fut ce soir-là, splendide; Elvire se surpassa et se lança dans des aperçus aussi ingénieux qu'imprévus et effrayants; elle recueillit, pendant une heure que dura son discours, des applaudissements frénétiques. Triomphante et le cœur agité, elle reprit le chemin de son domicile lointain; mais bientôt son exaltation fiévreuse commença à se calmer, et, du cœur au cerveau, elle sentit monter comme un parfum sacré la pensée bienfaisante de son enfant. Elle hâta le pas et se trouva dans quelques minutes à la porte de sa mansarde; elle l'ouvre empressée, mais aussitôt un nuage de fumée l'entoure, l'asphyxie, la rejette en arrière; elle brave la douleur, le danger, la mort, se raidit, appelle au secours, s'avance énergiquement et, dans un dernier jet de flamme, elle voit sur le plancher embrasé le cadavre presque carbonisé de son petit ange. Elle veut s'élancer vers lui, mais les forces lui manquent; elle ne peut que jeter un cri déchirant et elle tombe évanouie.

A ce cri effroyable, les voisins réveillés en sursaut accoururent; l'affreuse vérité se révèle à eux à l'aspect de ce terrible spectacle; ils relèvent et secourent Elvire, mais quand elle reprit ses sens, la pauvre mère était folle.

Si jamais vous visitez l'asile des aliénés de B..., vous rencontrerez, peut-être, une femme jeune encore, aux traits beaux, mais défaits et amaigris; vous la verrez marcher avec précipitation; vous l'entendrez débiter de la prose insensée, déclamer des vers brûlants et dénués de suite; mais, tout-à-coup, elle s'arrêtera, fixera avec horreur un point de l'horizon que son doigt tremblant désigne, jettera un cri épouvantable et tombera évanouie sur le sol; c'est Elvire Dulong, l'héroïne de la *Société émancipatrice,* le célèbre *bas bleu,* la mère infortunée qui revoit les restes carbonisés de son enfant.

LE MAIRE DE CAMPAGNE.

Le Maire... pardon, M. le Maire de campagne est un personnage bien important; il est le premier, que dis-je? il est le seul de sa commune, et, à part quelques exceptions bien rares, nul autre que lui ne sait lire et écrire ou à peu près. Pas un, à part lui, ne sait ce que c'est qu'un code. Le sait-il bien lui-même? hélas! Enfin, il le possède, il le feuillette, il le baragouine au besoin; il est censé le comprendre. Du reste, que n'est pas et que ne sait pas un maire de campagne? Il est tout, il sait tout aux yeux de ses administrés, bien entendu. J'ai connu un de ces illustres maires, bien connu en chair et en os, qui remplissait à la fois les fonctions de maire, celles d'adjoint, de secrétaire de la mairie, de secrétaire du conseil et de tambour valet de ville. Cet homme universel me rappelait toujours, quand je le voyais, le fameux *homme-orchestre* que l'on a vu si souvent parcourir les rues de Paris et remplir l'air des sons des divers instruments que sa tête, ses bras, ses jambes, ses pieds, ses lèvres et jusqu'à son nez faisaient mouvoir et retentir à la fois.

Tel était l'illustre et regretté Magloire Touche-à-Tout, quand vivait, maire de la commune de Mauguidée. Une larme à sa mémoire et quelques pages à son histoire. Cette histoire, du reste, est à peu près la même pour tous ces maires presque paysans que la restauration, le roi-citoyen et parfois l'empire nous donnèrent sous leur règne, et cela allait-il plus mal qu'aujourd'hui ? Ma foi, non.

Constant-Hilaire-Magloire Touche-à-Tout était né dans la commune de Mauguidée vers 1780; il avait dix à douze ans au fort de la révolution française, et cette ère fatale passa pour lui presque inaperçue; ses parents, pauvres cultivateurs, fort attachés à leur religion, avaient donné asile au vieux curé de leur paroisse, que traquaient les féroces du district. Pendant tous les mauvais jours, ils surent, tantôt en le cachant dans les cavernes et au fond des bois, tantôt en le mêlant à d'honnêtes et fidèles travailleurs des champs, l'arracher aux persécutions, peut-être à la mort; les voisins connaissaient ce secret et se prêtaient avec un entier dévouement à toutes les ruses et à toutes les combinaisons nécessaires au salut de leur bon pasteur. Ce bon prêtre était, du reste, le modèle de ses semblables; il avait toujours été aimé et respecté par ses ouailles, et celles-ci, tout en allant par peur aux offices du curé constitutionnel, s'échappaient, quand ils le pouvaient, pour aller à la *bonne messe* que leur vieux curé célébrait dans les granges ou dans les bois.

Le petit Magloire était son clerc, et comme c'était lui aussi qui, dans les moments dangereux, allait sur la montagne lui porter des vivres et des secours et qu'il restait souvent quelques jours avec lui, le prêtre reconnaissant profitait de ces courts séjours pour lui apprendre à lire, à écrire, à compter et une foule de petites choses que l'enfant du peuple ne connaissait pas alors et qu'il connaît imparfaitement aujourd'hui, ce qui est pire.

Le petit Magloire était fort intelligent, et il fit de tels progrès qu'en peu de temps, il lisait sans trop ânonner, écrivait assez bien pour se faire lire, tout en outrageant l'orthographe, signait brillamment, connaissait les quatre règles et possédait assez son histoire pour ne pas confondre Charlemagne avec Charles-Quint; c'était un petit prodige, et ses parents rêvèrent pour lui l'avenir le plus brillant.

La guerre éclata; Magloire dut partir. Il fit bravement quelques campagnes en France et en Italie et devint sergent; mais, blessé dans un combat d'avant-garde, il obtint son congé et rentra dans sa famille vers l'an 1802. Les églises avaient été réouvertes, le calme renaissait, et le vieux curé avait repris sa place à la tête de ses ouailles. Il vit revenir avec une joie profonde son ancien élève, et il le nomma immédiatement sacristain, chantre et factotum de son église, et il s'appliqua à perfectionner encore son éducation.

Magloire avait beaucoup appris au régiment; il avait même, sans cependant pervertir son cœur, adopté quelques-uns de ces principes qu'on appelait et qu'on appelle encore libéraux et qui sont tout bonnement révolutionnaires. Il maudissait l'ancien régime, avait des préjugés contre la noblesse, et s'était crânement rallié à Napoléon, qu'il était loin de trouver aussi tyran que les Bourbons.

La haine de Magloire pour le gouvernement royal ne s'étendait pas cependant jusqu'au clergé, et il avait conservé au fond de son cœur un profond respect pour la religion et pour les prêtres, surtout pour celui qui avait pris soin de son éducation. Magloire était donc revenu de son régiment décidément libéral et très gonflé de son propre mérite.

Une fois rentré dans son pays, Magloire se remit modestement à cultiver son petit champ; il perdit ses parents, se maria et devint le personnage le plus important et le plus riche de l'endroit. Il y avait bien un château dans le village, mais le noble qui en était le propriétaire était mort en émigration et n'avait laissé que de très jeunes enfants qui ne comptaient pas encore dans la commune.

Magloire donc, comme je l'ai dit, était la personnalité la plus en vue; chacun l'admirait et le respectait, et il justifiait complétement l'opinion qu'on avait de lui. Le dimanche, à la sortie des offices, il racontait à ses concitoyens rassemblés sous le vieil orme de la place, non-seulement ce qu'il avait vu, ce qu'il avait appris, mais même au-delà encore; il leur décrivait les batailles auxquelles il avait assisté, les pays qu'il avait parcourus, les villes qu'il avait visitées, la mer, les montagnes, le Vésuve, et tous, les oreilles et la bouche ouvertes, ne pouvaient assez s'ébahir devant le tableau de toutes ces merveilles.

C'était Magloire aussi qui dirigeait les affaires de chacun, lui qui décachetait et qui lisait toutes les lettres reçues dans la commune, lui encore qui y répondait; enfin, il était l'ami, le conseil, le confident de tout le monde; c'est assez dire qu'il était le premier dans Mauguidée.

En ce temps-là, le vieux maire de la commune

mourut; c'était un stupide crétin, sachant tout juste faire sa croix, et qui, pendant les mauvais jours, avait laissé piller les archives de la commune, et qui jamais n'avait pu dresser un acte de mort ou de naissance sans l'assistance du curé, auquel il fallait bien avoir recours puisque Mauguidée ne possédait pas encore d'instituteur. Une voix unanime proclama Magloire, et Magloire fut nommé maire.

Avant cet insigne honneur qu'on lui rendait d'une manière aussi flatteuse, Magloire était certes pénétré de son mérite; mais, devant cette manifestation populaire, il se crut vraiment un grand homme; la tête lui tourna, il se demanda à quoi il ne pourrait pas prétendre, et, se prenant tout à fait au sérieux, il changea complétement sa manière de vivre; sa petite fortune avait prospéré; très augmentée par son mariage, elle atteignait le chiffre rondelet qui donne l'aisance à la campagne: Magloire était un petit propriétaire.

Aussitôt qu'il eut été installé dans ses fonctions, le nouveau maire de Mauguidée fit crépir et peindre sa maison en rose tendre avec encadrements et filets jaunes. L'artiste, pour lui faire honneur et sans qu'on l'en eût prié, peignit fort agréablement au-dessus de chaque fenêtre des pots de fleurs et des pigeons se becquetant; sur l'une même, celle du milieu, il essaya de tracer le portrait de Magloire, que tous les habitants déclarèrent fort ressemblant, quoiqu'il eût trois yeux, pas de nez et un nombre indéterminé de doigts à chaque main. Cette idée de courtisan valut au peintre à la détrempe un fort bon dîner d'abord, et puis une belle lettre de recommandation pour tous les maires voisins.

Mais, qu'étaient les réparations de l'extérieur en comparaison de celles que Magloire fit faire dans sa modeste demeure? Il convertit une arrière-cuisine en vrai salon, qu'il fit plafonner et tapisser, et, ne s'arrêtant plus, il y installa une cheminée en marbre, et puis, il acheta une pendule, un bureau, six chaises et un fauteuil garnis en paille. Sa femme, qui depuis sa nouvelle dignité ne l'appelait plus que *M. le Maire*, exigea qu'on inscrivît sur la porte d'entrée de ce sanctuaire, dans lequel elle n'osait entrer que pieds nus, cette inscription naïve : *Salon de M. le Maire.*

Magloire alla plus loin encore; il se fit habiller de neuf, s'accorda un habit à larges basques, un gilet jaune à fleurs rouges, des culottes couleur canelle et un chapeau noir du plus haut modèle; il acheta d'occasion une vieille montre à immenses breloques, et couronna le tout par une ceinture tricolore colossale. Ainsi monté, après avoir choisi un adjoint idiot, et n'ayant pas trouvé de sacristain qui sût écrire et de vieux soldat qui sût battre la caisse, Magloire, résumant tout en lui, se prépara à gouverner autocratement les deux cent cinquante habitants de la commune de Mauguidée.

Mais, tout n'était pas là; il fallait s'instruire, et Magloire, quoique très infatué de sa petite science, comprenait à merveille qu'il n'entendait rien aux affaires administratives. Il se mit donc à étudier, il se bourra de circulaires, s'étouffa de code, dévora le bulletin des lois, ne comprit pas grand chose à tout cela, mais s'indigéra tellement de mots techniques incompréhensibles pour lui, que pour éviter le danger de dire des absurdités, de faire des contre-sens et par conséquent des erreurs, il se composa un style particulier, dans lequel, rejetant le substantif qui était trop souvent pour lui lettre-close, il n'employa guère que des adjectifs, auxquels, seuls, il trouvait un sens. Il lui fallait, certes, de la peine et du mérite pour parvenir à former une phrase avec ces éléments incomplets; mais enfin, à force de méditations et de coups de dictionnaire, il finissait par rendre sa pensée. Ce n'était pas, du reste, tout à fait à cause de son ignorance complète du sens des substantifs que Magloire s'était fait ce style; il y trouvait aussi un titre de gloire et se disait quelquefois : Quel est le maire de France qui écrit comme moi?

Il se présenta bientôt à Magloire une occasion bien belle d'essayer publiquement l'effet de son style; il s'en tira victorieusement. Le préfet du département lui avait écrit pour s'informer si la commune était souvent traversée par des chiens enragés et pour lui prescrire les moyens de les détruire et de les empêcher de nuire. Magloire consulta son Napoléon-Landais, médita longtemps et répondit ainsi :

« Monsieur le Premier,

« Depuis longtemps, aucun hydrophobe n'est venu « des limitrophes dans mon administrée; cependant, « prévenu, je prendrai les plus énergiques, en faisant « assommer les convaincus et attacher les soupçonnés.

« Votre respectueux.

« MAGLOIRE. »

Cette lettre précieuse, qui avait coûté plusieurs jours d'incubation à Magloire, excita beaucoup l'hilarité de M. le premier et de ses employés; on en prit des copies, on l'envoya au *Charivari* (le *Figaro* n'existait pas alors), on le publia dans tout le département, et le préfet se promit bien, à sa première tournée, d'aller visiter un maire aussi comique.

Le bruit que fit la fameuse lettre arriva aux oreilles de Magloire, et il n'y vit que de l'admiration pour son œuvre, et il s'applaudit d'avoir inventé un style qui pouvait, disait-il, faire une révolution heureuse dans les rédactions administratives. Il continua donc à sacrifier l'obscur substantif pour le lumineux adjectif, et il en trouva de nombreuses occasions, entre autres celle-ci, qui fut, du reste, une des plus petites.

Le vieux curé était mort et son successeur, plus en réserve avec Magloire qu'il connaissait à peine encore, lui écrivit officiellement pendant une petite épidémie qui sévissait dans la paroisse pour le prier de l'autoriser à inhumer avant les 24 heures prescrites par la loi les victimes de ce mal qui entraient en décomposition aussitôt après leur mort; c'était à propos d'un pauvre malheureux qui exhalait une odeur si fétide qu'il aurait dû être enterré de son vivant :

« M. le succursal, lui répondit Magloire, je vous
« donne celle d'inhumer ce nouvel infect, ainsi que tous
« ceux qui suivront ce dernier avant les prescrites par
« la sage.

« MAGLOIRE. »

C'était court, mais réussi.

Cependant, la commune de Mauguidée, paternellement gouvernée par Magloire, était aussi heureuse que peut l'être une commune qui n'a ni propriétés, ni revenus, ni préfet à recevoir; son conseil municipal se réunissait quatre fois l'an, disait amen à tout ce que daignait lui demander son maire, allait à la messe le jour de la fête de l'empereur, suivait la procession de la *Fête-Dieu*, allumait le feu de joie de la fête locale et puis retournait à ses champs, où il se trouvait bien plus à l'aise.

Mais, Magloire n'était pas seulement écrivain; il était encore bel esprit, et il éblouissait, chaque dimanche soir, son conseil mnnicipal, quelques amis et M. le curé, qui se réunissaient chez lui pour passer la veillée, dans la cuisine, bien entendu, car le *salon de M. le maire* était un sanctuaire sacré. Là, pendant quelques heures, en offrant du vin blanc et des marrons grillés à la société, il faisait miroiter toutes les facettes de son esprit; il brillait surtout dans la charade, les énigmes, les bons mots, les coq-à-l'âne et les calembourgs; essayons de saisir au vol le tableau éblouissant d'une de ces comiques soirées :

C'est pendant l'hiver; tous les invités sont réunis autour d'un feu pétillant de bourrées qui brûlent dans la cheminée monumentale de la cuisine du maire. Le curé est assis au coin de l'âtre sur le fauteuil emprunté au salon, les conseillers et les autres invités sont tous groupés pittoresquement en demi-rond; seul, Magloire est debout, le dos tourné au feu, et, selon l'expression vulgaire, il fait colonel.

La conversation est tournée aux énigmes, et il en a déjà été proposé d'incroyables, d'indevinables par quelques conseillers municipaux. Magloire a enfin la parole :

— Çà, Lucas, toi, qui es le plus madré, dis-nous quel est le manteau le plus chaud pour l'hiver?

— C'est un manteau de peau dé bique doublé dé fort vélours.

— Eh! non, imbécile, c'est le manteau de la cheminée.

— Tiens..., tiens..., c'est vrai, et tous de se mettre à rire, surtout ceux qui ne comprenaient pas.

— A-t-il de l'esprit M. le maire, soupira sa femme qui filait sa quenouille modestement assise dans un coin.

— C'est inattaquable, murmura le curé.

— Et toi, Gros-Jean, dis-nous quel est le mois de l'année dans lequel les femmes parlent le moins.

— Je sais pas, répondit Gros-Jean, mais elles parlent toujours, surtout la mienne.

— Mais, réfléchis donc, voyons.

— Je sais pas.

— Nigaud, c'est le mois de février.

— Ah! parce qu'il fait froid.

— Eh! non, c'est parce qu'il est le mois le plus court de l'année.

— Ah! c'est vrai..., c'est vrai.

— C'est vrai, bourdonna en chœur le conseil municipal.

— Il a trop d'esprit, M. le maire, balbutia l'épouse.

— La proposition est vraie, ânonna le curé.

— Toi, Sulpice, écoute bien et devine qu'est-ce qui va de Paris à Lyon et de Lyon à Paris sans bouger.

— Sais pas, dit Sulpice.

— Eh! niais, c'est la grand'route.

— Oh! vrai..., vrai, hurla l'assemblée.

— Je n'en trouverai donc pas un qui devine?

— A toi, Nicaise, qui es du métier, pourquoi les meuniers portent-ils un chapeau blanc?

— Ah! ça, je le savons, par exemple; c'est à cause de la farine.

— Eh! non..., non, c'est pour se couvrir la tête.

Nicaise rougit et se rencoigna sur sa chaise, mais l'assemblée applaudit, l'épouse soupira, M. le curé opina du bonnet en roulant ses pouces l'un sur l'autre.

— En voici une bien facile, dit finement Magloire; je te la propose, Mathurin. Quelle est la plaine la plus haute?

— C'est la plaine des genêts, là-haut, du côté de Saint-Froment, à la fin de la montée, dà!

— Non..., non, c'est la pleine lune.

Mathurin fut mortifié, mais tous les autres éclatèrent de rire.

— A vous, maintenant, ma femme, dit tendrement Magloire; devinez celle-ci; elle a trait aux attributs de votre sexe. Ecoutez. Si vous l'avez, ne me le prêtez pas, si vous ne l'avez pas, prêtez-le moi.

— Je n'ai rien à vous refuser, M. le maire, répondit aussitôt l'épouse, que je l'aie ou que je ne l'aie pas.

— Belle réponse d'une femme à son mari, dit avec émotion le curé.

— Mais, ce n'est pas répondre, fit Magloire.

— Je ne sais que ça, répondit la mairesse.

— C'est le battoir, s'écria le maire; si vous lavez, vous ne pouvez me le prêter, si vous ne lavez pas, au contraire, il est libre.

Il fallut un bien gros moment à l'assemblée pour comprendre; M. le curé, lui-même, y mit quelques minutes et ajouta assez bas : La proposition est vraie, mais un peu obscure.

Enfin, quand tout le monde eut, à peu près, saisi le jeu de mots, il s'éleva de tous les points de la salle des exclamations d'admiration.

— Oh ! que c'est bien trouvé ! Fameux ! Mais, enfin, d'où tire-t-il tout cela, M. le maire ? Qu'il a de l'esprit ! Il pourrait aller à Paris !

— Finissons cette séance, dit enfin Magloire avec majesté, et en terminant je m'adresse, avec respect, à vous, M. le curé. Pourriez-vous me dire pourquoi on porte la croix à la procession ?

— La croix, répondit avec componction le pasteur, est le signe de notre rédemption ; elle préside à toutes nos cérémonies et doit nous précéder quand nous rendons un hommage public à Dieu, comme elle nous précèdera quand nous entrerons dans le séjour des bienheureux ; c'est la grâce que je vous souhaite.

— Amen..., amen, répliqua Magloire, nous ne sommes pas ici au sermon, mais tout bonnement à la veillée, mon cher M. le curé ; je vous répète donc ma question : Pourquoi porte-t-on la croix à la procession ?

— Je vous l'ai dit, fit le pasteur.

— Eh ! non..., non, ce n'est pas cela. Vous donnez votre langue au chat ?

— Oui.

— Eh bien ! c'est parce qu'elle ne peut pas marcher seule.

— Je ne l'aurais jamais deviné, mais l'explication est vraie, dit avec résignation le curé.

— Moi, non plus..., moi, non plus, ajouta chacun à la ronde.

— M. le maire sait tout, soupira doucement l'épouse.

— C'est déjà fini ? s'écria tout le monde en chœur. Encore une..., encore une.

— Vous le voulez ? reprit majestueusement Magloire.

Eh bien! voici la dernière. A toi, Claude, qui es un fin chasseur. Tu vois cinq grives sur un arbre, tu approches prudemment, tu tires, tu en tues deux; combien en reste-t-il?

— Trois! trois! s'écria l'assemblée en chœur.

— Eh non! il n'en reste aucune, car, sur le coup de fusil, les vivantes se sont envolées.

— C'est vrai..., c'est vrai, reprit le chœur consterné.

— Oh! M. le Maire est trop aimable, dit en allumant les falots l'épouse ravie.

— M. le maire, vous êtes un homme charmant, fit M. le curé en endossant sa douillette.

— Vive M. le maire! Vive M. le maire! répétaient en se levant et en chaussant leurs sabots les autres invités.

Magloire leur serra la main à tous, accompagna respectueusement M. le curé à quelques pas du seuil de sa porte et rentra triomphalement chez lui.

Ainsi vivait Magloire Touche-à-Tout au sein de l'heureuse commune de Mauguidée. Chaque jour il se fortifiait dans la science administrative et dans sa présomption; chaque jour il lustrait son style, il l'adjectivait un peu plus, il le rendait ainsi presque incompréhensible, mais, que lui importait, il se comprenait lui-même, il était compris par son épouse enthousiaste, à laquelle il soumettait toujours, avant de les produire, ses circulaires, ses lettres et ses discours, et qui avait fini par déchiffrer avec facilité tous les rébus littéraires de son mari. Elle avait fait mieux: elle s'était initiée aux secrets de la marche administrative, suppléait M. le maire quand il était absent, rédigeait, dans le style conjugal bien entendu, tous les actes quels qu'ils fussent, enfin, était aussi mairesse que la loi pouvait le lui permettre. Magloire, qui l'avait ainsi presque élevée à sa hauteur, l'admirait de plus en plus, ou plutôt s'admirait dans son œuvre.

Pendant que Magloire atteignait à l'apogée de son illustration, la Restauration arriva. Le maire de Mauguidée n'aimait pas les Bourbons, comme je l'ai déjà dit; il sacrifia cependant sa rancune à l'amour des honneurs et ne donna pas sa démission, mais il punit et mortifia à sa manière le gouvernement, en le privant de sa prose, et en s'en tenant à l'accomplissement strict et consciencieux de ses devoirs. Le gouvernement fut très sensible à ce procédé, mais, comme il ne pouvait trouver à remplacer Magloire, il cala doux et ménagea ce maire hors ligne.

Pendant les quinze ans du règne des Bourbons, Magloire fit donc le mort; il ceignait aussi rarement que possible l'écharpe blanche, et allait, quelquefois, verser une larme sur la tricolore qu'il avait enfermée dans le tiroir le plus secret de son bureau, et s'il écrivit, ce fut sans doute ses mémoires qui ont été malheureusement perdus.

1830 arriva. Magloire ressuscita; ce gouvernement était bien celui de sa préférence et de son cœur; le roi-citoyen était son homme, et il crut voir se lever de nouveau l'aurore de son cher libéralisme. Quand le maire de Mauguidée fut bien assuré de la réalité de la révolution qui avait mis sur le trône le roi Louis-Philippe (sans qu'il s'en doutât), il ceignit sa vieille écharpe, tailla sa plume, embrassa sa femme, et écrivit la proclamation suivante, qu'il fit afficher dans vingt endroits de la commune, où personne ne savait lire :

« Chers et bien-aimés,

« L'immortelle a de nouveau triomphé; l'exécrée a « succombé pour toujours; les glorieuses l'ont abattue; « que jamais de néfastes ne les relèvent. Réunissons- « nous autour du tricolore, chantons la parisienne, « et jurons-la éternelle à l'illustre qui va régner.

« Le vôtre.

« MAGLOIRE. »

C'était court et bien touché, quoique ce ne fût que le début d'une série de productions baroques, dont le célèbre maire de Mauguidée devait émailler le règne du roi de son choix. Les occasions se présentèrent fréquentes; une des plus belles fut celle des premières élections. Il y avait certes peu d'électeurs dans cette commune : trois, ce me semble; mais Magloire crut qu'il était de son devoir de leur adresser une proclamation sentie :

« Tout-puissants, leur dit-il, allez aux décisives, sans « écouter les importuns et les coupables de la réac- « tionnaire; sur vous reposent les éternelles de la « bien-aimée, et l'immortelle du choisi qui la gou- « verne. »

A chaque élection, à chaque événement, à chaque attentat contre le roi-citoyen, Magloire tortura son cerveau pour rendre inintelligible à ses administrés la pensée qu'il voulait exprimer; mais Rose, son épouse, avait compris ou faisait semblant de comprendre, cela lui suffisait.

Vers 1840, un préfet, qui avait beaucoup entendu parler du maire de Mauguidée et qui connaissait son style, fit, tout exprès, passer son itinéraire sur cette commune, et écrivit à Magloire pour lui annoncer qu'il lui demandait à déjeuner, sans façons, avec son secrétaire. Magloire ne put en croire ses yeux, les substantifs l'embarrassaient sans doute; il relut vingt fois cette lettre à sa femme, qui lui donna l'assurance parfaite que, le 2 juillet suivant, M. le vicomte de Toutrubans, préfet du département, leur faisait l'honneur de déjeuner chez eux avec le baron de Saint-Léger, son secrétaire. C'était positif; il ne pouvait y avoir d'équivoque. Magloire avait heureusement quelques jours devant lui pour se remettre de son émotion et pour préparer sa réponse; il la fit ainsi :

« Monsieur le premier,

« Au reçu de votre honorée, sensible et reconnaissant,
« je charge la rapide de mes plus humbles et de mes
« plus sincères; auxdits, j'attendrai impatiemment votre
« désirée et offrirai à votre aimable mes respectueux
« et un modeste frugal, mais cordial indispensable.

« Le vôtre humble et soumis.

« MAGLOIRE. »

Pendant la semaine qui précéda le jour heureux de l'arrivée de M. le préfet, Magloire souleva sa commune et les voisines pour trouver ce qu'il y avait de mieux en fait de victuailles; il y parvint, et sa maison fut bientôt remplie de gibier, de viandes, de poissons et de provisions de toute espèce. Quatre matrones du voisinage étaient venues se joindre à la bonne Rose; elles travaillèrent si bien, qu'elles construisirent un déjeuner pantagruélique. Le maire présidait à tous ces préparatifs et répétait sans cesse : « Faites de votre mieux, ne négligez rien, n'épargnez rien, surtout..., surtout, n'économisez pas le sucre, mettez-en partout; le sucre est la preuve du respect et de la considération que l'on a pour ses hôtes; mettez donc beaucoup de sucre partout pour faire honneur à M. le premier. »

Magloire invita à son festin, d'abord, M. le curé, puis quatre maires des communes voisines. C'était maître Mathieu, maire de la commune des Courtes-Herbes, forgeron, maréchal et empirique de son état, plus bête encore que les bêtes qu'il ferrait et que les gens qui avaient recours à ses remèdes. Le sieur Batfort, ancien tambour de la garde, qui était devenu sourd à force de battre sa caisse, et qui exerçait dans la commune de Niaizette le métier de cordonnier pour tout le monde. Puis M. Athanase (celui-ci était un monsieur), maire des Forêts-Basses, ancien garde-chasse et homme de confiance du comte de Tantvolé, et qui avait fait d'assez bonnes affaires avec son maître pour pouvoir vivre sans ne rien faire du tout. Enfin, le gros Nicaise, maire de Saint-Florent et fermier des terres du château; celui-ci, plus nul encore que les autres, ne connaissait que ses mules et ses moutons et bien peu ses administrés.

Ces quatre magistrats, amis et admirateurs de Magloire, qu'ils ne pouvaient imiter, se rendirent, dès l'aube, à une invitation aussi honorable et aussi succulente; je n'ose pas dire qu'ils s'étaient parés de leurs plus beaux habits, mais, à coup sûr, ils avaient endossé ce qu'ils possédaient de plus extraordinaire. Je n'essaierai point de dépeindre leur costume, il échappe à la description et ne se voit guère que dans les vaudevilles les plus désopilants.

M. le curé, qui était venu aussitôt après avoir dit sa

messe, avait revêtu sa soutane neuve, sa belle ceinture, mis ses souliers à boucles d'argent, et crânement brossé son chapeau à l'envers.

Magloire avait bien pensé, un instant, à inviter son adjoint, mais il était si bête..., si bête, qu'il devenait imprésentable; on se contenta de lui envoyer une grosse portion du dîner, ce qui l'accommoda bien mieux que d'y assister.

Pendant que ces convives réunis tuaient prudemment le ver avec du cervelas et quelques bonnes lippées de vin blanc, Magloire, fortement préoccupé, répétait sur le seuil de sa porte son discours de réception; lui aussi, il avait endossé son bel habit à larges basques, son gilet jaune à fleurs rouges, sa culotte canelle et son tromblon monumental. Rose avait voulu absolument ajouter à ce costume déjà assez pittoresque une cravate omnicolore, soutenant des faux-cols énormes et un jabot fabriqué avec la garniture d'une de ses plus belles coiffes.

Tout le monde était donc prêt et sous les armes, quand un gamin, posté depuis deux heures sur un chêne voisin, accourut essoufflé et criant : Une charrette luisante avec deux chevaux couverts d'or !

Un instant après, M. le préfet descendait avec son secrétaire devant la maison de Magloire, qui avait fait ranger tous ses invités et sa femme tout le long de la petite façade. A peine le haut fonctionnaire touchait-il le sol, que le maire de Mauguidée, s'inclinant et ôtant son chapeau, mit ses lunettes, et, retirant un papier de sa poche, s'exprima ainsi :

« Monsieur le premier,

« Celui que vous nous faites aujourd'hui restera

« immortel et rejaillira sur notre administrée. Entrez « dans notre modeste, et restez persuadé qu'elle est « vôtre ainsi que nous. »

M. le préfet, vicomte de Toutrubans, était un homme intelligent et parfaitement bon; il se garda bien de rire et de mortifier Magloire, qu'il comprit tout de suite être un honnête homme, et, lui donnant une forte poignée de main, il lui demanda aussitôt la copie de son excellent discours et l'honneur d'être présenté à sa femme. « La « voilà, dit Magloire en prenant Rose par le bras, la « voilà, la compagne de ma vie, et, je puis le dire, celle « qui partage avec moi l'administration de la commune « que vous m'avez confiée; je désire, pour vous, qu'elle « ait été aussi bonne cuisinière qu'elle est parfaite administratrice. »

M. le curé s'était déjà incliné; le préfet s'inclina avec respect et se tourna vers les quatre maires sensiblement embarrassés dans ce moment, et qui tournaient et retournaient leurs chapeaux, au fond desquels étaient leurs mouchoirs. Le préfet, très bon enfant, les mit bientôt à leur aise; il leur parla forge, chevaux, bois, terres et même chaussures; et cinq minutes ne s'étaient pas écoulées, que tout le monde était ravi des manières et de la bonté du haut fonctionnaire.

Le dîner fut solennellement annoncé par Rose, qui s'avança gravement et dit : *Le dîner de M. le préfet est servi dans le salon de M. le maire.* Elle avait ainsi tout sauvé. Le fameux fauteuil avait été placé pour M. le préfet, qui voulut poliment le céder à M. le curé, mais celui-ci refusa modestement et se mit à sa droite; Magloire était à sa gauche; M. le secrétaire vis-à-vis d'eux, et les quatre maires placés deux à deux de chaque côté de lui. Rose n'avait jamais voulu consentir à s'asseoir autour de la table; elle s'était réservé l'honneur de servir ses hôtes et le soin de veiller à ce que rien ne manquât.

La table était une mosaïque colossale de plats desquels s'exhalait un de ces fumets culinaires campagnard qui aurait remis, selon l'expression vulgaire, un pauvre agonisant. M. le préfet n'y parut pas insensible et attaqua bravement le festin, malgré le sucre prodigué même aux viandes; il trouva tout excellent, et revint même à quelques plats, à la grande joie de Magloire qui n'était occupé qu'à remplir l'assiette de son supérieur. Rose et les matrones servaient avec ardeur; on entendait à tout instant la mairesse répéter : « Dorothée, « une assiette à M. le préfet; Marthe, tirez le rideau, le « soleil incommode M. le préfet; Thérèze, du vin à « M. le préfet. » M. le préfet aurait eu de la besogne s'il avait voulu avaler tout ce qu'on lui offrait. M. le curé gardait timidement le silence, mais répondait cependant avec convenance aux questions que lui adressait le haut fonctionnaire. Les quatre maires, devant ce festin pantagruélique, n'avaient qu'une occupation, celle d'engloutir..., d'engloutir toujours. Seul, le petit secrétaire, qui paraissait un malin personnage, mangeait peu, mais observait beaucoup; l'oreille tendue, le monocle à l'œil, il semblait faire de bien précieuses provisions pour les soirées de son estaminet; le respect pour son supérieur et l'envie de rire aussi l'empêchaient sans doute, de parler, mais il ne perdait ni un mot, ni un détail des scènes comiques qui se passaient sous ses yeux.

Vers la moitié du repas, il y eut un moment de repos; le préfet, qui la trouvait un peu longue, crut la cérémonie terminée et se leva. — Quel bonheur, dit aussitôt le maire de Saint-Florent, M. le préfet va chanter. Chacun se tut aussitôt, mais le préfet se tut aussi, au grand désappointement de la société. Alors Rose apporta le fameux coup du milieu; et chacun de boire un grand petit verre de cognac fort problématique. Les quatre maires, excessivement étonnés que personne ne chantât, allaient peut-être commencer eux-mêmes, quand le second service fut apporté. Il était encore plus colossal que le premier, ce qui n'effraya pas du tout les autres convives, mais ce qui désola le préfet et son secrétaire qui calculaient le temps que cet acte allait durer. Ils n'avaient encore rien vu.

Cependant le préfet avait amicalement causé avec Magloire et s'était aperçu que sous cette enveloppe comique se trouvait le plus honnête homme du monde, plein de sens et de bonté; il soupira en songeant que même les maires les plus intelligents n'étaient pas toujours ainsi, et il souhaita, à part lui, que toutes les communes de son département ne lui donnassent jamais plus d'ennui que celle de Mauguidée.

Le dessert arriva enfin. Toutes les têtes étaient déjà montées; les quatre maires ne pouvaient comprendre que personne ne chantât; l'un d'eux avait déjà fredonné comme pour prendre le ton, quand M. le préfet se leva de nouveau, et, un verre de vin blanc mousseux à la main, il dit : « Je bois à la santé de notre hôte M. Magloire Touche-à-Tout, le modèle des maires de nos campagnes; je suis heureux de porter ce toast devant quatre de ses collègues aussi honorables et aussi zélés que lui; je bois en même temps au vénérable pasteur de cette paroisse, et je me félicite de voir le gouvernement et la religion réunis autour des mêmes agapes. » M. le préfet se rassit. Il n'a pas chanté, dirent douloureusement les quatre maires. Magloire, suffoqué d'émotion, se leva à son tour, et dit d'une voix tonnante : « A celle de M. le premier et de toute son honorable. » Les convives se levèrent aussitôt, choquèrent leurs verres et répétèrent enthousiasmés le toast de M. le maire.

Cependant, depuis quelques minutes le garde-chasse trépignait, s'agitait, changeait de contenance; évidemment il voulait parler; il prit enfin sa résolution et un fort verre de vin, puis il se leva : « A la santé, dit-il, du roi de notre choix, de son épouse, de leurs neuf enfants, de leur tante et des autres membres de la famille. A la santé de Louis-Philippe! »

Le maire des Basses-Herbes, croyant que c'était le signal, entonna d'une voix sonore :

Soldat du drapeau tricolore,
D'Orléans, toi qui l'as porté...

Chut..., chut, assez, cria l'assemblée, M. le secrétaire va parler; il chantera peut-être, soupirèrent les quatre maires. Le petit jeune homme s'était levé, et, d'une voix claire, il dit : « A la santé de Mme Rose Touche-à-Tout, mairesse de Mauguidée, à la digne épouse de notre hôte! » A ce toast, Magloire ne put retenir ses larmes. Rose, elle-même, fut tellement émue, qu'elle laissa tomber l'assiette passée sous son bras; cependant, elle s'avança avec grâce, un verre à la main, choqua celui de tous les convives et répondit avec modestie aux compliments qu'on lui fit. Quand elle arriva vis-à-vis du petit secrétaire, elle lui sourit avec reconnaissance et douceur, et l'assemblée en chœur cria trois fois : « Vive M. le préfet! Vive M. le secrétaire! Vive M. le maire! »

Cette terrible séance, qui durait déjà depuis quatre heures, se termina enfin par une avalanche de café, de liqueurs, de ratafia et de prunes à l'eau-de-vie; il fallut bon gré mal gré goûter de tout. Après cela, Magloire proposa encore de la bière, mais le moment du départ était venu. M. le préfet prétexta des affaires pressées dans une autre commune, prit congé de ses hôtes, les remercia avec grâce et remonta en voiture avec son petit secrétaire. Magloire, Rose, M. le curé, les quatre maires et les quatre matrones l'avaient accompagné jusqu'à son carosse, et, quand l'équipage s'ébranla, tous crièrent en chœur : « Vive M. le préfet! » « Et M. le setaire! » ajouta Rose reconnaissante.

Rentré dans sa maisonnette, Magloire, au comble de l'émotion, embrassa son épouse, et jura qu'il n'oublierait jamais une aussi belle journée, et que, pour en perpétuer le souvenir, il planterait un arbre et mettrait sur sa porte une inscription commémorative de cet événement. Les quatre maires s'étaient remis à table et mangeaient comme s'ils eussent été à jeun. M. le curé se retira prudemment (la bière et les chants allaient commencer); il était fier et heureux d'avoir obtenu du préfet une promesse de secours pour son église.

Après cet excès d'honneur, il semblait que rien ne pouvait arriver de mieux au maire de Mauguidée; il n'en fut rien cependant; les distinctions se mirent à pleuvoir à verse sur lui; tantôt il était nommé président d'une commission d'enquête, tantôt délégué cantonal, tantôt membre d'un comité électoral; enfin, à l'époque du conseil de révision, il fut invité à dîner à la préfecture, où M. le vicomte de Toutrubans lui rendit, avec grâce, le déjeuner qu'il lui avait offert. Magloire se montra très convenable, tout en étant splendide d'originalité et de style; à la soirée qui suivit le dîner, Mme la préfète voulut ouvrir le bal avec lui; et le petit secrétaire lui répéta vingt fois le regret qu'il avait de ne pouvoir lui faire vis-à-vis avec Rose.

A la suite de ces insignes honneurs, Magloire rentra dans son village au comble du bonheur, et son épouse, aussi heureuse que lui, ne pouvait se lasser de l'admirer en l'appelant M. le maire.

Mais la mesure devait être comble. Magloire allait monter encore plus haut. En 1844, il reçut un jour par voie administrative un paquet soigneusement ficelé; son adresse avec son nom, son titre et son domicile étaient clairement écrits; elle portait de plus ces mots en lettres imprimées : *Chancellerie de la Légion d'honneur*. Magloire était décoré; et son excellence M. le ministre de l'intérieur lui envoyait, dans un élégant écrin, les insignes de sa nouvelle dignité et son brevet en due et valable forme. Ce brevet portait que M. Magloire Touche-à-Tout, maire de la commune de Mauguidée, était nommé membre de la Légion d'honneur, pour ses bons et loyaux services, en cette qualité, pendant plus de quarante années consécutives.

Quand Magloire et Rose, après plusieurs lectures

consécutives du fameux brevet, et d'ailleurs devant la belle croix que le ministre leur envoyait, se furent bien convaincus de la réalité de tout ce qu'ils voyaient, ils se jetèrent dans les bras l'un de l'autre et confondirent pendant longtemps leurs larmes. Rose revint la première de son émotion.

« Allons, mon cher Magloire, dit-elle, il ne convient pas à un chevalier de se laisser ainsi abattre, relevez-vous... » et, prenant une grosse épingle, elle lui attacha sur le milieu de la poitrine la croix de la Légion d'honneur. A partir de ce moment elle ne l'appela plus que M. le Chevalier.

Ces honneurs consécutifs, cette prospérité toujours croissante étaient trop considérables pour ne pas ébranler un cerveau, même plus solide que celui de Magloire; aussi la santé du bon maire de Mauguidée ne put résister à tant de secousses. Déjà souffrant depuis quelque temps, il s'affaiblit encore, et enfin, un an après sa promotion dans la Légion d'honneur, il rendit, dans les bras de sa bonne Rose, sa belle âme à Dieu, et quitta pour toujours sa chère commune de Mauguidée.

Je ne parlerai pas de la douleur de Rose, elle fut touchante; celle de tous les habitants de la commune et des nombreux amis de Magloire fut immense, et cet homme excellent fut sincèrement pleuré par tous ceux qui l'avaient connu. Le jour de ses obsèques fut un jour de deuil public; tous ses administrés voulurent y assister; les honneurs qu'ils lui rendirent furent splendides. On accrocha à la bière de Magloire sa croix de la Légion d'honneur et ses deux écharpes; Rose avait absolument exigé que celle de la Restauration y eût aussi sa place, prétendant, non sans raison, que c'était celle qui lui avait fait le plus d'honneur, puisqu'il avait traversé avec elle les temps les plus difficiles. On ne prononça point de discours sur la tombe de Magloire, mais toutes les larmes qui furent répandues à son enterrement étaient plus éloquentes que les plus belles phrases.

Quelque temps après la mort du bon maire de Mauguidée, le conseil municipal de cette commune dut s'assembler en séance extraordinaire; on avait nommé un maire quelconque qui n'était pas plus fort que ses conseillers; quand tous furent réunis, et comme aucun ne savait lire, ils se trouvèrent dans un grand embarras, ne surent que faire et versèrent de nouveaux pleurs sur la mémoire de leur maire défunt. Tout à coup, l'un d'eux prit la parole et dit: « Mes amis, m'est avis que Magloire n'est pas mort tout entier, il reste de lui sa bonne épouse; au temps où il vivait, elle administrait avec lui, partageait ses charges et était son digne élève. Prions Rose de venir nous éclairer et nous tirer de peine.... » Cet avis fut adopté à l'unanimité, et l'excellente Rose arriva bientôt au sein du conseil municipal; elle débrouilla, expliqua, rédigea et offrit dans peu d'instants une délibération complète à M, le maire et à MM. les conseillers municipaux qui y mirent leur croix.

Depuis lors, et pendant de longues années, Rose assista toujours aux séances du conseil municipal de Mauguidée; c'était elle qui expédiait toutes les affaires, qui rédigeait toutes les délibérations, qui les inspirait aussi, enfin, qui était mairesse de cette heureuse commune qu'elle avait gouvernée pendant si longtemps avec son cher Magloire.

LA VIEILLE FILLE

Il y a en français deux mots qui, réunis ensemble, ont le singulier privilège d'attirer le sourire sur toutes les lèvres; ces mots sont ceux de *vieille fille*... Est-ce pitié?... Est-ce moquerie?... Est-ce l'un ou l'autre?... Je ne le déciderai pas, mais j'affirmerai cependant que ces deux sentiments, s'ils sont réels, sont plus qu'injustes, ils sont cruels; en effet, une vieille fille l'est d'intention ou par force; si c'est contre son gré, elle est à plaindre; si c'est de son consentement, il faudrait, avant de la juger, connaître les motifs de ce contre-sens de sa vie, et s'ils sont sérieux ou ridicules. Dans la plupart des cas, je les crois graves et raisonnables, et dans les autres, si la vieille fille est restée ainsi par sa faute, elle est assez punie sans la persécuter encore.

On trouve des vieilles filles partout, sur tous les degrés de l'échelle sociale, en bas, en haut, au milieu, chez le peuple, dans la bourgeoisie, au sein de la noblesse, quelquefois parmi les princes, à la ville, à la campagne, en tous lieux, et l'on peut dire qu'aucune espèce n'est plus nombreuse et plus répandue. Aussi se diversifie-t-elle en mille types aussi variés que les marqueteries d'une mosaïque ou que les nuances du prisme, et vouloir unifier ce type, serait chercher la quadrature du cercle ou le mouvement perpétuel.

Pour qu'une fille ait renoncé à la vocation si naturelle du mariage, il a fallu de grandes et puissantes raisons émanant de son fait, du hasard, de circonstances fatales ou malheureuses ou d'actes d'héroïsme et de dévouement; dans tous les cas, la vieille fille mérite au moins notre intérêt, puisqu'elle est déraillée et sortie de son état naturel.

Parmi les vieilles filles qui de leur propre volonté ont fui les plaisirs de l'amour et de la maternité, inclinons-nous avec vénération devant les saintes sœurs de charité et les autres religieuses, qui, comme elles, ont tout sacrifié pour se vouer au service de leurs semblables; elles ne sont plus des filles de la terre, mais bien des filles du ciel. Honneur et respect à elles!

Mais il est aussi dans le monde d'autres filles respectables dont tous les moments, toutes les ressources, tous les travaux sont consacrés à la charité; celles-là, si elles ne portent pas l'habit religieux (leur modestie ou des devoirs rigoureux les ont empêchées souvent de le prendre), emploient cependant tous les instants de leur vie au soulagement des malheureux ou à l'accomplissement d'obligations de famille pieuses et sacrées. Honneur et respect encore à elles!

D'autres, fières et sans fortune, n'ont pas voulu déchoir, et elles ont préféré continuer à porter le nom traditionnel de leur famille que de l'échanger pour un autre qui leur paraissait moins noble et moins enviable. Honorons aussi ce sentiment et, s'il peut paraître exagéré, qu'il reste au moins respectable.

Quelques-unes, par dépit amoureux, et voyant leur tendresse repoussée, se sont retirées de la lice et ont consacré leur vie à pleurer leur bonheur et leurs illusions perdus. Il n'y a encore rien que de pur et de fier dans cette retraite courageuse.

Celles-ci, au moment de toucher au bonheur et d'épouser ceux qu'elles aimaient, les ont vu enlever par une mort cruelle et, comme il n'y avait place dans leur cœur que pour un seul amour, elles se sont repliées sur elles-mêmes et sont restées fidèles à un seul sentiment, à un seul souvenir. Un cœur sensible ne peut que les plaindre et les admirer.

Mais, arrive la phalange nombreuse des égoïstes, des précieuses ridicules, des insensibles, des fières, des difficiles, de toutes celles enfin qui, sans vocation religieuse, sans raison légitime, sans motif plausible, par mauvais caractère, par vanité, par avarice, par rancune, par haine insensée des hommes, ont refusé de se marier et sont devenues ces sottes vieilles filles dont aucun dévouement, aucune charité ne purifient l'existence, et qui passent leur inutile vie à dénigrer le prochain et à pester contre celles qui firent mieux qu'elles... Oh ! celles-là méritent tout l'odieux et tout le ridicule que la malignité déverse sur elles. Nous les retrouverons toutes dans notre étude.

Dans une salle basse, voûtée, dépendant de quelque ancien couvent, meublée plus que modestement, puisqu'elle ne contient qu'une table en bois blanc et quelques chaises de formes diverses garnies de paille grossière, huit femmes sont réunies, et, disons-le tout de suite, ce sont huit vieilles filles; elles sont assises autour de la table et écoutent, avec plus ou moins d'attention, celle qui paraît être leur présidente; avant d'écouter nous-mêmes, esquissons rapidement leurs portraits.

Mlle la présidente, il est bien juste que nous commencions par elle, se nomme Mlle d'Elson. C'est une grande personne de trente-cinq ans à peu près, parfaitement conservée encore, et ayant les traits nobles et agréables. Sa physionomie exprime la bonté, la tristesse et la résignation. Sa tenue est distinguée et sa toilette riche, quoique modeste. Mlle d'Elson n'est pas heureuse; c'est une de ces saintes filles qui ont fui le mariage pour un motif héroïque. Son père, le Cte d'Elson, après avoir occupé dans la diplomatie des postes importants, a perdu ses facultés mentales au moment où sa fille atteignait l'âge de s'établir, et Mlle Valentine a renoncé à tout pour donner ses soins pieux à ce pauvre vieillard, dont la folie douce, mais triste, ne peut être égayée et consolée que par elle. Si Mlle d'Elson dérobe quelques instants à son cher insensé, ce n'est que pour les consacrer à d'autres bonnes œuvres.

A côté de Mlle d'Elson est assise une autre vieille fille. Quoiqu'elle ait à peine trente ans, elle a l'air mélancolique et rêveur. Ses traits sont amaigris, mais d'une exquise beauté. Elle aimait un brillant officier de nos armées et allait lui donner sa main quand il fut glorieusement tué dans une escarmouche en Afrique. Louise Gervaut voulut rester fidèle à sa mémoire, et chercha une consolation à sa douleur dans la pratique des bonnes œuvres chrétiennes.

Après Mlle Gervaut, vient Mlle d'Aymard. Celle-ci est grande; elle a le port sérieux et fier; sans fortune, elle n'a pu aspirer à un mariage analogue à sa naissance, et elle est demeurée vieille fille, mais a gardé son nom.

A gauche de la présidente siège une femme au front

soucieux, au sourire amer : c'est Mlle Richard. Celle-là a beaucoup aimé un ingrat, et cet ingrat l'a dédaignée, et, dès lors, elle a voué une haine éternelle aux hommes; pour occuper son esprit et son cœur, elle fait des bonnes œuvres, non sans lancer souvent de cruelles allusions au monde et à ses perfidies.

Tout près de Mlle Richard perche sur une grande chaise un petit monstre au nez crochu, au menton de galoche, à l'œil vif, sanguinolent et féroce : c'est Mlle Venin. Oh ! méfiez-vous, qui que vous soyez, elle vous rendra responsable de son célibat; aucun homme ne l'ayant voulue pour femme, elle s'en prend à tout le monde; rien et nul ne trouve grâce à ses yeux, et sa langue de vipère pique, pique toujours et, quand elle se tait, c'est pour préparer de nouvelles blessures.

Derrière le fauteuil de Mlle Venin se cache presque une grande fille sèche et jaune, dont l'œil scintillant et fauve est toujours en mouvement; on dirait qu'elle redoute et se méfie sans cesse. Elle se nomme Mlle Moret. Comme tous les coupables, elle accuse toujours; elle fit une faute jadis, faute que Dieu et les hommes lui ont pardonnée, mais qu'il lui semble qu'on lui reproche toujours, et elle a l'air de s'en prendre à tout le genre humain de sa faiblesse passée.

Un peu plus en avant de Mlle Moret se prélasse sur son siège Mlle d'Hortal. Elle est belle encore, malgré ses quarante ans bien sonnés, et elle jette autour d'elle un regard dédaigneux et fier... Oh ! celle-là aurait bien pu trouver un mari, elle avait tout pour faire un choix, mais aucun prétendant ne lui parut jamais digne d'elle, et, de délai en délai, elle resta vieille et orgueilleuse. Vis-à-vis d'elle, de l'autre côté de la table, s'agite fiévreusement une espèce de boule humaine, ronde par devant, ronde par derrière, ronde partout, et n'ayant, dans tout son être, de pointu que la langue : c'est Mlle Touron, qui a passé la vie à chercher un mari, et qui n'a pas encore renoncé au mariage, malgré ses quarante-cinq ans incontestables ; mais elle a beau rouler, tournoyer, personne ne se décide jamais à épouser une aussi drôle de créature. Elle n'en veut pas pour cela aux hommes, elle n'en dit jamais du mal ; elle espère toujours, mais elle ne peut pardonner aux femmes mariées d'avoir été plus heureuses qu'elle.

Nous sommes, vous l'avez deviné, dans une réunion de charité ; la présidente ouvre la séance, fait faire silence, non sans peine, et s'exprime ainsi :

Mesdemoiselles et chères associées,

— Pardon, s'écria tout à coup Mlle Touron, mais il me semble que l'usage veut que dans une réunion de femmes et quand on s'adresse à elles en général, on dise mesdames.

— Je me soumets à cette très juste observation, répondit doucement la présidente, et je dis :

« Mesdames et chères associées,

— « Depuis notre dernière réunion, qui remonte déjà « à plus d'un mois, plusieurs bonnes œuvres ont été « faites par notre société ; c'est avec un vrai bonheur « que je viens vous les signaler, en vous priant de vouloir bien me continuer votre indispensable concours. « Dans le vieux faubourg vivait une pauvre famille ; le « père était infirme, et le travail de la mère ne suffisait « plus aux soins à lui donner et à l'entretien de quatre

« petits enfants; nous lui avons ouvert un crédit de 100 « francs chez le boulanger. »

— C'est bien, très bien, dit de sa voix aiguë Mlle Venin, mais vous êtes-vous informée auparavant si ces malheureux étaient réellement mariés?

— Je n'ai nullement songé à prendre cette information, dit Mlle Gervaut, car c'est moi qui ai eu la douce mission de porter cette aumône, et, devant cette immense misère, je n'ai pensé qu'à la pitié.

— Mal à propos, mal à propos, glapit Mlle Venin, la morale doit passer avant la pitié... c'est ainsi qu'on favorise le vice, et ce n'est pas notre but.

Mlle Gervaut se tut et la présidente continua :

— « Un pauvre ouvrier s'est laissé tomber du haut « d'une échelle, et il s'est cassé une jambe et un bras; sa « femme a un enfant à la mamelle, ils n'ont aucune res- « source, nous leur avons donné 50 francs. »

— Etaient-ils catholiques? jappa Mlle Venin.

— Non, ils étaient protestants, répondit Mlle d'Aymard; mais ils paraissaient si malheureux, que j'ai pensé qu'aux yeux de Dieu l'aumône serait toujours bien faite; ils avaient d'ailleurs l'air honnête et digne.

— Tout cela ne suffit pas, riposta Mlle Venin. Que les protestants secourent les leurs, nous secourons les nôtres.

— « Une pauvre fille, reprit la présidente, mourant « de faim et de froid, et un petit enfant entre les bras, « désespérée, à bout de toute ressource, allait se jeter « dans la rivière; nous l'avons arrêtée au bord du préci- « pice, et nous l'avons placée dans un asile chrétien. »

— Une fille mère... une fille mère, exclama Mlle Venin, mais nous donnons donc des primes au vice!

— Cette fille, reprit Mlle Gervaut, avait l'air honnête, malgré sa faute; elle préférait mourir à mendier; ce sentiment, quoique exagéré, est respectable; son enfant, d'ailleurs, était innocent; j'ai cru devoir faire l'aumône.

— Je l'approuve, fit Mlle Moret; dans ces sortes de fautes, ce ne sont pas les filles qui sont le plus à blâmer, mais les hommes pervers et perfides.

— Pourquoi accuser les hommes seuls? s'écria Mlle Touron; ils sont coupables, sans doute, mais souvent aussi ils sont provoqués.

— Je ne sais d'où vous tirez cette expérience, mesdames, siffla Mlle Venin. Eh bien! apprenez donc aux hommes et aux filles qu'ils ne sont pas aussi coupables qu'ils le paraissent.

— Je ne réponds pas à l'observation de Mlle Venin, dit tristement Mlle Moret; ces dames comprendront la convenance de mon silence.

— Je la comprends aussi, moi, resiffla Mlle Venin, et je vous trouve fort instruite pour une fille!

— Mademoiselle, vous m'insultez!

— Prenez-le comme vous le voudrez, je ne rétracte rien de ce que j'ai dit.

Mlle Moret rougit et se tut en se pinçant les lèvres.

— Mesdames, je vous en prie, s'écria la présidente, soyons calmes et polies entre nous; la politesse est un des éléments de la charité. Continuons :

— « Une jeune fille abandonnée par ses parents « courait le risque de se perdre; nous l'avons placée « dans une maison honnête. »

— Savez-vous si elle n'était pas déjà perdue? fit Mlle Venin.

— Nous avons fait de notre mieux, répondit la présidente, Dieu fera le reste...

— « Une autre pauvre jeune fille, délaissée par son « fiancé, se mourait de désespoir sur un mauvais gra- « bat; nous avons obtenu pour elle un lit dans un « hospice. »

— J'approuve cette œuvre, dit Mlle Richard.

— Et pas moi, répliqua Mlle Venin, tant que je ne saurai pas pourquoi son fiancé l'a abandonnée.

— Parce qu'il était homme, ajouta amèrement Mlle Richard.

— Mais pourquoi tomber toujours sur les hommes? riposta Mlle Touron.

— Parce qu'ils sont tous inconstants et perfides, soupira Mlle Richard.

— Tout cela ne m'empêchera pas, reprit Mlle Touron, de faire la proposition que j'avais préparée; je demande donc qu'une somme de 1.000 francs soit prise chaque année sur les fonds de notre Société pour doter dix jeunes filles pauvres et sages.

A ces paroles, un affreux tumulte s'éleva au sein de l'assemblée; ce ne fut d'abord que des cris confus, parmi lesquels on ne distinguait rien; cependant, au bout d'un instant, la voix aigre de Mlle Venin perça comme une flèche et dit :

— Je propose que nous nous érigions en maison matrimoniale.

— Dans tous les cas, vous commencerez par vous servir vous-même, ronfla Mlle Touron.

— Après vous, s'il en reste.

— Je propose de doter dix hommes pauvres et sages s'il y en a, dit Mlle Richard.

— Pourquoi savez-vous qu'il n'y en a pas? hurlota Mlle Touron.

— Vous êtes une impertinente, mademoiselle.

— Et vous une pimbêche.

— Et vous une... mais au même moment la porte s'ouvrit, et une femme grande et pâle, d'une beauté remarquable, mais ayant l'air languissant et malheureux, apparut sur le seuil; elle portait une longue pèlerine noire sur laquelle brillait une croix d'or suspendue à un large ruban rouge.

La chanoinesse.... dirent aussitôt à voix basse et avec respect toutes les vieilles filles, et elles se levèrent aussitôt pour lui faire honneur.

— « Mesdames, dit la nouvelle venue en s'avançant, « mais d'une voix faible et tremblante, je regrette de « déranger ainsi votre séance, mais, brisée de souf- « france, je n'ai pu me rendre auprès de vous à l'heure « indiquée; j'y viens dès que je le puis pour vous dire « que je suis toujours de cœur avec vous et que si je ne « puis par moi-même agir comme vous le faites toutes « avec tant de charité et de zèle, du moins, je veux que « vous sachiez que les ressources que Dieu a bien voulu « me départir sont en entier à la disposition de la « Société dans laquelle vous avez bien voulu me faire « l'honneur de m'admettre. »

Un murmure flatteur accueillit ces bonnes paroles. Mlle Richard s'empressa d'offrir un siège à la nouvelle venue, et aussitôt la présidente, avec une déférence gracieuse, résuma rapidement les détails de la séance en l'honneur de la chanoinesse, et ajouta plus gracieusement encore : « Si vous n'étiez venue au milieu de nous, « madame, je me serais hâtée de me rendre chez vous « pour vous mettre au courant de nos plus petites dé- « marches ; n'est-ce pas vous qui êtes notre ange inspi- « rateur, en même temps que la source inépuisable des « secours que nous répandons ? »

— « Je rends aux pauvres, répondit mélancolique- « ment la chanoinesse, ce que le ciel m'a donné, et je « ne saurais trouver de meilleurs intermédiaires que « vous toutes, mesdames, dont la vie entière est vouée « au soulagement de vos semblables ; vous y consacrez « vos soins, vos peines, vos veilles... et moi, mon su- « perflu ; vous voyez que ma part de mérite est bien infé- « rieure à la vôtre. »

Cependant la nuit était presque déjà tombée, et la présidente ayant levé la séance, toutes les dames associées se retirèrent. Seule, Mlle d'Elson resta avec la chanoinesse qui, lui serrant aussitôt tendrement la main, lui dit avec une douce affection : « Eh bien ! chère Valentine, « tu es toujours au premier poste de la charité et du « dévouement, soit que tu restes chez toi, soit que tu « en sortes un seul instant ! Oh ! Dieu te récompensera « bien certainement un jour, et tu vois clair, toi, dans « l'avenir de ton éternité... Comment se trouve ton cher « malade ?... celui qui peut t'appeler deux fois sa fille, « car tu l'es d'abord par le sang et puis par la charité. »

— Oh ! ce bon père n'est pas plus mal ; sa folie, tu le « sais, est douce et enfantine ; un rien le distrait et « l'amuse ; il sourit au soleil, aux fleurs, aux nuages ; il « chante avec l'oiseau, il soupire avec la brise, il pleure

« avec la tempête, et il subit, sans convulsion et sans « douleur, l'influence de tout ce qui l'entoure. Si je ris, « il m'imite; si je versais des larmes, il pleurerait lui- « même aussitôt, mais son bonheur le plus grand est de « saisir mes mains, de les presser tendrement et de me « regarder pendant quelques minutes avec une expres- « sion d'ineffable bonheur. »

— « Et ton souvenir, ton nom, ne reviennent-ils jamais à sa mémoire ? »

— « Oh ! quelquefois, bien rarement, hélas ! un éclair « de raison traverse son cerveau, ses yeux s'animent, « sa main tremble, il me presse doucement dans ses « bras en murmurant à mon oreille : Valentine... pauvre « Valentine. Oh ! alors nous nous prodiguons les plus « tendres caresses, comme nous le faisions autrefois « après une longue absence; je lui répète que je l'aime, « que je ne veux vivre que pour lui, et lui me redit avec « attendrissement : Valentine... pauvre Valentine. Mais « cet instant de bonheur s'évanouit bientôt; le regard de « mon cher malade s'égare, et il se remet à sourire à « tout ce qui l'entoure. Qu'il est affreux, chère Sarah, « de voir ainsi retombé dans les puérilités de la pre- « mière enfance le père le plus tendre, le vieillard le « plus noble et le plus vénérable ! »

— « Sans doute, Valentine, mais Dieu te l'a laissé, et « tu dépenses à l'aimer et à l'entourer de soins tout ce « que notre cœur de femme contient de tendresse et de « dévouement; tu as un but dans ta vie et un espoir cer- « tain dans l'autre; je te trouve heureuse, bien heu- « reuse dans ton malheur. »

— « Mais, ma bonne Sarah, pourquoi aggraves-tu

« ton mal par ce désespoir amer qui semble te miner, « toi qui consacres ce qui te reste de force et tout ce « que tu as de richesse au soulagement de tes semblables! C'est bien toi certainement que Dieu récompensera de tes œuvres; ta vie fut pure et remplie; qui, « mieux que toi, peut avoir mérité les récompenses « éternelles? »

— « Oh! chère Valentine, tu ne connais pas ma vie, « tu n'en sais que ce que tu vois à l'extérieur; tu ne peux « deviner ce qui me mine et me tue; tu ignores pourquoi, « née et élevée dans une haute position de naissance et « de fortune, j'ai fait le malheur de mes parents en refusant de me marier. Ce secret affreux qui a détruit « ma santé et assombri mon âme, qui a desséché mon « cœur, il est toujours là et, plus j'approche du terme « fatal, plus il me poursuit comme un fantôme implacable. Oh! j'ai besoin d'enlever de sur mon cœur ce « poids terrible qui depuis vingt ans l'oppresse, et dont « je ne puis plus supporter l'étouffant cauchemar... « Veux-tu, Valentine... veux-tu entendre ma douloureuse « confidence? Tout aussi bien, je n'ai plus que quelques « jours à vivre... et à rougir... Oh! dis-moi, veux-tu « entendre et consoler ta vieille amie? »

Valentine avait pris les mains de Sarah, mais à cet appel elle les serra fortement contre son cœur, et ces deux nobles et belles créatures confondirent leur larmes.

— « Parle, dit enfin Valentine, je crois être digne de « ta confiance; je suis et j'ai toujours été assez ton amie « pour te consoler. »

La nuit était tout-à-fait tombée. La salle basse et voûté des conférences ne recevait plus les quelques dernières lueurs du crépuscule qui fuyait, qu'à travers les petits carreaux plombés d'une étroite fenêtre en ogive. Aucun lieu ne pouvait être plus recueilli et plus favorable à une terrible confidence, et les deux amies en subissaient l'influence solennelle. La chanoinesse, après quelques minutes de recueillement, sembla prendre une résolution suprême et, serrant avec une nouvelle ardeur les mains tremblantes de son amie, elle commença ainsi d'une voix saccadée et fiévreuse : « Tu connais ma pre-« mière enfance; tu sais au milieu de combien d'amour, « de caresses et de bonheur elle s'est écoulée; tu fus « l'amie et la compagne de ma jeunesse, et tu te rappelles « sans doute encore tous nos rêves, toutes nos illusions... « Que nous étions heureuses alors! Ton père était au « faîte des honneurs; il était la gloire de notre pays, il « aimait à combler ses compatriotes de bienfaits, de « fêtes, de gracieuses prévenances. J'avais encore mes « parents chéris; j'étais leur unique enfant, leur idole; « nos deux familles alliées, amies depuis des siècles, vi-« vaient dans la plus étroite intimité, et nous nous ai-« mions comme deux sœurs, comme nous nous aimons « encore, n'est-ce pas, Valentine? »

Les deux amies se pressèrent dans une étreinte silencieuse, et la chanoinesse continua ainsi : « Nos carac-« tères ne se ressemblaient pas cependant; tu étais « calme, douce, appliquée; j'étais bruyante, agitée, indé-« pendante; j'aimais les plaisirs tumultueux; les chevaux, « la chasse surtout étaient mes occupations favorites, et « mon excellent père n'ayant pas eu de garçon était « heureux de retrouver dans sa fille des goûts qu'il « poussait jusqu'à la passion. Il m'emmenait partout

« avec lui et faisait admirer à tous ses amis la hardiesse,
« l'adresse et le courage de sa petite Sarah. J'acquis
« dans ces exercices une santé de fer, une force au-
« dessus de celle de la femme et une énergie qui m'ont
« bien abandonnée... J'avais dix-huit ans quand nous
« fûmes invités, mon père et moi, à l'ouverture solen-
« nelle d'une chasse chez un de nos parents qui habitait
« un château féodal au milieu des immenses forêts de
« la Nièvre. Nous n'avions jamais visité ce cousin éloi-
« gné, et son invitation fut pour nous un grand bonheur.
« Nous partîmes et bientôt nous arrivâmes devant ce
« vieux manoir couronné de tourelles sans nombre,
« dominé par un sombre beffroi et planté sur un roc
« élevé, encadré par de sombres forêts de sapins et de
« chênes. Le château, auquel on ne parvenait que par un
« pont-levis, était entouré de douves profondes taillées
« dans le vif du roc et remplies d'une eau courante qui
« venait du haut de la montagne. Ce paysage sauvage
« me ravit d'admiration Je me rappelai les descriptions
« des vieux manoirs de l'Écosse, par Walter Scott, et les
« chasses des nobles chefs des clans. Un des plus beaux
« rêves de ma vie était réalisé.

« Nous fûmes reçus par notre bon parent avec une
« grâce charmante et une dignité patriarcale. Il nous
« présenta avec orgueil à une société fort nombreuse
« qui était déjà réunie chez lui. Je fis la connaissance de
« ravissantes cousines, et je me trouvai bientôt à l'aise
« dans cette réunion de braves chasseurs et d'aimables
« châtelaines.

« Une grande chasse devait, le lendemain matin, inau-
« gurer notre arrivée, et nous nous retirâmes de bonne

« heure dans nos appartements pour nous reposer des « fatigues du jour et pour nous préparer à celles du « lendemain. Ma chambre occupait toute une tour dont « l'unique fenêtre donnait sur un grand balcon qui sur- « plombait les douves. Mon cœur était tellement agité, « mon âme si enthousiasmée que, ne pouvant m'endor- « mir, je restai une heure au moins appuyée sur la ba- « lustrade de mon balcon, jouissant du spectacle gran- « diose qu'un clair de lune splendide me permettait « d'admirer. Au loin, partout, de tous côtés de noires « forêts, dont les contours indécis se confondaient avec « les nuages; à mes pieds, l'eau transparente des douves « que la lune argentait; à droite, à gauche, sur les pre- « miers plans, les bâtiments sombres, pittoresques et « irréguliers du château qui se reflétaient dans le cristal « de l'eau; dans le fond du bois, quelques cris d'aigles; « au sommet des tours, ceux des orfraies, et dans le « lointain, un chant monotone de pâtre attardé mêlé aux « tintements des clochettes de son troupeau... Tous ces « détails saisissants me plongèrent dans une longue « rêverie qui était presque un demi-sommeil. Combien « de temps dura cette extase? je ne saurais le dire..., « mais j'en fus tirée par une voix venant d'une fenêtre « au-dessus de la mienne et qui disait : — *Non, ce n'est « pas Phœbé, c'est vous qui êtes la reine de la nuit.* « Je relevai vivement la tête, et j'aperçus un invité que « j'avais distingué dans le salon et qui m'avait particu- « lièrement déplu par son air impertinent et cynique; « il s'était même permis de m'adresser quelques propos « fades et niais auxquels je n'avais répondu qu'en lui « tournant le dos et en causant avec mes cousines.

« Mais, par une coïncidence fatale, ce ridicule personnage
« s'était trouvé placé à côté de moi à table, et il m'avait
« assommée pendant tout le temps du repas des déclara-
« tions les plus brûlantes, mais aussi les plus inconve-
« nantes. Je n'avais rien répondu, mais je m'étais bien
« promis de fuir ce grossier Lindor partout où je pour-
« rais le rencontrer. Aussitôt que j'eus reconnu mon
« voisin de table, je me retirai de sur mon balcon et
« fermai ma croisée; je me jetai sur mon lit où, brisée
« de fatigue, je ne tardai pas à m'endormir.

« Le lendemain et les jours suivants, nous assistâmes
« à des chasses princières et nous passâmes une
« semaine entière au milieu des plaisirs et des exploits
« cynégétiques. Ces jours furent les plus beaux de ma
« vie, et ils eussent coulé sans aucun nuage si je
« n'avais été continuellement poursuivie par les assi-
« duités importunes du chevalier de Z... Chaque jour il
« devenait plus impertinent et plus agressif, et il répon-
« dait à ma froideur et à mon mépris par des fureurs
« cyniques, presque par des menaces. Si j'avais dû con-
« tinuer à vivre dans cette société, j'aurais averti mon
« père, mais, ne devant rester que peu de jours encore
« chez nos bons parents, je ne voulus pas troubler leur
« hospitalité et les affliger par un éclat que je crus
« inutile. Je n'ouvrais jamais ma fenêtre le soir, et, dans
« la journée, je me réfugiais au milieu de mes cou-
« sines; à la chasse, je ne quittais pas mon père; j'avais,
« d'ailleurs, un cheval qui m'eût bientôt débarrassée
« des importunités du chevalier.

« La veille de notre départ, mon cousin voulut nous
« donner la surprise d'une chasse au cerf, et elle fut si

« belle, si bien menée, que la bête vint faire son hallali « à l'entrée du château, et que tous les invités qui « n'avaient pu assister aux péripéties de la journée « purent jouir de son glorieux dénouement; nous « étions vainqueurs, mais anéantis, et moi-même, assez « accoutumée aux exercices violents, j'étais accablée de « lassitude.

« Nous devions partir au soleil levant; nous fîmes « nos adieux à nos parents et à toute la société. Quand « le chevalier de Z... me salua, je remarquai qu'il me « jetait un regard de haine et de défi; je me contentai « de baisser les yeux avec mépris et je montai dans « mon appartement.

« Nos bagages étaient prêts, et, cédant à la fatigue, « je me hâtai de me coucher, et je ne tardai pas à « tomber dans le plus profond sommeil... Vers le milieu « de la nuit, je sentis tout à coup un cauchemar affreux « peser sur ma poitrine... Il me semblait que des mots « confus étaient murmurés à mon oreille. Je voulus « crier... je me sentis étouffée et clouée sur ma couche... « ma voix s'arrêtait dans mon gosier qu'on étreignait... « Je repris cependant un peu de force et, à la faible « lueur qui venait de ma fenêtre ouverte, je vis un « homme qui, d'une étreinte vigoureuse, paralysait tous « mes mouvements... J'essayai de m'élancer..., d'appeler « au secours, de me défendre; une force affreuse com- « primait ma bouche, écrasait ma résistance. Une lutte « horrible s'engagea entre nous; je fus frappée par un « coup terrible. Je ne perdis pas tout à fait le sens, « mais mes forces m'abandonnaient, et quand enfin je « pus me dégager... j'étais déshonorée !... Oh ! alors tout

« ce qui m'avait manqué de vigueur et de puissance me « revint tout à coup et se changea en fureur... Je sautai « à la gorge de l'infâme, je le poussai à demi-asphyxié « vers la fenêtre ouverte et le jetai avec une vigueur « surhumaine contre la rampe du balcon. Il trébucha..., « se raidit un instant..., mais dans une dernière oscilla- « tion il franchit cet obstacle et je l'entendis tomber « lourdement dans l'abîme des douves. En ce moment « affreux un mouvement horrible se fit en moi; ma « fureur se changea en effroi. Je m'approchai en « tremblant de la fenêtre, je vis quelques bouillonne- « ments sur l'eau, un bras convulsif en sortir... puis « rien... plus rien...

« Aucun invité, aucun domestique, personne n'en- « tendit cette chute effroyable; mais le lendemain, avant « l'aube, un pâtre, allant sur la montagne, vit le cadavre « du chevalier qui surnageait sur l'eau.

« Tu te figures l'épouvante que jeta dans le château « de X... cet affreux événement. Tout le monde était si « effaré et si consterné qu'on ne remarqua pas l'état « épouvantable dans lequel j'étais. Nous partîmes le « lendemain, mon père et moi, plongés dans une som- « bre stupéfaction...

« Ce secret, cet affreux secret, je l'ai toujours gardé « jusqu'à présent; toi seule au monde le connais, et il me « semble qu'en te le confiant, il a diminué de poids et « d'amertume. Mais, depuis lors, j'ai fui tous les plai- « sirs, toutes les distractions, toutes les joies. Mes bons « parents sont morts après m'avoir vainement sollicitée « de prendre un époux et avec la douleur de me laisser « seule dans ce monde. Et moi, toujours en proie au

« même souvenir, à la même terreur, j'ai mené une vie « torturée et sombre. Partout j'aperçois ce cadavre « menaçant; sans cesse j'entends les clapotements sinis- « tres des douves, et mon âme est perpétuellement « déchirée par la douleur, le remords et la honte!... »

La chanoinesse se tut; mais déjà Valentine l'avait attirée sur son cœur et mêlait ses larmes aux siennes. « Oh! lui dit Sarah, tu es une sainte! » — « Et toi une martyre..., » répondit doucement la bonne Mlle d'Elson.

Ainsi finit la séance de la Société des vieilles filles de la ville de X...

LE VIEUX GARÇON

Le vieux garçon! A ces mots tout le monde sourit... non pas de ce sourire de pitié et même de sympathie qui accueille souvent les mots de vieille fille, mais d'un sourire franchement narquois et malin, de ce sourire qui n'implique pas la moindre commisération et qui exprime, au contraire, la moquerie la plus intentionnée. Ah! c'est que le vieux garçon est le point de mire des sarcasmes amers des filles délaissées, des malédictions des mères désappointées, de la méfiance et de la haine des maris, de la malignité des femmes, et enfin de l'humeur impatiente des héritiers fatigués d'attendre. C'est un contre-sens dans la société, une inutilité sur l'échelle sociale, un embarras dans les rouages de la famille, une verrue parasite et stérile sur le tronc vital; en un mot, c'est un homme qui ne remplit pas sa mission sur terre, qui consomme sans produire et qui n'est attaché à ses semblables que par les faibles liens de certains besoins et de certaines convenances.

Il faut cependant faire une exception en faveur de ceux qui sont restés vieux garçons par force, et qui, malgré toute leur bonne volonté, n'ont jamais pu trouver femme. Dans cette catégorie sont rangés : les borgnes, les bossus, les boiteux, les niais, tous les disgraciés de la nature, ceux qui ont abusé de la permission d'être laids, les décavés, ceux qui n'arrivent jamais à temps, ceux enfin qui, par une malechance innée, n'ont de leur vie abouti à rien; enfin, ceux que de grands malheurs, des accidents affreux, de douloureuses aventures ont forcément jetés dans l'aride voie du célibat. Ces infortunés, au ridicule d'être restés garçons, voient encore forcément s'ajouter l'amertume de leurs défauts, de leurs chagrins ou de leurs infortunes. Comme leurs collègues, ils sont inutiles sans être cependant aussi égoïstes.

C'est l'égoïsme, en effet, qui fait les vieux garçons. Ce sentiment, presque tout seul, décide ordinairement ces hommes, parfaitement aptes au mariage, à y renoncer dans la crainte d'être gênés ou dérangés dans la paix de leur existence. « Ah! bien oui, se disent-ils, je vais me « marier pour employer mes revenus que je sais si « bien dépenser moi-même à parer une femme « coquette, à élever des enfants ingrats, à construire « une famille qui me ruinera. Je vais me marier... pour « subir une belle-mère revêche, des beaux-frères et « des belles-sœurs avides et jaloux et pour souffrir « pendant toute ma vie de ces ennemis intimes qu'on « nomme ses proches chéris. Je vais me marier... pour « devenir, peut-être, un époux ridicule et malheureux « qu'on montre au doigt sur son passage en souriant « avec une insultante malice, et qui serais obligé de me « taire et de dévorer mon affront, pour ne pas aug- « menter mon malheur et le scandale!. Je vais me ma- « rier... pour passer toute mon existence dans l'enfer d'un « ménage!... Non... Non... Restons garçon.... Restons « garçon... » Ils renoncent ainsi au mariage et se plongent souvent dans cet enfer bien plus terrible d'un ménage de garçon.

La variété des vieux garçons est grande; cependant, cinq types principaux me semblent émerger dans les classes élevées de la société. Ce n'est, du reste, que de celles-là que je m'occupe dans cette étude. Les classes inférieures, soit par vertu, soit par tradition, soit par besoin, soit pour tout autre motif, donnent encore l'exemple du respect pour le mariage, et le nombre des vieux garçons est bien restreint parmi elles.

Ces cinq classes peuvent, je crois, s'établir ainsi : le vieux garçon fonctionnaire; le vieux garçon spécialiste; le vieux garçon grincheux; le vieux garçon pauvre, et le vieux garçon riche. Toutes les nuances de l'espèce se rattacheront facilement à cette grande division. Nous allons essayer d'en indiquer quelques-unes.

Du vieux garçon *fonctionnaire* dépendent les militaires, les marins, les administrateurs, les employés supérieurs et inférieurs, tous gens qui, ayant employé leur jeunesse à étudier et à travailler, n'ont eu guère le temps de penser au mariage, ou si jamais l'idée leur est venue de prendre femme, ils l'ont vite rejetée, croyant le mariage dangereux et incompatible avec leurs fonctions multipliées et leurs longues absences.

Autour du vieux garçon *spécialiste* vient se grouper la phalange nombreuse des artistes, des savants, des chercheurs, des inventeurs, des voyageurs et surtout des collectionneurs, et les historiens, les archéologues, les linguistes, les numismates, les astronomes, les professeurs la composent presque tout entière. On comprend facilement que des hommes aussi occupés d'une seule et importante chose, n'aient pas cherché à être dérangés par le tumulte vertigineux d'un ménage.

La classe des vieux garçons *grincheux* est nombreuse; c'est aussi la plus égoïste. Elle se compose de ceux que des infirmités précoces, une aigreur naturelle de caractère, des mécomptes, des chagrins ont rendus âcres, intolérants, injustes; de ceux surtout qui ne croient pas à la vertu des femmes et qui, du reste, n'ont pas plus de foi à celle des hommes, et qui sont devenus misanthropes et pessimistes. On peut incruster dans cette classe les amateurs d'animaux, les éleveurs d'oiseaux, les amis passionnés des chiens, les producteurs de fleurs et de fruits, quelques auteurs subalternes et un certain nombre de pêcheurs à la ligne et d'amateurs de lutte et de combats d'animaux; les joueurs effrénés et les amateurs de théâtre s'y trouvent aussi, mais ils sont également répandus dans les autres classes.

Les vieux garçons *pauvres* sont, hélas! innombrables; ils sont les moins méchants et les moins coupables; il y a parmi eux beaucoup de malheureux et de victimes. Nous citerons les pauvres de naissance, les cadets de famille, les ruinés par leur fait ou par celui des autres, les artistes inférieurs, quelques journalistes obscurs, les poètes sans lecteurs, les compositeurs délaissés ou ignorés, des réformateurs sans partisans, des conférenciers sans assistance, des médecins sans clients, des avocats sans causes, et tous ceux qui n'ont jamais pu parvenir à percer dans une carrière pour quelque motif que ce soit.

Le nombre des vieux garçons *riches* augmente sensiblement. Ce résultat, peu moral, est dû, sans doute, à l'égoïsme affreux dont la plaie s'étend tous les jours davantage sur le corps social; cette classe, qui vit surtout dans les grandes villes, à Paris principalement, se compose, en grande partie, de banquiers, d'industriels, de joueurs à la bourse, de grands chasseurs, de sportsmans, d'opulents bourgeois et gentilshommes. Elle vit plus la nuit que le jour, habite les riches quartiers, fréquente les restaurants en renom, les théâtres, l'hippodrome, voyage quelquefois, mais revient toujours aux plaisirs indigènes et au soleil natal.

Le vieux garçon riche est ordinairement le patron et le protecteur de l'actrice ou de la danseuse en faveur; c'est lui qui l'a inventée, presque élevée ou tout au moins appuyée, aussi est-il au mieux avec les directeurs de théâtre; il a ses entrées privilégiées, sa loge réservée, et fréquente assidûment les coulisses; il donne son avis sur les décors, les costumes et les pièces, et assiste aux répétitions, où son opinion est toujours demandée. Il a un cabinet particulier, qui porte quelquefois son nom, dans le café le plus aristocratique; il possède un bel hôtel, une maison hautement montée, de beaux équipages, de brillantes livrées, et il affecte dans ses habitudes et dans son costume un confortable d'autant mieux combiné qu'il lui est uniquement personnel. Il est membre du Jockey-Club, quelquefois député, rarement ministre, car le vieux garçon riche, à moins qu'il ne soit dévoré par une ambition démesurée, fuit les devoirs onéreux et les obligations fatigantes, et s'il daigne entrer dans quelques détails ou prendre part à certains travaux d'administration, c'est presque toujours en acceptant une présidence presque honorifique dans les chemins de fer ou la sinécure de membre de quelque grande société industrielle. On voit le vieux garçon riche, suivant sa conservation ou sa décrépitude, parcourir à cheval les boulevards et le bois, suivre en voiture les courses et les fêtes, ou traverser lentement dans un fauteuil à roues les squares et les jardins publics.

Il est évident que j'omets dans mes cinq classes de vieux garçons une infinité de types et de nuances; leur longue énumération fatiguerait mes lecteurs, dont l'expérience et l'imagination suppléeront avec facilité à tout ce qui m'échappe, et, ceci posé et mes classifications établies, je commence mes histoires à l'appui de mes prémisses.

Le 22 du mois de novembre de l'année 1816, vers les neuf heures du soir, dans un des bons restaurants de Paris, on entendait sortir d'un cabinet réservé, situé à l'entre-sol, les cris les plus joyeux; des trépignements, des applaudissements même les accompagnaient parfois, et au timbre frais et éclatant des voix, il était facile de deviner que c'était de tout jeunes gens qui faisaient cet allègre tapage. C'était, en effet, cinq élèves du collège Louis-le-Grand qui fêtaient dans un banquet, depuis longtemps désiré, leur admission aux épreuves du baccalauréat, et à l'expression bruyante et enthousiaste de leur joie, à l'exubérance de leurs vives émotions, on voyait bien que ce triomphe et ce festin étaient le premier grand bonheur de leur vie.

Esquissons les portraits de ces turbulents convives, de ces fortunés débutants dans la vie :

Le premier qui se présente à nous se nomme Nestor Lesage. C'est un vigoureux garçon de dix-huit ans, à l'encolure carrée, à la tête forte, au front développé, au visage empreint d'une froide ténacité, et l'on devine aisément que ses traits, animés pour le moment par l'entrain de la circonstance, doivent être d'habitude calmes et sérieux. Il tient d'une main un verre plein d'aï mousseux, et, élevant le bras, il s'écrie d'un ton clair et assuré : « Mes amis, je bois à notre avenir dans « lequel nous débutons aujourd'hui ; je bois au bonheur « de nous tous, et j'ajoute à notre sagesse qui doit l'as- « surer. »

Un immense éclat de rire accueillit ce toast solennel, et aussitôt un pétulant convive, s'élançant d'un seul bond sur la table et s'armant d'un verre tout plein, jeta un regard de profonde pitié sur son camarade et dit d'une voix éclatante et moqueuse : « Eh ! d'où donc as-tu pris, « pauvre Nestor, que la sagesse fît le bonheur ? Le bon- « heur, il est dans l'agitation, dans l'imprévu, dans « l'aventure, surtout dans l'indépendance, j'allais dire « dans la folie, mais je craindrais d'être trop sage encore « en parlant ainsi. »

Celui qui venait de s'exprimer de la sorte avait nom Paul Hazard. C'était un jouvenceau maigre, sec et nettement découplé ; son profil pur et accentué, sa bouche mince et serrée, ses yeux intelligents et mobiles, son teint pâle, sa contenance nerveuse donnaient à sa physionomie une expression d'ardeur et de finesse, et l'on devinait, sans peine, sous cette brûlante enveloppe, un cœur aventureux et un esprit observateur, tenace et téméraire.

« Le bonheur ! le bonheur ! vous le croyez de ce « monde, dit en se levant un autre convive. Oh ! dé-

« trompez-vous et ne vous bercez pas d'illusions au « début de votre carrière. Le bonheur est un éclair; il « brille un instant pour disparaître à jamais. Je n'ai « encore jeté qu'un regard, et de bien loin, sur cette « terre de larmes, et je n'y ai vu que misères, méchan- « cetés, fourberies et mécomptes; aussi, je ne puis boire « à cette utopie à laquelle je ne crois pas; mais je bois « au repos, à la paix, s'ils sont de ce monde. »

Ce pessimiste en herbe, appelé Tristan Lenoir, était petit, maigre, et avait l'air maladif; sa figure chaffouine tenait du renard et du hibou, et, pour compléter sa laideur, un accident l'avait rendu borgne.

« Toujours funèbre, sombre, Tristan ! » s'écria, en se levant à son tour, un autre jeune homme grand et pâle, à l'air timide et réservé; « allons, allons ! Je ne « suis pas plus enthousiaste que toi, et je crois cepen- « dant un peu à ce bonheur que tu calomnies, et je bois « à son élément le plus réel... à la fortune. »

« — A la fortune ! puisque tu le veux, » crièrent en cœur tous les convives.

Léo Mausort se recueillit, et continuant son toast : « Mes amis, dit-il, buvons encore à cette fortune sans « laquelle rien d'heureux ne peut exister dans la vie. « Assourdissons le sort pour qu'il nous l'accorde, et, si « jamais nous l'atteignons, faisons en sorte de ne pas la « perdre. »

« — Eh ! mes amis, je n'ai pas encore porté le » mien, » exclama le dernier convive gros gaillard frais et vermeil, dont les traits délicats et distingués étaient encadrés par une abondante chevelure blonde et frisée, « mais je bois au plaisir; ce mot résume tout,

« et c'est avec lui que nous trouverons le bonheur. »

« — Au plaisir! au plaisir! » répétèrent tous les convives.

« — Oh! oh! dit Tristan, tu en parles à ton aise. Toi, « Gontran, tu es noble, riche et baron, et je ne sais quoi « encore; ta fortune t'a gâté, et il te sera facile de « trouver le plaisir dans ta brillante carrière; mais « nous, obligés de nous créer un sort, pourrons-nous « le rencontrer au milieu de nos luttes et à nos labo- « rieuses expériences? ».

« — Eh bien! mes amis, je bois à vos succès, et « puisque le ciel m'a mieux traité que vous, je suis « heureux de vous dire que mon amitié et mon assis- « tance ne vous manqueront jamais, et si, dans le cours « de notre existence, je puis vous être utile, ce sera le « plus doux de mes plaisirs. »

« — Bien! bien! Merci Gontran. Toujours bon et « généreux, » s'écrièrent à la fois les quatre écoliers, et tous lui serrèrent cordialement la main.

« — Mais, il me semble, répondit celui-ci, sensible- « ment ému, que nous n'avons fait jusqu'ici que de la « philosophie et du sentiment; faisons un peu de folie, « c'est le cas ou jamais; et, pour bien commencer, je « porte un autre toast à la femme! » Aussitôt un silence subit se fit parmi les collégiens; ce mot avait touché profond et juste dans le cœur de chacun, et ils se recueillaient tous, rassemblant leurs rares souvenirs, leurs vastes espoirs et leurs craintes, pour répondre, selon leurs aspirations, à cette santé brûlante et téméraire.

Gontran, qui l'avait occasionné, fut aussi le premier à se remettre de ce choc soudain, et reprenant son toast:

« — Oui, mes amis, répéta-t-il, à la femme! être « éthéré et fantastique sans lequel il n'est sur terre ni « entraînement ni plaisir; à la femme! seule source de « poésie et d'amour; à la femme! à sa beauté, à son « charme, à sa grâce, à ses divines qualités, à ses adora- « bles défauts..., à la femme tout entière! »

« — Oui, à la femme! dit en s'avançant avec gravité « Nestor Lesage, mais à la femme dans ses attributions « et dans son rôle; à la femme! compensation passagère « des ennuis de la vie, soleil éphémère de notre ombre, « élément futile et charmant d'un instant de bonheur, « mais non à ce tyran qui parfois bouleverse et torture « toute notre existence, entrave nos élans, nos travaux, « et paralyse notre sagesse. »

« — Ah! ta femme est presque la mienne, dit enthou- « siasmé Paul Hazard; vois comme ta sagesse et ma « folie se rencontrent; comme toi, je bois à la femme, « perle brillante qu'on découvre, qu'on admire et qu'on « rejette ensuite pour une autre que l'on trouve plus « brillante encore; fleur embaumée dont on aspire le « doux parfum et qu'on effeuille bien vite; coupe « enivrante qu'on épuise; souvenir délicieux que l'on « oublie; oui, à la femme! à la femme, météore passager, « éclair éblouissant, senteur subtile et bientôt évaporée; « à la femme! mais à la condition qu'elle ne laisse dans « notre existence ni trace, ni lien, ni entraves. »

De grands applaudissements succèdent à ce toast accentué, et, pendant qu'ils vibraient encore, Tristan Lenoir s'était soulevé lentement, et, quand le silence fut rétabli, il parla ainsi :

« — Vous buvez follement à la femme, mes amis,

« et vous n'êtes guère pardonnables, car, si vous n'avez « pas encore une expérience propre, vous pouvez au « moins profiter de celle des autres; vous buvez à la « femme, votre ennemi, votre tyran, vous, hommes! « Mais vous oubliez donc tout ce que l'histoire et la « philosophie vous ont appris? Ne vous ont-elles pas « demontré que tous les maux de cette terre sont causés « par les femmes? Que les divisions, les guerres, les « catastrophes naissent d'elles et par elles? Que les « plus grands hommes ont été entravés dans leurs « travaux, ternis dans leur gloire par elles, par elles « seules? Avez-vous oublié Samson, Socrate et Antoine? « Ah! quand vous buvez à la femme, vous me rappelez « ces stupides gladiateurs qui, courant hébétés à une « mort ridicule, jetaient à César ce dernier cri insensé : « *Te morituri salutant.* »

Après ce toast funèbre, Tristan se rassit; Léo était déjà debout.

« Mes amis, dit-il, sans être aussi sévère envers la « femme que mon ami Lenoir, je suis cependant un peu « de son avis; la femme est, en effet, l'obstacle à tout « dans la vie de l'homme; c'est elle qui gaspille et « détruit sa fortune, qui se pare follement du prix de « ses sueurs, qui humilie son amour-propre et sa « dignité, et qui, pour récompenser son dévouement, « son amour et ses sacrifices, l'abandonne souvent « quand il n'a plus ni or ni plaisir à lui donner. Heureux « le sage qui sait échapper à son terrible empire; heu- « reux, trois fois heureux celui qui évite ses dangereux « filets, et le plus dangereux de tous, le mariage. »

A ce mot, un hourra confus s'éleva parmi les cinq

convives, et la voix de Tristan, perçant comme un glas le tumulte, cria :

« — Qui a osé prononcer ce mot fatal? Le mariage! « Oh! mes amis, vous le savez, c'est le tombeau de tout « ce qui est joie, esprit, indépendance; le mariage! Ah! « que jamais son mirage funèbre n'apparaisse à mes « yeux. Aujourd'hui, dans ce moment solennel, je prends « devant vous l'engagement irrévocable de ne jamais « me laisser engager dans ses funestes liens. »

« — Je le jure aussi, dit gravement Nestor Lesage, « je jure de ne jamais introduire dans ma vie cet élé- « ment délétère et destructeur de la paix, de la sagesse « et de la science. »

« — Et moi de même, exclama Paul Hazard, je me « garderai bien de me laisser entraver par les liens « gênants du mariage. Et que feraient femme et enfants « au logis pendant que je courrais les aventures, que je « braverais les mers, les climats lointains, la mort « peut-être? Non, non. Je mourrai libre et garçon! »

« — Je fais le même serment, dit aussitôt Léo Mausort. « Eh! grand Dieu! la misère est assez grande dans ce « bas monde sans aller encore l'aggraver par une oné- « reuse compagne et par de nombreux enfants! Et « puis, peut-on penser, travailler et produire au milieu « des aigres reproches d'une femme irritée et des cris « d'une marmaille insupportable? Mieux vaut rester « pauvre et seul, mais tranquille et indépendant. »

« — Vive le célibat! riposta à son tour Gontran. Le « mariage est le tombeau du plaisir, du bonheur et de « l'amour. Moi aussi, comme vous, je mourrai garçon et « libre, sans nul souci de ceux que je laisserai après

« moi. Vive le célibat! vive le célibat! »

« — Vive le célibat, » répétèrent en chœur les cinq étourdis.

« — Amis, dit alors d'une voix solennelle Nestor « Lesage, jamais cinq personnes réunies ne se trouvè- « rent aussi unanimement d'accord que nous sur une « question essentielle. Jurons donc tous de ne jamais « nous laisser entraîner par les liens stupides et gênants « du mariage; jurons de vivre et de mourir garçons. »

« — Nous le jurons! nous le jurons! répétèrent en « chœur les convives dont l'exaltation était montée au « degré suprême. Nous le jurons! nous le jurons! Vive « le célibat! »

« — Ce n'est pas assez de ce serment, dit vivement « Gontran; jurons aussi, s'il n'y a pas d'impossibilité « matérielle, de venir tous, chaque année, au même « jour, à la même heure, souper dans ce même salon; « nous raviverons ainsi nos bons sentiments d'amitié en « nous racontant nos aventures, nos chagrins et nos « joies; mais si l'un de nous a manqué à son premier « serment, qu'il s'abstienne de se présenter à notre « banquet de garçon; nous l'aimerons toujours, mais il « aura beaucoup perdu dans notre estime. Le hasard « m'a fait plus fortuné que vous; c'est moi, par consé- « quent, qui dois vous offrir et qui vous offre le souper « annuel. Acceptez-vous, mes amis? »

« — Accepté! accepté! juré! » crièrent tous les jeunes convives; et, minuit sonnant, chacun regagna son domicile respectif au grand danger d'être grondé par ses parents ou par son correspondant pour une veille aussi prolongée et aussi insolite.

Un an s'est écoulé, et au jour et à l'heure convenus, nous retrouvons les cinq amis attablés autour d'un somptueux festin; ils se sont à peine vus dans quelques rares occasions pendant tout le cours de cette année, leurs occupations, leurs devoirs ou leurs plaisirs les ayant tenus éloignés les uns des autres; aussi leur joie est-elle grande et leurs démonstrations d'amitié sont-elles vives et bruyantes. Un changement caractéristique et original s'est opéré dans leur physionomie et dans leur extérieur. Nestor Lesage est toujours grave et sérieux, sa mise est austère et assez négligée; il a pris un air un peu important et s'est fait un langage composé de mots techniques et savants. Il se prépare à se faire recevoir à l'école des Chartes. Paul Hazard, vif et pétulant comme à son ordinaire, s'est affublé d'un singulier costume dont les détails sont empruntés à diverses nations : il porte une chachia turque, une ceinture indienne, un manteau espagnol, un poignard italien et des bottes valaques. Il a beaucoup étudié depuis sa récente sortie du collège et il a la promesse du ministre d'être prochainement attaché à une mission scientifique dans l'Orient. Tristan Lenoir a laissé pousser ses cheveux; il est couvert d'un habit râpé, d'un chapeau pointu et d'un paletot omnicolore; sa barbe est ébouriffée; il a des gestes majestueux et affectés comme ceux d'un acteur. Il va bientôt lancer son premier vaudeville et il est tout brûlant du feu dramatique. Léo Mausort est toujours sombre et triste. A force d'étude et de sollicitations et à l'aide aussi de quelques protections, il a été nommé aspirant-surnuméraire dans les contributions indirectes, et il mène une existence mélangée de travaux, pénibles et de privations plus dures encore. Gontran, lui, est flamboyant; ses habits sont coupés à la dernière mode; il a un air crâne et fort, et il est venu au rendez-vous commun dans un élégant landaulet traîné par un fringant alezan. Comme amphitryon et, d'ailleurs, comme le plus dégagé dans ses allures, il prend le premier la parole: « Çà, mes amis, dit-il, nous voilà tous « fidèles à notre premier rendez-vous; puissions-nous « l'être longtemps et venir chaque année nous retremper « ici dans nos souvenirs de jeunesse et dans l'expansion « de notre commune amitié. Je bois à ces heureux sen- « timents et à vos succès si brillamment inaugurés. »

Comme l'année précédente, la gaîté fut bruyante; les convives enthousiasmés se racontèrent leurs bonnes fortunes, leurs aventures vraies ou fausses, mais toutes extraordinaires, et ils se confièrent leurs espérances et leurs projets. De nombreux toasts suivirent ces épanchements, et le dernier, le plus solennel, fut porté au célibat et à sa noble indépendance. Les cinq amis, plus libres qu'à leur sortie du collège, ne se séparèrent que fort avant dans la nuit, et s'ajournèrent à l'année suivante.

Le 22 novembre 1818 ne vit que quatre convives réunis autour du banquet annuel. Paul Hazard, parti depuis longtemps avec l'expédition scientifique, était bien loin dans l'extrême Orient, mais il avait écrit à Gontran, et cette lettre, commune à tous ses amis, devait le représenter parmi eux. Au dessert, après de nombreuses libations et plusieurs santés portées à l'absent, Gontran fit la lecture suivante de sa missive :

« Mes amis, quoique bien éloigné de vous, je suis aujourd'hui avec vous de cœur et d'esprit, et ne pouvant me trouver à notre réunion annuelle, je vous envoie mes vœux et l'expression de ma bonne amitié. J'ajoute quelques détails sur ma position et sur ce que je vois dans ce pays, si nouveau pour moi, où tout, religion, mœurs, usages est si différent des nôtres. Dans les courts instants que me laissent les nombreux travaux dont on m'accable, j'étudie avec ardeur le spectacle qui se déroule autour de moi. Figurez-vous, en religion, une foi ardente en de stupides croyances; en politique, une obéissance absolue au souverain, sans discussion ni contrôle; en justice, des exécutions sommaires; en morale, la pluralité des femmes et le divorce, ou plutôt l'expulsion arbitraire; dans les habitudes et les liens de famille, les plus singuliers contre-sens. Ici on a autant de femmes qu'on peut en nourrir; on les rejette, si on s'en lasse, en leur payant une indemnité dérisoire; on les remplace, on les reprend, on les fait mourir à la moindre infidélité, et tout cela sans la plus petite responsabilité, sans le moindre danger. La femme est traitée comme une marchandise, comme un meuble, comme une esclave. Entre cette oppression injuste, entre cette annihilation honteuse de la femme et la trop grande importance qu'on lui donne dans nos pays, il n'y a évidemment de refuge que dans le célibat. Aussi, n'étant pas aujourd'hui au milieu de vous, je renouvelle mon serment par écrit et je jure de rechef de vivre et de mourir garçon. »

Paul Hazard entrait ensuite dans beaucoup de détails sur la beauté des femmes de l'Orient, sur leurs habitudes, leurs aventures, leur fatale destinée, et il concluait encore par sa résolution irrévocable.

Tous ses amis reçurent avec enthousiasme ses compliments et ses intéressantes descriptions; ils portèrent de nouveaux toasts en son honneur et, comme lui, ils renouvelèrent leur serment solennel.

Un grand nombre d'années se succédèrent et les cinq amis, toujours fidèles à leur promesse, se rendaient aussi exactement que possible au banquet fraternel du 22 novembre. Des absences avaient lieu parfois, et rarement, pendant cette longue période de temps, ils purent se trouver tous réunis ensemble. Tantôt Paul Hazard était au bout du monde; tantôt Lesage remplissait une mission archéologique en province; tantôt Lenoir allait tenter fortune sur un obscur théâtre de Bretagne ou du Languedoc. Mausort lui-même, attaché à la direction de Paris, était souvent envoyé au loin pour y faire quelque fatigant intérim. Seul, Gontran, vrai fils de la capitale, se trouva toujours présent et présida le banquet qu'il offrait à ses amis.

En 1850, par un hasard inespéré, les cinq convives se trouvèrent présents à Paris, et le 22 novembre ils s'assirent tous autour de leur cher festin. Oh! qui ne les eût vus depuis leur première réunion en 1816, n'eût certes pu les reconnaître; ils avaient dépassé la cinquantaine, et le temps avait exercé de terribles ravages sur leur extérieur, peut-être même sur leur esprit.

Lesage était devenu complétement chauve, et sa tête sérieuse avait pris une expression d'austérité ascétique; ses yeux, fatigués par de longs travaux, étaient abrités par d'énormes lunettes vertes avec des retours sur les tempes; sa taille était courbée et sa démarche commençait à devenir chancelante; il puisait continuellement dans une vaste tabatière et avait de longues quintes de toux qui faisaient souffrir autant ceux qui l'entouraient que lui-même : c'était un précoce vieillard.

Paul Hazard, alerte encore d'esprit, était cependant bien changé aussi; des rhumatismes rapportés de ses voyages le retenaient parfois alité pendant de longs mois; il avait reçu quelques blessures, dans certaines rencontres malheureuses, et ces blessures, qui se rouvraient quelquefois, lui causaient alors d'intolérables douleurs; à ces ennuis se joignait une passion irrésistible, une habitude invétérée pour le tabac à fumer, et il était perpétuellement armé d'une longue pipe turque dont l'usage immodéré le plongeait dans une rêverie singulière, comme les fumeurs d'opium ou les mâcheurs de haschich; il en sortait par soubresauts pour retrouver toute sa verve et tout son esprit des jeunes ans.

Lenoir était triste et sombre comme un fantôme; de grandes rides sillonnaient son visage funèbre; ses longs cheveux, toujours flottants, étaient d'un gris sale et presque jaunes; son fameux chapeau pointu était le même et sa barbe inculte retombait en broussailles sur sa poitrine. Il s'arrêtait quelquefois subitement, se campait sur ses jambes vacillantes, élevait ses bras par un geste dramatique et laissait échapper un monosyllabe rauque et sourd, comme dans un rôle, et reprenait aussitôt sa pose sombre et méditative.

Mausort était le moins changé de tous; jeune, il avait une figure de vieillard et il s'était ankylosé dans sa laideur native, subissant cependant du temps ses ravages ordinaires. Ainsi, son front dénudé laissait apercevoir un crâne pointu et fuyant; ses yeux clignotants s'étaient presque fermés, et sa bouche, privée de dents, s'était abaissée vers son menton crochu. A ces détails peu séduisants, se joignait l'air morose, ennuyé et revêche de tout vieil employé.

Gontran, le beau Gontran était méconnaissable; il étai devenu très gros, presque obèse; ses traits délicats s'étaient dilatés et arrondis; son crâne entièrement dépouillé était couvert par une ridicule perruque aussi blonde que bouclée, et n'osant pas accorder à ses yeux affaiblis de vulgaires lunettes, il tenait toujours perché sur son nez un élégant et indispensable lorgnon. Mais qu'étaient les malheurs arrivés à sa tête en comparaison de ceux qui avaient frappé ses jambes? La goutte! l'implacable goutte! fléau cruel des gens riches et heureux, l'avait atteint depuis longtemps de ses plus rudes coups. Il passait une grande partie de sa vie cloué sur son lit et, pendant l'autre, il se traînait dans un élégant fauteuil roulant qu'un valet de pied poussait devant lui dans les squares et sur les boulevards, et les quelques jours qu'il avait libres, il les passait dans son cercle où il se traînait en boitant. Il était, par bonheur, ce jour-là, dans une bonne passe, et cette heureuse circonstance, jointe à la joie de revoir ses amis, lui avait rendu sa verve et son entrain d'autrefois.

« Çà, mes amis, dit-il avec un sourire douteux, m'est « avis que nous commençons à descendre la pente. « Enrayons, morbleu, et tenons bon, tant que nous « pourrons, d'autant que nous n'avons, peut-être, à « laisser après nous que des héritiers avides et ingrats. « Ah! voilà le mauvais côté de la vie de garçon! Les « neveux, à l'affût de notre dernier soupir, me font « peur, et si je n'avais conservé vives et sacrées les tra-

« ditions et les affections de famille, je crois, par ma « foi, que je les déshériterais de mon vivant. »

« — Oh! pour moi, je n'ai pas ce souci, dit, en aspi- « rant une forte prise de tabac, Nestor Lesage; tout ce « que j'ai, ou à peu près, consiste en collections et en « livres, et je laisse tout cela, après moi, aux musées et « aux bibliothèques de Paris. Mes collatéraux en « feraient, peut-être, des cornets de poivre ou des feux « de joie. »

« — Moi, dit entre deux bouffées de tabac l'insou- « ciant Paul Hazard, je suis comme le sage Bias, *omnia* « *porto mecum*, je tire de là, je vis au jour le jour, et, « suivant l'heure hâtée ou tardive de mon trépas, je « mourrai riche ou pauvre, et peu m'en chaut... après « moi le déluge. »

« — J'agis différemment, dit avec un geste tragique « Lenoir. Je lègue à ma ville natale mes œuvres impri- « mées ou manuscrites, à la condition qu'elle élèvera « mon buste dans son musée ou sur une de ses places « publiques. *Sic volo... sic jubeo.* »

« — Comme je n'ai à peu près que ma maigre « retraite, soupira Mausort, et qu'elle finira avec moi, « je n'ai rien à attendre ni à redouter de mes héritiers, « et quand je mourrai, je disparaîtrai tout entier. Ce « sera dans ma mansarde ou à l'hôpital, suivant que je « serai foudroyé ou détaillé par une longue maladie. »

« — Oh! ne soyons pas si funèbres, mes amis, dit « Gontran, et au lieu de parler de notre mort, parlons « un peu de notre vie; faisons-nous des confidences « réciproques. Commence, Lesage, et dis-nous com- « ment tu passes ton existence, et puisque tu n'as pas

« de femme pour conduire ta maison, apprends-nous « comment tu te tires des ennuis et des embarras d'un « ménage. »

« — Oh! pour cela, répondit Lesage en se bourrant « le nez de tabac, Dieu m'a béni; j'ai la plus parfaite « gouvernante qu'un vieux garçon puisse rêver, et je « n'ai même pas à m'occuper du soin de mes affaires. « C'est elle qui touche mes coupons de rente, qui « dirige mes dépenses, qui paye mon loyer et mes im- « pôts, qui entretient mes meubles et mon linge; en un « mot, je n'ai qu'à vivre, et mon bonheur, sous ce rap- « port, serait parfait si mes amis, mes voisins, des « étrangers mêmes ne cherchaient tous les jours à « m'enlever mon trésor. Il ne se passe pas de mois, de « semaine, que Rose ne vienne me dire : — C'est avec « bien du regret que je viens annoncer à monsieur ce « qui sera, sans doute, bien indifférent à monsieur, que « malgré toute la peine que j'aurai de quitter monsieur, « M. de L..., notre voisin, me fait des offres magnifiques. « Je les ai repoussées; mais pourrai-je le faire toujours? « Et comme le sait monsieur, j'ai des enfants de mon « défunt mari, et leur intérêt me forcerait à quitter le « service de monsieur si monsieur ne consentait à « augmenter mes gages et à me faire un petit sort dans « le cas où j'aurais le malheur de survivre à monsieur. « J'envoie au diable les voisins et les amis, j'ajoute « quelque chose aux gages de Rose et je place en son « nom une somme à la caisse d'épargne. »

« — Oh! je connais ça, je connais ça, s'écria le « bouillant Paul Hazard. Je suis passé par ces persécu- « tions et par ces ruses, mais je m'en suis tiré victo-

« rieusement; j'ai usé plus de vingt bonnes blanches, « tout en y laissant de ma peau; toutes m'ont volé ou « trahi; aussi, j'ai ramené d'un de mes voyages de « Sénégambie un nègre et une négresse qui me sont « dévoués jusqu'à la mort; ce sont presque des esclaves; « il n'est pas d'heure du jour où ils ne me répètent : « Bon maître, aimé par nous, bon maître joyeux, bon « maître heureux. Et tous ces naïfs compliments sont « suivis du service le plus prompt et le plus obéissant. « Je suis bien assuré qu'à l'occasion, mes deux mori- « cauds, mâle et femelle, déployeraient pour moi la « fidélité du chien et le courage du lion. »

« — Quant à moi, dit Lenoir, je vis pauvrement; je « me sers moi-même, et si le service laisse à désirer, « je ne puis m'en prendre à personne. Je loge en garni, « je mange à la gargote, et ma seule espérance, mon « unique ressource, si jamais le mal m'arrêtait, serait le « secours de la Société des gens de lettres qui n'est « peut-être pas plus fortunée que moi. »

« — A côté de la mansarde que j'occupe depuis « trente ans, dit tristement Mausort, vivent deux vieilles « sorcières qui, sans que je le leur aie jamais demandé, « m'ont pris en amitié et en pension. Je partage leur « modeste repas; elles s'occupent de mes hardes et de « mon appartement, et, quand mon trimestre arrive, « elles en mettent la plus grosse part dans leur poche « sous prétexte de subvenir aux besoins du ménage « commun, et je n'ai jamais réclamé, trop heureux de « n'avoir à m'occuper en rien des soins et des soucis de « la vie. Ce long servage est passé en habitude, et je serais « plus malheureux peut-être encore s'il finissait. »

« — Mon malheur est encore plus grand que tous « les vôtres, dit Gontran en s'enfonçant dans son « siège. Je suis entouré de domestiques voleurs, inso- « lents et paresseux; si je gronde, je suis plus mal « servi; si je change, je prends pire, et ce que j'ai de « mieux à faire est de me taire et de prendre d'eux ce « qu'ils veulent bien me donner. Heureusement qu'à la « tête de ma maison, j'ai installé une vieille bonne, qu'à « l'heure de sa mort me recommanda ma mère chérie; « c'est elle qui veille sur moi, qui soigne mes infirmités, « qui console mes angoisses et me met au courant de « tout ce qui peut m'intéresser dans ma famille. Pen- « dant les longues crises de ma cruelle goutte, elle ne « quitte pas mon chevet, comprend et suit exactement « les prescriptions de mon docteur. Ah! que je serais « malheureux sans elle, bon Dieu! Quelquefois mon « neveu chéri, ma sœur elle-même ont voulu me pro- « diguer leurs soins, mais leurs mains me blessaient, « leur contact me faisait souffrir et j'étais obligé de « rappeler la bonne Gertrude pour faire frictionner mes « jambes endolories, pour changer ma position et pour « disposer ma couche. On me dit que je paye cher ces « soins, que toute la famille et ma gouvernante est à « mes crocs et arrondit sa fortune à mes dépens. Que « m'importe! Pourrais-je jamais payer trop cher le « soulagement et les soins que je reçois! Oh! je sais que « Gertrude n'aime pas ma sœur et mon neveu, qu'elle « cherche à les éloigner de moi. Pourquoi? Je l'ignore. « Mais je suis encore le maître, et je saurai bien faire, à « l'occasion, respecter ma famille et mes volontés! »

Après ces mutuelles confidences, et quoiqu'il fût à

peine dix heures, les cinq amis songèrent au départ; le temps passé n'était plus; mais, avant de se séparer, ils burent autant que leurs rhumatismes, leurs douleurs et leur goutte le leur permirent, à leur passé, à leur avenir, et ils se séparèrent se pressant en tremblotant les mains.

L'année suivante vit quatre des élèves de Louis-le-Grand rassemblés encore autour de leur agape annuelle. Nestor Lesage seul manquait, et Paul Hazard, d'un ton sérieux et consterné qui ne lui était pas habituel, annonça à ses camarades que leur ami commun n'existait plus et il leur donna, les larmes aux yeux, les tristes détails de sa mort.

« Notre illustre condisciple, leur dit-il, je puis main-
« tenant, sans blesser sa modestie, lui donner cette
« épithète qu'il mérita si bien par sa science profonde
« et par les découvertes précieuses qu'il fit faire à l'ar-
« chéologie et à la numismatique, notre illustre condis-
« ciple a été frappé, il y a un mois à peine, par une
« attaque de paralysie qui lui enleva l'usage de presque
« tous ses membres; seuls, le bras droit et le mouvement
« des yeux restèrent libres. Les secours de l'art étaient
« inutiles, et le docteur déclara à sa gouvernante que son
« maître n'avait plus que quelques jours à vivre. Cepen-
« dant Lesage conservant toute la lucidité de son intel-
« ligence, avait une idée fixe. Ses manuscrits et ses col-
« lections, dont la plus riche partie, avec sa petite fortune
« et son testament par lequel il donnait tout à l'État,
« avaient été enfermés secrètement par lui dans l'inté-
« rieur d'une muraille de sa chambre. Ne prévoyant pas
« le coup qui l'avait frappé, Lesage n'avait fait connaître
« cette cachette à personne, pas même à sa gouvernante.

« Mais, dans le moment suprême, son bras et son « regard étaient toujours dirigés vers un seul point « qu'il semblait désigner avec une ténacité effrayante. « Sa bonne le comprit, et, frappant le mur, elle décou- « vrit le testament et le trésor de son maître. Un sourire « de satisfaction profonde éclaira le visage du moribond, « et il expira le bras et les yeux toujours dirigés vers « ses chères richesses. Le lendemain, quand l'heure des « obsèques de notre pauvre ami arriva, on ne trouva « dans son domicile que son cadavre abandonné : la « bonne infidèle et voleuse, comme elles le sont toutes, « était passée en Belgique avec les riches collections « et la fortune de son maître, pillant ainsi sa famille et « l'État. »

A ce triste récit, les quatre amis s'attendrirent, parlèrent longuement du défunt et payèrent un juste tribut d'éloges à son caractère, à sa science et à son mérite, mais pas un ne songea à faire observer que si Lesage eût été marié, ses dernières volontés eussent sans doute été respectées et sa mémoire n'eût pas été privée de la gloire qu'il avait acquise.

En 1857, Gontran, Hazard et Mausort vinrent seuls au rendez-vous. Comme l'avait fait deux ans auparavant Hazard, Gontran prit tristement la parole et apprit à ses convives que Lenoir, lui aussi, avait passé de vie à trépas.

« — Depuis quelque temps, leur dit-il, notre pauvre « ami, miné par le chagrin, rongé par la maladie, dépé- « rissait sensiblement. Dans les rares circonstances où « je le rencontrais, je constatais en lui un affaissement « effrayant. Je provoquai ses confidences, et après

« beaucoup de résistance, j'appris que l'infortuné Tristan, « ruiné, à bout de toute ressource, souffrait même de la « faim. Il m'était bien facile de soulager ce mal, et j'eus « cependant beaucoup de peine à lui faire accepter, « même à titre de prêt, quelques légers secours. Il se « remit un peu, et je le perdis de vue. Sa vie nomade ne « laissant aucune trace, je ne sus où le retrouver, et « j'allais m'adresser à la police quand, un matin, je reçus « une lettre de lui navrante et désespérée. Il était dans « un hospice et ne conservait plus ni espoir ni illusion « sur son sort; mais il voulait me revoir avant de mourir. « Je me fis aussitôt transporter auprès de lui; je m'ins- « tallai à son chevet; je lui prodiguai tous les secours « et toutes les consolations dont il avait besoin. Hélas! il « n'était plus temps.

« Un soir, penché sur lui, je recueillais quelques « recommandations dernières qu'il avait à me faire. « — Gontran, me dit-il, nous avons fait peut-être fausse « route, et notre opinion sur les femmes était injuste. Il « en est de bonnes et de saintes. Et de son doigt « décharné, il me désignait les sœurs empressées qui » l'entouraient de soins et de dévouement. Je le quittai « à la nuit; il me serra vivement la main, et me dit d'une « voix affaiblie: — Merci, ami, de tout ce que tu fais pour « moi, et que le bon Dieu te le rende. Le lendemain, à « mon lever, j'appris sa mort. Je suivis seul son triste « cortège, et j'ai fait placer sa tombe dans un coin pri- « vilégié du cimetière, où ses cendres seront respectées. »

Les trois amis versèrent des larmes et se séparèrent silencieusement. Ils n'osaient plus s'ajourner et se donner un rendez-vous.

En 1860, Gontran et Paul Hazard revinrent seuls. Mausort n'était plus de ce monde. Sur le point de prendre sa retraite, il avait quelque velléité de revenir dans son pays et de se retremper peut-être au contact de la famille. Il n'en eut pas le temps. Frappé par un mal subit et irrémédiable, il regagna à grande peine sa mansarde, où ses hideuses voisines, ne voyant plus en lui qu'un être inutile et à charge, s'empressèrent de le dépouiller et le laissèrent mourir sans secours et sans consolations. Elles firent plus : elles vendirent son cadavre à l'amphithéâtre. Ces détails, que Gontran donna en tremblant à Paul Hazard, les consternèrent tous les deux. Mais le caractère heureux de Paul prit le dessus et il conta à son ami tant d'aventures plaisantes, il lui débita de si drôles de folies, que Gontran sourit un instant à travers ses larmes. — « J'entreprends, dit-il en terminant, mon « dernier voyage, et je reviens pour ne plus quitter « Paris. Compte sur moi pour le 22 novembre 1861. »

Ce jour arriva, et Gontran, traîné dans un élégant landau, se rendit au rendez-vous fixé. Hazard ne s'y trouvait pas. Il avait cependant reçu depuis peu de semaines une lettre de son ami, dans laquelle ce dernier lui disait que son voyage avait été des plus heureux; qu'il partait dans peu de jours et qu'il serait exactement arrivé pour le souper fraternel. Gontran attendit longtemps, il s'agitait, s'inquiétait, avait de funestes pressentiments quand, pour tromper son attente, il jeta les yeux sur un journal qu'on lui avait apporté, et les premières lignes qu'il y lut furent celles-ci : « Un crime « horrible vient de priver la France d'un de ses savants « les plus distingués. M. Paul Hazard, le voyageur hardi

« et infatigable qui avait plusieurs fois fait le tour du « monde et pénétré dans les contrées les plus sauvages, « revenait dans sa patrie avec de riches collections et « des trésors nouveaux, quand, ayant relâché sur les « côtes de la Sénégambie, il voulut explorer un fleuve « qui lui était encore inconnu; il fréta une barque et y « fit déposer tous ses bagages espérant, à son retour, « trouver un vaisseau qui le ramènerait en France. A « peine avait-il fait quelques milles sur ces eaux nou- « velles, qu'il fut assassiné par un nègre et une négresse « qui étaient depuis longtemps à son service. Ces misé- « rables, après avoir consommé leur forfait, ont jeté à « la mer le cadavre de leur maître et ont pillé tout ce « qu'il possédait. Ils ont été secondés dans cet acte « sauvage par l'équipage de la barque, et tous, assas- « sins et matelots, se sont enfuis dans les forêts impéné- « trables de la contrée. »

Gontran chancela en lisant ces horribles détails; il se sentit frappé au cœur et dans tout son être, et il regagna son hôtel aussi malade de corps que d'esprit.

A peine rentré chez lui, le dernier survivant des cinq élèves de Louis-le-Grand sentit que sa fin était aussi prochaine; une terrible attaque de goutte l'abattit, et il s'alita en proie à d'atroces souffrances. A ce moment suprême, son âme s'attendrit, les souvenirs touchants de famille et de jeunesse se ravivèrent en lui; il pleura en pensant à sa sœur, à son neveu Emile et, appelant sa gouvernante, il lui dit douloureusement : « Je me sens « frappé à mort, ma bonne Gertrude, et je ne me fais « plus aucune illusion, mais, avant de mourir, je vou- « drais embrasser ma sœur chérie et son fils; hâte-toi

« de leur télégraphier mon état et mon désir. Va, ma « vieille amie, obéis sans tarder au dernier ordre de ton « pauvre maître. » Gertrude sanglota, voulut persuader à monsieur qu'il se trompait sur la gravité de son mal et qu'il était inutile d'alarmer et de déranger pour rien l'excellente Mme de L... et son bon fils. Mais Gontran insista et prit un ton impatient et impératif. Gertrude dut donc sortir; mais, au lieu de courir au télégraphe, elle se rendit en toute hâte dans un appartement reculé de l'hôtel, où l'attendaient deux grands gaillards de mine assez suspecte. A peine fut-elle entrée que, refermant prudemment la porte, elle leur dit tout bas: « Le mo- « ment est venu, je crois, l'oncle est au plus mal, nous « le tenons; il vient de m'ordonner de faire arriver au « plus tôt sa bégueule de sœur et son imbécile de neveu. « Ah! bien oui, je vais les introduire ici pour qu'ils me « chassent sans pitié et sans récompense. Notre marché « tient-il toujours, messieurs? »

— « Oui, nous vous le jurons. »

— « Eh bien! laissez-moi faire. Mais, avant, donnez- « moi des gages; voici de l'encre et du papier; signez- « moi ces obligations. Les bons comptes font les bons « amis. » Les deux cousins signèrent et prirent avec la gouvernante quelques mesures et d'énergiques résolutions.

Le lendemain, le mal de Gontran avait empiré. Le pauvre malade demandait sans cesse si ceux qu'il désirait tant revoir étaient arrivés.

— « Oh! mon pauvre maître, soupira Gertrude, je ne « voulais pas vous le dire pour ne pas vous contrister, « mais vous ne les verrez pas. »

— « Sont-ils malades eux-mêmes? »

— « Oh! non. »

— « Mais qu'ont-ils donc? »

— « Oh! mon Dieu! » « Tu me tues, Gertrude, parle. »

— « M. Emile a fait répondre qu'il assistait à une « grande partie de chasse et qu'il ne pouvait convena« blement la quitter. Mme votre sœur suit les exercices « d'une retraite et ne veut pas l'abandonner. Oh! « monsieur, que j'ai pleuré en recevant ces cruelles « réponses que je voulais vous cacher. Vous si bon, que « vous avez été peu aimé par vos proches! Oh! quelle « différence entre votre neveu, le fils de votre unique « sœur, votre seul héritier, et ces bons Graffignon, vos « cousins éloignés, qui n'ont rien à attendre de vous. « Aussitôt qu'ils ont appris votre maladie, ils sont venus « vingt fois par jour prendre de vos nouvelles et ils ont « toujours refusé de vous voir par un motif de délica« tesse bien respectable. »

— « Eh quoi! ces pauvres Graffignon sont venus, « ils ont pensé à moi! Oh! Marguerite! Oh! Emile! que « vous êtes ingrats! je n'eusse jamais cru cela de vous! » L'infortuné Gontran tomba dans un affaissement douloureux qu'il n'interrompait que par des soupirs et des reproches amers à ceux qui l'abandonnaient ainsi.

Le jour suivant fut meilleur. Le malade avait repris un peu de force et d'énergie; il appela sa gouvernante. « Ma bonne Gertrude, lui dit-il, je me sens un peu « mieux aujourd'hui et je comprends que je dois profiter « de cet instant de calme pour mettre ordre à mes « affaires. Apporte-moi du papier et de l'encre; je veux « écrire mes dernières volontés; tu ne seras pas oubliée

« et mes cousins Graffignon prendront la place qui était « réservée à cet ingrat Emile. » Gertrude versa beaucoup de larmes, se fit répéter plusieurs fois l'ordre d'apporter ce qu'on lui demandait, et obéit enfin avec les signes d'une profonde douleur. Gontran, dans quelques lignes courtes et parfaitement valables, institua pour ses héritiers les cousins Graffignon et laissa un riche legs à sa bonne Gertrude; il voulut lire le contenu de cet écrit à sa gouvernante qui, en l'entendant, manqua s'évanouir; puis, il le cacheta de son sceau et le plaça sous son oreiller. Ce devoir accompli; Gontran demanda à voir ses héritiers. Ils arrivèrent la larme à l'œil, assurèrent à leur cousin qu'il avait très bonne mine et que, certainement, il sortirait bien portant de cette crise, mais, qu'en attendant, s'il le permettait, ils veilleraient sur lui et lui prodigueraient leurs soins. Gontran leur serra la main et, ne pouvant presque plus agir ni parler, il retomba agonisant sur son lit. Les cousins gagnèrent sur la pointe des pieds le coin de la cheminée et s'y installèrent en compagnie de Gertrude. Mais, au bout de quelques instants, le malade, bouleversé, étouffé, entrait péniblement dans son agonie; il ne répondait plus, même par un mouvement aux questions empressées que lui faisait Gertrude. Ses yeux étaient fixes, et sa respiration ne se traduisait plus que par un hoquet plaintif qui devenait, à chaque minute, plus rare et plus faible; le dernier moment approchait, et chaque fois que la gouvernante allait au moribond pour constater le peu de vie qui lui restait, elle revenait vers ses complices avec un sourire de satisfaction infernale.

Cependant, par un phénomène cataleptique qui se

produit quelquefois chez les mourants, Gontran, n'ayant plus qu'un souffle de vie, immobile, presque glacé, conservait à un degré suprême la lucidité de son intelligence et la finesse de ses sens. Il ne pouvait faire un mouvement, prononcer une parole, pousser un soupir, mais il voyait, il entendait, et rien de ce qui se faisait ou se disait autour de lui n'échappait à ses yeux ni à la perception de son esprit.

Or, les trois scélérats, assis autour de la cheminée, n'ayant plus à se gêner devant un cadavre, devisaient gaiement sur leur forfait et sur leurs espérances. « Ah ! « madame Gertrude, dit l'un d'eux, nous vous devons « un fameux cierge, et nous ne serons jamais ingrats. « Sans vous, notre pingre de cousin ne nous eût jamais « laissé la plus petite obole. »

— « Nous ferons encore plus que nous ne vous avons « promis, ajouta le second, car c'est à vous que nous « devons tout et rien à cet imbécile. »

— « Ah ! ah ! s'écria Gertrude, il croyait niaisement, « ce bénet d'oncle, que j'allais faire venir auprès de lui, « au bon moment, sa sotte sœur et son idiot neveu, qui « n'ont jamais eu pour moi ni un égard, ni une géné« rosité. Le tour est bien joué; je les ai laissés parfaite« ment tranquilles au fond de leur Bretagne, où ils « seront bien étonnés d'apprendre demain qu'ils sont « déshérités à mon profit et au vôtre. Oh ! il faut que les « vieux garçons fassent la fortune de leurs parents éloi« gnés et de leurs gouvernantes. Il y a certes assez de « temps que je travaille... Quel beau partage nous allons « faire ! le gâteau est gros, c'est moi qui vous l'assure.

Ces horribles propos, saisis sans en perdre un mot,

par le moribond, déterminèrent en lui un dernier jet de force et de rage; un ressort sembla se détendre. Gontran reprit un instant l'usage du mouvement et, d'un bras défaillant et crispé, il arracha de sous son oreiller l'écrit cacheté qu'il y avait glissé et l'approcha de la veilleuse qui brûlait sur sa table de nuit. Un jet subit de flamme s'éleva. Les cousins et la gouvernante se précipitèrent effarés : il était trop tard. En vain ils voulurent arracher au feu les débris précieux du testament; la signature et la date étaient détruites... Au même instant, Gontran expirait et sur ses lèvres contractées resta imprimé un amer sourire de satisfaction et de vengeance.

FIN.

TABLE DES MATIÈRES

Gaillac — Imp. de P. Dugourc

www.ingramcontent.com/pod-product-compliance
Ingram Content Group UK Ltd.
Pitfield, Milton Keynes, MK11 3LW, UK
UKHW020436200726
13857UKWH00002B/442